Gérard Collignon

Wie sag' ich's am besten...

Die Process Communication in Management, Vertrieb und Weiterbildung

Mit einem Vorwort

von Taibi Kahler

Verlag
Sieber Dialog

Titel der französischen Originalausgabe:
Comment leur dire...
La Process Communication
© 1994, InterEditions, Paris

Übersetzt von Reinhard Glassl

© 1998, Sieber Dialog, Jengen

1. Auflage 1998
Druck: Oskar Schnitzer, Marktoberdorf
Printed in Germany

ISBN 3-927323-02-0

Suchst du Holz
Findest du Holz
Suchst du Liebe
Findest du Liebe
Suchst du Haß
Findest du Haß

SPRICHWORT DER TUAREG

Für Anteo

Danksagung

An Taibi Kahler
   für sein Vertrauen und seine Unterstützung

An Sophie Delavis
   für ihre Begleitung und die stilistische Betreuung dieses Buches

Vorwort

Die Process Communication ist seit mehr als 23 Jahren in ständiger Entwicklung. Die Ausarbeitung dieser Methode geht auf meine Studienzeit an der Universität von Purdue zurück. Ich war zu jener Zeit Assistenzarzt in einer örtlichen psychiatrischen Klinik. Ich beobachtete die Patienten und stellte fest, daß sie, bevor sie unangepaßte Verhaltensweisen offen an den Tag legten, Gesten, Körperhaltungen und mimische Besonderheiten aufwiesen, die zusammen genommen für die Diagnose ganz spezifisch und einzigartig waren.

Eines der klinischen Modelle, das ich damals studierte, die TA, bot sich geradezu für die Interpretation dieser Beobachtungen an. Unmittelbar bevor jemand ein Verhalten von der Art „Ich bin OK, du bist nicht OK" oder „Ich bin nicht OK, du bist OK" an den Tag legt, greift er immer wieder auf die gleiche Skala von Verhaltensweisen zurück (Worte, Tonfall, Gesten, Körperhaltung, Gesichtsausdruck).

Die Arbeiten, die ich, ausgehend von diesen Beobachtungen, durchführte, erbrachten die Identifikation und Klassifikation von fünf Gruppen von Verhaltensweisen, die ich folgendermaßen benannte: Sei perfekt, Streng dich an, Sei stark, Mach's anderen recht und Beeil' dich. Ich nannte diese Verhaltensweisen „Antreiber", denn es scheint mir, daß sie sozusagen auf eine tiefere Verzweiflung „hinführen". Diese Anfangsuntersuchungen brachten signifikante Korrelationen zum Vorschein, die sich als ausgesprochen nützlich erwiesen bei der Vorhersage von Mißerfolgsmechanismen in Verzweiflungssituationen. Ich nannte diese Sequenzen „Mini-Skript".

Einige Jahre später wurden diese Untersuchungen mit dem Eric-Berne-Preis bedacht, der mir von zwanzigtausend meiner Kollegen zuerkannt wurde.

In der Folge interessierte ich mich für die positiven wie auch negativen Aspekte der Persönlichkeit. Um allgemeinverständlich zu sein, übersetzte ich die Kommunikation und Miß-Kommunikation beschreibenden Termini in die Alltagssprache.

1978 bat mich Dr. Terry MacGuire, ein mit der Auswahl und dem Training der Astronauten der NASA betrauter Psychiater, ihm zu assistieren. Mit dem Ziel, den Auswahlprozeß zu vereinfachen und zu standardisieren, arbeitete ich einen Fragebogen aus, der auf folgenden Elementen basierte: Persönlichkeitsstruktur, Persönlichkeitstyp (Logiker, Empathiker, Rebell, Träumer, Macher und Beharrer), Stärken des Charakters, Persönlichkeitsanteile (Ich-Zustände), Kommunikationskanäle, Wahrnehmungsweisen, bevorzugtes Umfeld, Managementstil, Kontrollmechanismen, psychologische Motivatoren und Reaktionssequenzen und -stereotype bei Zuständen der Verzweiflung im persönlichen und im professionellen Bereich.

Im Laufe dieser Studien begriff ich allmählich, wie wichtig die signifikanten Korrelationen zwischen den psychischen Bedürfnissen und den Persönlichkeitstypen, zwischen den Mißerfolgsmechanismen und den ungelösten Problemen sind. Wenn nämlich ein Individuum seine psychischen Bedürfnisse nicht auf positive Weise befriedigen kann, zeigt es immer wieder die gleichen Mißerfolgsmuster, indem es eben diese Bedürfnisse zu befriedigen sucht, jedoch auf negative Weise.

Dies ist der Schlüssel zu einem vorhersehbaren Verhalten. Des weiteren korrelieren die durch Dauerstress hervorgerufenen Verhaltensweisen häufig mit einem ungelösten Problem. Die Lösung dieses Problems hat einen „Phasenwechsel" hin zu einem anderen Teil der Persönlichkeitsstruktur zur Folge. Dieser Phasenwechsel zieht seinerseits ein neues psychisches Bedürfnis nach sich und somit eine neue Motivationsquelle.

Derzeit haben mehr als einhunderttausend Menschen die Process Communication ausprobiert, teils professionell, teils privat. Lassen Sie uns unter den Nutznießern dieser Methode nicht die Erste Dame des Landes vergessen, Hillary Rodham Clinton, wie auch ihren Gatten, Präsident Clinton, für die ich ein dreitägiges Sonderseminar abzuhalten das Vergnügen hatte. Die laufenden Forschungen an verschiedenen Universitäten zielen darauf, das Modell in Großunternehmen, in Schulen und in der Familie zur Anwendung zu bringen.

Die Process Communication, wertvolles Werkzeug für das Verständnis und die Wertschätzung seiner selbst und der anderen, wird zur Zeit auf deutsch, holländisch, dänisch, finnisch, spanisch, italienisch und japanisch verbreitet.

Ich hatte das Glück, von kompetenten, talentierten und zuverlässigen Menschen umgeben zu sein, denen ich nun den Stab weiterreichen kann. Einer von ihnen, und ein Freund, ist Gérard Collignon, dessen Buch Sie nun gleich lesen werden. Sein Buch eröffnet neue Horizonte hinsichtlich der Anwendung der Process Communication. Sein Stil ist klar, frisch, offen und direkt. Er hilft dem Leser bei der Entdeckung dieses Modells durch Beispiele aus dem realen Leben und macht den Prozeß lebendig, indem er den Leser am Alltagsleben von sechs Persönlichkeitstypen teilnehmen läßt. Es ist gleichzeitig eine Dokumentation und ein Roman, ein statistischer Bericht und ein Handbuch, wie man dem Zusammenleben mit sich selbst, seiner Familie, seinen Freunden und seinen Kollegen mehr Qualität verleihen kann.

Von allen Perlen der Weisheit und vom bewundernswerten Scharfsinn hinsichtlich der menschlichen Natur und der Dynamik der Persönlichkeit, die uns Eric Berne in seinen zahlreichen Schriften geliefert hat, schätze ich folgende Aussage ganz besonders: Eine Theorie ist erst komplett, wenn man sie in die Sprache eines Achtjährigen übertragen hat können. Und, wenn ich etwas hinzufügen darf, ich meinerseits möchte sagen, daß ein Modell erst dann komplett ist, wenn es von einem Achtjährigen auch angewandt werden kann.

Gérard Collignon hat diesen Grad an Einfachheit und Anwendbarkeit erreicht. Unsere Zukunft liegt nicht nur im Verständnis unserer eigenen Person. Wir müssen auch fähig sein, zu kommunizieren und den anderen klarzumachen, wer wir sind und was wir sind. Dies ist besonders wichtig für unsere Kinder, die es auf den bestmöglichen Weg zu bringen gilt. Wissen ist notwendig, Weisheit ist unerläßlich. Danke, Gérard.

Taibi Kahler, Ph.D.
Little Rock, États-Unis
Décembre 1993

Inhaltsverzeichnis

Zweiter Teil

Anwendung der Konzepte der Process Communication

Einführung

„Wir sind
unablässig berührt und in Frage
gestellt durch Kommunikation.
Um sich selbst zu verstehen,
muß man verstanden werden vom anderen;
um verstanden zu werden vom anderen,
muß man den anderen verstehen."

THOMAS HORA

AUTOR: In einer Welt, wo die Kommunikation mehr und mehr Raum einnimmt, wo die Forderungen nach Anpassung an die Umwelt immer stärker werden und die Verführung zum Stress immer mächtiger wird, wird die Fähigkeit, zu verstehen und sich verständlich zu machen, zur herausragenden Aufgabe...
RITA: Pfff...
AUTOR: Was?
RITA: Das ist geschwollen...
AUTOR: Na gut... (Seufzer.) Ich fange noch mal an. Von der Haushaltshilfe zum Generaldirektor, vom Politiker zu seinen Kindern, von seiner Gattin bis zu seiner Schwiegermutter: Bei der Kommunikation ist der Einsatz hoch, und der Fallen gibt es viele. Ob man Ziele verfolgt im Management, im Handel, in der Politik, in der Öffentlichkeitsarbeit, in der Familie oder in der Freundschaft, jeder ist früher oder später mit der Aufgabe konfrontiert, Zuhörer zu sein oder aber seine eigene Botschaft zu vermitteln. Kurz, sich auf derselben Wellenlänge wie sein Gesprächspartner zu befinden... Ist es jetzt besser?

RITA: Naja…

AUTOR: Eines der Haupthindernisse bei dieser völlig normalen Aufgabe ist, daß wir erwarten, besser erhoffen, der andere möge reagieren wie wir und auf eine Art und Weise, die für uns annehmbar ist, während wir doch im Endeffekt nicht alle gleich „verbunden" sind. Wenn wir die verschiedenen Arten von „Verbindungen" begreifen, können wir Sinn stiften, wo Unverständnis war, und Leistungsfähigkeit bewirken anstelle von Demotivation.

RITA: Super!

AUTOR: Psst! Ich fahre fort… In den 70er Jahren hat ein amerikanischer Psychologe, Taibi Kahler, die Idee, eine große Zahl an Interaktionsabläufen zwischen Individuen zu beobachten, um zu sehen, wie und warum sie einen positiven Ausgang nehmen, der Motivation erzeugt, oder aber einen negativen mit nachfolgender Demotivation. Also arbeitet er ein Modell aus; dabei bedient er sich einiger Konzepte der TA (Bedürfnisse, Lebensplan, Dramadreieck, Grundeinstellungen, Antreiber usw.) und schafft auch einige neue Konzepte. Dieses Modell, für das er 1977 den Eric-Berne-Preis erhält, nennt sich Miniskript.

Es ist die Antwort Taibi Kahlers auf eine Anmerkung Eric Bernes, die einige Jahre zurück lag: „Der Kliniker, der herausfindet, wie man den Lebensplan eines Patienten in einer Sitzung identifizieren kann, wird einen ganz wesentlichen Beitrag leisten zum Verständnis des Menschen und seines psychischen Funktionierens."

Gleichzeitig merkt Taibi Kahler, daß es ihn bei der Begleitung von Menschen mehr interessiert, das Hauptaugenmerk auf ihre positiven Persönlichkeitsanteile zu legen als auf ihre Probleme. Im Anschluß an die Arbeiten von Shapiro sucht er Persönlichkeitstypen zu definieren, und zwar nicht nur unter dem pathologischen Aspekt „anormaler" Verhaltensweisen, sondern auch unter dem Aspekt positiver und alltäglicher Verhaltensweisen, außerhalb jeglicher Pathologie. Aus jenen zwei Beobachtungen, Mini-Skript und Studium der positiven Verhaltensweisen, gingen die Persönlichkeitstypen hervor, die die Basis der Process Communication bilden. Es sind sechs an der Zahl, und sie wurden von Taibi Kahler als Verhaltens-„Familien" definiert, von denen jede ihre starken und ihre schwachen Punkte hat. Ein Individuum kann die Charakteristika mehrerer Typen gleichzeitig aufweisen, und doch bildet eines davon seine Dominante. Die Kenntnis der Persönlichkeitstypen liefert drei wesentliche Informationen: Die Primärquelle der Motivation jedes Individuums, seinen bevorzugten Kommunikationsstil und seine ganz persönliche Art der Stresserzeugung.

RITA: Wie kann man die Motivationsquelle eines Individuums erkennen?

AUTOR: Jedem Persönlichkeitstyp korrespondieren spezifische psychische Bedürfnisse. Und jedes Individuum sucht systematisch die Befriedigung dieser Bedürfnisse. Diese Suche ist ihm von vitaler Wichtigkeit. Sie verrät sich durch Mikro-Verhaltensweisen, die außerhalb der Bewußtseinsebene eingesetzt werden. Wenn das Individuum keine positive Befriedigung seiner Bedürfnisse erfährt, sucht es diese auf negative Weise, indem es eine ganze Reihe von uneffektiven Verhaltensweisen zeigt, im Privaten wie im Beruf, und dies alles ebenfalls außerhalb der Bewußtseinsebene. Die Befriedigung der psychischen Bedürfnisse bedingt die Motivation des Individuums. Und umgekehrt: Fehlende Bedürfnisbefriedigung ist die Quelle für Stress.

Jeder Persönlichkeitstyp gebraucht auch einen bevorzugten Kommunikationsstil. Der Kommunikationskanal repräsentiert die Wellenlänge, die zwei Gesprächspartner auf effektive Weise miteinander zu verbinden imstande ist. Die Process Communication definiert fünf Kommunikationskanäle. Deren Kenntnis befähigt dazu, mit dem Gesprächspartner „verbunden" zu bleiben und so die Qualität und Effektivität eines Kommunikationsvorgangs zu sichern. Die Forscher der Schule von Palo Alto hoben mit Recht hervor: „Die Kommunikation reißt nie ab, denn wir können nicht nicht kommunizieren." Was wir jedoch schon können, ist, im Zustand des Unverständnisses zu kommunizieren, und das nennt Taibi Kahler die Situationen von „Miß-Kommunikation".

LUDWIG: Wie kann man die Stress-Typen definieren?

AUTOR: Das Stressniveau hängt häufig mit der Qualität der Kommunikation und mit der Befriedigung der psychischen Bedürfnisse des Individuums zusammen. Taibi Kahler hat drei Grade von negativem Stress identifiziert, die das Individuum in mehr oder weniger gravierende Situationen von Miß-Kommunikation führen. Beim ersten Grad von Stress ist es einfach, das Verhalten zu ändern. Es genügt, sich zu fragen: „Was brauche ich?" Es handelt sich dabei um ganz einfache Dinge: mit einem Freund zu telefonieren, eine andere Arbeit zu tun, ein Gläschen mit einem Kollegen zu trinken, usw. Beim zweiten Grad von Stress weisen alle Anzeichen darauf hin, daß es Zeit ist, alle Arbeiten liegen zu lassen und sich um sich selbst zu kümmern. Ein Manager wird sich zum Beispiel bewußt, daß er im Begriff ist, überkontrollierend zu werden, und damit ernsthafte Probleme in sein Team hinein zu tragen. Oder aber die Fehler häufen sich, womit er sich dicke Probleme auf lange Sicht bereitet, usw. Ein Familienvater entzieht sich seinen Kindern, ein Ehemann wird rigide hinsichtlich der Organisation des Haushaltsgeldes oder des Urlaubs, ein Kind verweigert die Arbeit in der Schule... Der dritte Grad von Stress ist seltener und ganz einfach festzustellen, denn er geht gewöhnlich einher mit einer tiefgreifenden Krise.

Als Erklärungsmodell für das Funktionieren der Persönlichkeit liefert die Process Communication ebenfalls einen fundamentalen Beitrag mit dem Konzept des Phasenwechsels. Jedes Individuum hat in sich die sechs Persönlichkeitstypen, aber einer von diesen macht seine Dominante aus, seine „Basis". Auf die anderen Verhaltens-Familien greift er weniger kontinuierlich und weniger charakteristisch zurück. Es kommt jedoch vor, daß ein Individuum auf sehr markante Weise die Charakteristika eines anderen als seines Basis-Typs aufweist. Dieser Wechsel geschieht häufig durch ein einschneidendes Ereignis. Taibi Kahler nannte dieses Phänomen „Phasenwechsel". Dieses Konzept erlaubt es, die spontanen und dauerhaften Veränderungen eines Individuums zu identifizieren und die damit korrespondierende Entwicklung seiner Motivationsquellen zu verfolgen. Es macht aus der Process Communication ein Modell, das die Voraussage künftigen möglichen Verhaltens des Individuums gestattet, wenn man beachtet, welche Phasenwechsel seiner Persönlichkeitsstruktur angemessen sind.

LUDWIG: Wer hat die Process Communication als erster angewandt?

AUTOR: Die NASA, um Astronauten auszuwählen. Es ging darum, die Verträglichkeit von Mannschaften herauszufinden und ihr Verhalten unter eingeengten Bedingungen in einem Raumschiff draußen im Weltraum vorherzusagen. Unter diesen extremen Bedingungen ist es besser, Menschen mit sorgfältig untersuchten psychologischen Profilen zusammenzubringen, bei denen Kommunikationsfähigkeit und Risiko von Kontrollverlust vorher genau eingeschätzt wurden... Taibi Kahler und sein Team untersuchten zu diesem Zweck unterschiedliche Populationen unter dem Gesichtspunkt der Befriedigung der psychischen Bedürfnisse und ihrer Grundeinstellungen, das heißt ihrer vorwiegenden Art und Weise, an Probleme heranzugehen und sie zu lösen. Sie stellten eine Methode auf, die imstande ist, den Reaktionstyp der Astronauten in Situationen von leichtem und von ernsthaftem Stress vorherzusagen.

Was die Process Communication anbietet, ist in der Tat eine Philosophie der Kommunikation. Einer ihrer größten Vorzüge ist, daß sie da, wo das Verhalten des anderen meist eine negative Wertung erfuhr, einen positiven Sinn findet. Statt zu sagen: „Der ist ja unfähig, ein Idiot, ein Faulpelz", ist es viel effektiver, zu verstehen, was seine Haltung im Sinne eines in Stress befindlichen Persönlichkeitstyps bedeutet. Es handelt sich dabei um die Einstellung „+/+" (Ich bin OK. – Du bist OK.) der TA. In dieser Position ist sich jedes Individuum seines eigenen Wertes und des Wertes seines Gesprächspartners bewußt. Die Process Communication ist eine regelrechte „Lehre" im +/+-Denken, denn sie liefert einfache Anhaltspunkte, um Kommunikationssituationen zu verstehen. Und viele Beziehungsprobleme resultieren ja gerade aus der Tatsache, daß die Gesprächspartner sich gegenseitig nicht verstehen und ein System errichten, das der Vorstellung entspricht, die sie sich von der Realität des anderen machen. Ein System, das im Betrieb häufig durch das Betriebsklima verstärkt wird.

Das Modell ist einfach, ist aber auf keinen Fall ein modisches Etikett, das man sich anheften kann; das Modell muß zunächst einmal integriert werden. Die Anwendbarkeit des Modells ist gleichbedeutend mit einer realen Veränderung des Individuums. das nun beschließt, mobiler zu werden und seine Anpassungsfähigkeit zu steigern. Zu diesem Zweck kann es sich einer regelrechten Schalttafel für sein psychisches Funktionieren bedienen: des Persönlichkeitsinventars. Dies ist ein individuelles Hilfsmittel, das auf einem Fragebogen basiert; es will der Person einen Überblick geben über seine alltäglichen Verhaltensweisen, seine Bedürfnisse, seinen Kommunikationsstil und seine Fähigkeiten, Stress zu vermeiden oder ihm Abhilfe zu schaffen.

RITA: Und das Buch?

AUTOR: Die folgenden Seiten dienen in erster Linie einem praktischen Ziel. Man findet dort das Individuum mit seiner professionellen und seiner persönlichen Dimension, mit allem, was sein psychisches und soziales Leben ausmacht. Es wird eine große Zahl von Aspekten angesprochen, und zwar anhand konkreter Fälle, so daß sich der Leser darin zurechtfinden oder gar sich wiedererkennen kann. Im ersten

Teil des Werkes werden die Grundlagen des Modells behandelt: Persönlichkeitstypen, Persönlichkeitsstruktur und Phasenwechsel, Kommunikationskanäle, psychische Bedürfnisse und Prozesse der Miß-Kommunikation. Im zweiten Teil werden mehrere Anwendungsmöglichkeiten des Modells beschrieben, vornehmlich in den Bereichen Management, Teamentwicklung und Verkauf, aber auch im Rahmen der Familie. Jedes Kapitel ist so konzipiert, daß sich der Leser je nach Interesse damit beschäftigen kann, unabhängig von den anderen Kapiteln. Dieses Werk stellt außerdem sechs Personen vor: Eva, die Empathikerin, Ludwig, den Logiker, Rita, die Rebellin, Bernhardt, den Beharrer, Thea, die Träumerin, und Mike, den Macher. Sie repräsentieren die sechs Persönlichkeitstypen. Sie arbeiten alle in der gleichen Firma, Sofia's & Co, und haben beschlossen, sich in Process Communication fortzubilden...

Erster Teil

Die Grundlagen der Process Communication

1

Die Persönlichkeitstypen

Aufbruch in den Urlaub, zu den Stränden im Süden. 12.45 Uhr, in einem Autobahn-Restaurant. Einige Tische weiter eine junge Frau, etwa dreißig, entspannt lächelnd, mit zwei Mädchen. Sie gleichen sich aufs Haar, tragen gleiche Kleidung und sind offensichtlich echte Zwillinge.

Wir beobachten interessiert und amüsiert ihre Eigenheiten. Die eine läuft von Tisch zu Tisch, sucht Gäste, die bereit sind, mit ihr zu spielen, und ihre Mutter hat alle Mühe, sie zum Sitzen zu bringen, damit sie fertig ißt. Ihre Schwester hingegen bleibt ganz nah bei ihrer Mama. Sie schmust gerne, entfernt sich nicht vom Tisch, braucht die Gesellschaft ihrer Schwester nicht und muß auch nicht mit ihr spielen. Das erste der beiden Mädchen zeigt ein „rebellisches" Verhalten, die zweite hat eine ganz klar „empathische" Haltung.

Die Bezeichnungen „rebellisch" und „empathisch" beziehen sich auf zwei von Taibi Kahler definierte Persönlichkeitstypen. Es sind sechs an der Zahl: der Empathiker, der Logiker, der Rebell, der Macher, der Beharrer und der Träumer. Wobei die Begriffe Rebell und Träumer keine der negativen Konnotationen beinhalten, die man ihnen gewöhnlich beimißt.

Alle sechs sind bei jedem Menschen vorhanden, aber in unterschiedlicher Ausprägung. Jeder Mensch funktioniert vorzugsweise nach einem oder zwei von diesen Typen. So wird verständlich, daß wir, obwohl wir doch jeder einzigartig sind, in hohem Maße Charakteristika mit anderen Individuen teilen.

Zu jedem Persönlichkeitstyp gehören:

- Verhaltenscharakteristika (Haltung, bevorzugte Art zu handeln, Kleidung, bestimmte Umgebung usw.);
- eine vorwiegende Art und Weise der Wahrnehmung der Welt;

- psychische Bedürfnisse, deren Befriedigung Bedingung ist für Energie, Motivation und gute Laune des einzelnen Individuums und andererseits für seine ganz persönliche Art, in Stress zu geraten und aus diesem wieder herauskommen zu wollen;
- ein bevorzugter Kommunikationskanal, der das „Fließen" zwischen den Individuen ermöglicht und Falltüren meidet, die direkt in den Konflikt oder aber auch in die Passivität führen.

Kein Typ ist besser oder schlechter als ein anderer. Sie haben alle ihre starken und schwachen Seiten, und das Modell der Process Communication enthält sich jeglicher Wertung. Es erlaubt lediglich jedem Menschen:
- auf einfache Weise die unterschiedlichen Facetten seines eigenen Verhaltens zu identifizieren;
- zu verstehen, wie seine Gesprächspartner „funktionieren", und dementsprechend zu handeln, um eine gute Qualität der Kommunikation zu garantieren.

Das Modell der Process Communication wird seit 1988 in französischen Firmen angewandt. Statistiken mit einer repräsentativen Auswahl – hauptsächlich Manager und im Handel Tätige – bestätigen die Gültigkeit der Methode auch für Frankreich. Ende 1992 hatten in Frankreich bereits 6000 Personen den Fragebogen beantwortet, mit dem man ihr Persönlichkeitsinventar feststellen kann. Die Auswertung einer noch größer angelegten Untersuchung steht noch aus.

Sie weisen proportional die gleichen Ergebnisse auf wie in den Vereinigten Staaten (bei einer gleichgearteten Untersuchungsgruppe): Die Beharrer stehen an der Spitze, gefolgt von den Logikern, den Empathikern, den Rebellen, den Machern und den Träumern.

Und nun schließen Sie Bekanntschaft mit sechs Persönlichkeiten...

Eva, die Empathikerin

- Eva, kommst du mit zum Turnen?
- Nein...
- Komisch, du warst doch so froh, dich ein bißchen zu bewegen...

- Ja, ich weiß auch nicht, warum ich mich nicht entschließen kann, wieder hin zu gehen... Vielleicht hängt es am Ort: dieser alte Schulsaal, düster und schlecht beheizt... Und dann noch diese Lehrerin, die nie lächelt. Man hat den Eindruck, sie interessiert sich nicht für die Leute. Ich spüre, daß ich einen warmen Ort finden möchte, nahe bei mir daheim, damit ich die Familienabende nicht zu stark beeinträchtigen muß. Auf jeden Fall bin ich heute nicht dazu aufgelegt. Ich träume von einem warmen Bad und von einem Tee...

Wir könnten Eva weiter befragen. Sie würde mit uns ohne weiteres über persönliche Dinge sprechen. Als Empathikerin würde sie großen Wert legen auf Aspekte, die mit Empfindungen und der Qualität der zwischenmenschlichen Beziehungen zusammenhängen. Ihre „großherzige" Seite und ihre Sorge um die Meinung der anderen nähmen wahrscheinlich einen beachtlichen Raum in ihren Aussagen ein.

Eva nimmt nämlich die Welt durch den Filter ihrer Gefühle wahr. Sie nimmt die Dinge und die Menschen durch die Empfindung in sich auf. Einer der Hauptzüge ihrer Persönlichkeit: Sie mag, daß man sie mag.

Ist das nicht bei allen so? Ganz klar. Aber man kann Nuancen feststellen: Manche mögen lieber, daß man ihre Ideen mag, oder aber ihren Charme oder ihre Heldentaten, oder auch, daß man anerkennt, was sie geleistet haben.

Für Eva, die Empathikerin, ist das Wichtigste, um ihrer selbst willen geliebt zu werden. Sie versucht also zu gefallen und teilt ringsum die gleichen Zeichen der Anerkennung aus, deren sie selbst bedarf.

Bedingungslose Liebe? Ja, das ist ihre Droge Nummer Eins.

Ihre äußere Erscheinung ist gepflegt. Sie kleidet sich oft in Pastellfarben, die harmonisch aufeinander abgestimmt sind. Sie schätzt Schmuck und den regelmäßigen Besuch beim Friseur. Käme sie zu einer Arbeitsbesprechung ungeschminkt und in nachlässigem Aufzug, wäre das der Hinweis auf irgendeine familiäre Katastrophe. Gegenstände haben auch eine große Bedeutung im Leben Evas. Sie werden mit Respekt behandelt, denn sie sind Träger einer Geschichte, und werden in großer Zahl benutzt, um Atmosphäre in einem Raum zu schaffen. Ihr Schreibtisch zum Beispiel ist mit einigen Familienfotos geschmückt, mit Grünpflanzen und anderen Hinweisen darauf, daß sich das Leben nicht völlig im Arbeitsbericht „Maschine" erschöpft. Kurz: Raum dem Menschlichen!

Insgesamt ist ihre Umgebung gemütlich, wie ein „kleines Nest". In ihrem Zuhause spielen leise Musik und feine Parfums eine Rolle.

Sie versteht es, Harmonie zu schaffen und ist aufmerksam gegenüber den Bedürfnissen des anderen. Sehr gut passen zu ihr Attribute wie mitfühlend, sensibel, warmherzig. Anläßlich einer Pause während eines Seminars ist häufig sie es, die den anderen Gruppenmitgliedern Getränke serviert, denn die Interessen der anderen haben stets Vorrang vor ihren eigenen. Im übrigen kommt es auch vor, daß sie Mühe hat, sich zu behaupten und ihren Platz zu finden. Dann fehlt es ihr anscheinend an Sicherheit. Sie durchsetzt ihre Aussagen mit „vielleicht" und „wenn ich mich nicht täusche", und das oft mit einer sanften und kindlichen Stimme. Eine ihrer Hauptschwierigkeiten ist, nein zu sagen, ihre Grenzen deutlich zu machen. Ihre Mitarbeiter finden mitunter, daß sie zu viel macht und sich durch unterschiedlichste Anliegen überfordern läßt.

Eine ihrer großen Ängste? Alt zu werden. Das ist gleichbedeutend mit: nicht mehr gefallen. Obwohl sie eher jünger aussieht, als sie ist, selbst wenn ihr Gesicht von bezaubernden bezaubernde Fältchen aufweist. Die auf Sorgen zurückzuführen sind, sind manchmal bogenförmig oberhalb der Augen (sie zieht gern die Augenbrauen hoch). Ihre existentielle Frage lautet: „Bin ich liebenswert?", und so kann der für sie schlimmste Stress dann entstehen, wenn eine bedeutsame gefühlsmäßige Beziehung zerbricht.

Von diesem eher seltenen Fall abgesehen, hat sie das Bedürfnis, sich bei ihrer Arbeit wohlzufühlen. Das Endziel dabei ist natürlich, einen herzlichen Chef zu haben und sich in einem Team zu befinden, wo eine gute Atmosphäre herrscht. Unter Stress tendiert Eva dazu, sich abzuwerten und zu glauben, alles sei nur ihr Fehler; dann macht sie dumme Fehler. Es kommt auch vor, daß sie sich am Essen schadlos hält. Sie ist Spezialistin in Diäten... an den Tagen der Reue.

Ihre größte Kraftquelle: Zeichen positiver Anerkennung hinsichtlich ihrer Person, eine angenehme, die Sinne befriedigende Umgebung (bei sich zu Hause, im Restaurant, mampf mampf...). Ihr ideales Appartement? Sie hätte es gerne mit einem Wintergarten, mit sonnendurchfluteten Fenstern und mit Nachbarn... Natürlich mit empathischen.

Ungefähr 30% der Bevölkerung sind empathisch, davon drei Viertel Frauen. Diese kommunikativen Wesen sind häufig im helfenden Bereich tätig: Ärzte, Sozialarbeiter (diese Berufe teilen sie mit den Beharrern), Krankenpfleger, Psychotherapeuten oder als Stewardessen, Hotelempfangsdamen, Public-Relations-Beauftragte oder Kellner. Tabelle 1.1 faßt die hauptsächlichen Charakteristika des Empathikers zusammen.

Stärken	Einfühlsam, sensibel, warmherzig.
Charakteristika	Fähig zu geben, aufmerksam gegenüber den Bedürfnissen des anderen. Kann gut Harmonie schaffen.
Gefühlsausdruck	Ungezwungen. Benützt ihn zur Kommunikation.
Äußere Erscheinung	Gepflegt. Zarte und aufeinander abgestimmte Farben.
Bevorzugte Betätigungsfelder	Kommunikation. Public Relations. Helferberufe. Dienstleistungen.
Umgebung	Freundlich, warm, gemütlich, persönlich, zu Hause wie im Büro.
Wahrnehmungsweise	Fühlt zuerst. Nimmt die Leute und die Dinge wahr, indem er gefühlsmäßig an sie herangeht.
Verhalten im Team	Versucht, Beziehungen herzustellen und zu fördern.
Psychische Bedürfnisse	Anerkennung als Person. Umgebung, die den sinnlichen Bedürfnissen entgegenkommt.

Tabelle 1.1 Porträt des Empathikers

Ludwig, der Logiker

Als Eva heute morgen ins Büro kam, lief ihr in den Gängen Ludwig über den Weg, mit drei Arbeitsmappen unterm Arm, die Stirn sorgenvoll gerunzelt... kurz, er machte den Eindruck, als habe sein Arbeitstag schon lange angefangen. Es ist tatsächlich nicht selten, daß Ludwig vorzeitig anfängt und nach allen anderen aufhört. Anscheinend ist es ihm unmöglich aufzuhören, solange er nicht alle Arbeitsvorgänge abgeschlossen hat. Und da es das ganze Jahr über welche gibt...

Eva: „Guten Morgen. Wie geht's? Du schaust mir ein bißchen müde aus, oder?"

Ludwig: „Nein, nein, aber ich habe viel zu tun... Wir müssen uns treffen, um den 26. zu organisieren. Ich brauche einen klaren und präzisen Termin. Ich schlage dir heute vormittag vor, zwischen 11.45 und 12.30. Außer wir machen das in der Mittagspause..."
Eva: „Hm... ich würde mich bei der ersten Lösung wohler fühlen. Darf ich dich zu einem Kaffee einladen?"
Ludwig: „Nein, danke. Ich habe keine Zeit. Und ich finde diese Cafeteria immer schmutziger und lauter."
Eva geht weiter, wie immer durch die Antworten ihres Kollegen leicht frustriert: „Daß der mal über was anderes reden würde als über seine Arbeit...

Es stimmt: Ludwig ist ein Logiker wie er im Buche steht. Auf manche Empathiker wirkt er eher wie ein Computer...

War die existentielle Frage des Empathikers: „Bin ich liebenswert?", so ist die von Ludwig: „Bin ich kompetent?" Demzufolge arbeitet er hart und zählt seine Arbeitsstunden nicht.

Er ist in erster Linie ein seriöser Mensch. Wie viele Logiker ist er ein Intellektueller. Was auch immer ihm zustößt, zuerst wird gedacht, werden Fakten und Informationen gesucht, um sie zu klassifizieren, sie zu ordnen und daraus Konsequenzen zu ziehen.

Die Logik ist sein Leitmotiv, die Organisation sein kleines Laster und das Verantwortungsgefühl sein tägliches Brot (als Verantwortungsträger hat er häufig Rückenbeschwerden).

Was bei ihm zuallererst auffällt, ist seine „saubere Weste" (wie der Rebell aus der Ecke heraus anmerken würde): untadeliges, gepflegtes Styling, perfekter Haarschnitt. Mit ihm gibt es kein vertrauliches Lächeln und keinen kleinen Scherz beim Erstkontakt. Spontan zeigt er weder menschliche Wärme, noch Sympathie und interessiert sich ausdrücklich nur für die Fakten, die zu behandeln sind. Sein Privatleben bleibt außerhalb des Büros, und er kann nur schwer begreifen, daß das bei anderen anders sein kann. Eine empathische Sekretärin mit einem solchen Chef läuft Gefahr, daß sie in punkto Anerkennung ihrer Leistung ganz schnell „verdurstet", und obendrein mit dem Gefühl, als Maschine betrachtet zu werden. Man muß hinzufügen, daß Zielstrebigkeit für Ludwig gleichbedeutend ist mit Zeitgewinn. Die Zeit, sein Herr und Meister. Er ist Weltmeister in der Planung, im Büro ebenso wie in den Ferien. Sein psychisches Gleichgewicht hängt davon ab. Im übrigen vermeidet er tunlichst jede Improvisation und wägt jede seiner Entscheidungen lange ab. Sein Jahresbudget ist ein wahres Kunstwerk.

Bei einer Fernsehsendung über Paare und Geld erklärte ein Logiker-Gatte, daß er sich dann sicher fühle, wenn er das Budget für das gesamte Jahr durch Planung aller Einnahmen und Ausgaben durchorganisiert habe. Seine Frau hingegen, die sich in der Rebellen-Phase befand, steigerte ihre Impulsiv-Käufe und rechtfertigte sie folgendermaßen: „Bist du dir klar darüber, daß ich diesen kleinen Rock mit 50% Rabatt bekommen habe?". Was natürlich einige Unstimmigkeiten in der Paarbeziehung verursachte.

Seine Umgebung ist wie sein Auftreten: organisiert, funktional. Es herrscht Ordnung, oder besser: die Unordnung ist sorgfältig strukturiert. Der Logiker findet sich dort im Bruchteil einer Sekunde zurecht. Vorsicht, Haushaltshilfe, wenn Sie sich da einmischen! Jedes Ding ist da auf seinem Platz, und bleibt dort auch, wie durch ein Wunder. Der Stil des Mobiliars ist eher zeitgemäß. Wie wir gesehen haben, dreht sich bei ihm alles um Kompetenz, Organisation und gut geleistete Arbeit.

Für ihn ist das Wichtigste, Anerkennung zu bekommen für seine Gedanken und für das, was er zustande bringt. In dieser Richtung wendet er viel Energie auf, und wenn dieses Bedürfnis nicht befriedigt wird, steht er unter negativem Stress. Er erlebt dann mehr oder weniger schmerzlich den Zweifel an sich und versucht, durch ein buchstäblich zwanghaftes Arbeitsverhalten diesen inneren Konflikt zu lösen. Er kann immer weniger Aufgaben delegieren, er übertreibt es mit der Kontrolle, und es fällt ihm zunehmend schwer, die Tür zu seinem Büro hinter sich zu schließen.

Nicht selten jedenfalls geht Ludwig mit einigen Arbeitsmappen unter dem Arm heim, was ihm seine Familie natürlich zum Vorwurf macht. Dabei glaubt er ganz ehrlich, er tue alles ihm Mögliche für das Glück der Seinen. Mit zunehmendem Alter zeichnen sich diese Sorgen auf seiner Stirn als Querfalten ab. Sein großes Risiko ist zu vergessen, daß es im Leben auch anderes gibt als die Arbeit. Sich entspannen, ohne etwas zu machen, bedeutet für Ludwig, seine Zeit zu vergeuden.

Wenn er mit seinem Berufsleben nicht zufrieden ist, wenn er, aus verschiedenen Gründen (unlogische Entscheidungen, Unklarheiten im Management usw.), demotiviert ist, kann es vorkommen, daß er sich, wie irgendein X-Beliebiger, aus seinem Job zurückzieht. Es ist ziemlich wahrscheinlich, daß er dann in einen anderen Bereich seines sozialen Lebens investiert und von neuem funktioniert wie in der guten alten Zeit. Er ist dann ein Bastel-Fanatiker oder ein Garten-Freak, und natürlich nimmt er sich nur einige Tage Urlaub, denn das Haus muß fertig werden, der Gemüsegarten muß betreut werden, und so weiter. „Ohne Fleiß kein Preis!" ist seine Devise und die aller Logiker. Sie bilden etwa 25% der Bevölkerung; drei Viertel sind Männer. Tabelle 1.2 faßt die Charakteristika dieses Persönlichkeitstyps zusammen.

Stärken	Logisch, gut organisiert, verantwortungsvoll.
Charakteristika	Anhänger des logischen Denkens.
Gefühlsausdruck	Selten. Wird bei der Arbeit als unangemessen betrachtet.
Äußere Erscheinung	Klassisch und gepflegt, der Situation entsprechend.
Bevorzugte Betätigungsfelder	Technik. Buchhaltung. Verwaltung. Aufgaben, die Organisation, methodisches Vorgehen und Präzision erfordern.
Umgebung	Funktional, geordnet, zeitgemäß.
Wahrnehmungsweise	Denkt zuerst. Klassifiziert Menschen und Dinge nach Kategorien.
Verhalten im Team	Sucht Informationsaustausch. Mag lieber Zweierbeziehungen als die Gruppe.
Psychische Bedürfnisse	Anerkennung für seine Arbeit und für die Qualität seiner Gedanken. Strukturierung der Zeit.

Tabelle 1.2 Porträt des Logikers

Rita, die Rebellin

„Bah! Dieses Gesöff wird immer furchtbarer!" ruft Rita aus, die Nase halb im Kaffee. Sie ist gerade in Ludwigs Büro gekommen und fügt im gleichen Atemzug, nachdem sie ihn hinter seinem Schreibtisch entdeckt hat, hinzu: „Yeah, mein Süßer, was für eine Krawatte! Super! Allerdings, deine Tränensäcke, die sind weniger dekorativ..."

Ludwig zieht sich innerlich zurück. „Wie kann man nur an einem Arbeitsplatz so viel Wind machen?" denkt er sich. „Dieses Mädchen kann nicht einen Augenblick still sitzen. Kein Wunder, daß sie ihre Projekte nie rechtzeitig abliefert..."

Rita sitzt auf einer Tischkante. „Oh Mann, dieser Kaffee", denkt sie, „hat man den nötig... Die schauen alle aus, als würden sie pennen..., dabei bin doch ich erst um vier ins Bett, damit ich dieses verdammte Skript noch hinkriege. Okay, wo gibt's hier heut' früh was zu lachen?"

Rita ist Rebellin, das ist klar. Ludwig toleriert sie: Er mag ihren Humor, sie erinnert ihn an seine Frau, aber er erträgt sie nur wohl dosiert. Dummerweise stellt sich eine Rebellin definitionsgemäß außerhalb der überschaubaren Normen, wie auch immer sie das ausdrückt: durch originelle Kleidung, durch flexible Stundeneinteilung oder durch ihre Tendenz, immer und überall Spaß zu suchen.

Obwohl sie grundsätzlich eine Individualistin ist, hat sie doch das Bedürfnis nach Kontakt. Allein zu spielen, motiviert sie kaum. Ihr spontaner und spielerischer Ausdruck macht sie zur beliebten „Gruppen-Nudel", die die anderen zum Lachen bringt und die kindliche Seite in jedem stimuliert. Man kann auf sie zählen, wenn es darum geht, Arbeitssitzungen alle 20 Minuten durch einen Scherz zu unterbrechen. Sie hält sich gerne am Rande mehrerer Gruppen auf, in denen sie Blitzbesuche macht, die hoch geschätzt werden.

Von Geburt an kreativ, sprüht sie vor Ideen und Wünschen, hat allerdings mitunter Schwierigkeiten, sie zu konkretisieren, und ist wenig motiviert, ein Projekt zu entwickeln und durchzuführen (Leitender Angestellter war noch nie ihr Traum). Für sie ist wichtig, daß sie ihre Ideen frei ausdrücken kann und daß sie sich in ihrer Kreativität wertgeschätzt fühlt. Forderungen und ein direktives System bewirken, daß sie schlecht funktioniert. Hingegen verdoppelt sie ihre Energie, wenn man ihr vorschlägt, Vorschläge zu machen. Aber sobald die Arbeit monoton wird oder sich ständig wiederholt, sinkt ihr Motivationsniveau gefährlich ab; dann muß sie Aussicht auf eine Änderung der regulären Aktivitäten haben.

Poster, lebhafte Farben, Musik, originelles Mobiliar und ungewohnte Objekte beleben ihr Büro und ihr Haus. Kurz, alles, was ihr Bedürfnis nach Stimulation befriedigt (sie braucht „good vibrations", sagt sie) und ihren Spieltrieb (dem sie sich total hingibt, weil sie ja daraus ihre Energie schöpft). Auch ihre Garderobe soll Aufmerksamkeit erregen... wenn's sein muß negative. „Alles andere lieber, als Nichtbeachtung..."

Ritas Wahrnehmungsfilter ist ihre leichte Erregbarkeit: sie ist begeistert oder abgestoßen. Sie lebt im gegenwärtigen Augenblick. Es fällt ihr schwer, sich in die Vergangenheit oder in die Zukunft hineinzuversetzen und die Konsequenzen ihrer Entscheidungen und Handlungen ins Auge zu fassen. Wenn sie mit einem Vorgesetzten nicht einverstanden ist, kann sie heftig „eskalieren" und diesen zum Äußersten treiben, auch wenn sie dabei riskiert, gefeuert zu werden. In diesem Fall probiert sie aus, bis zu welchem Punkt sie gehen kann, denn ihre existentielle Frage ist: „Bin ich akzeptabel?"

Überflüssig zu erklären, daß Ludwig sie als eine von denen betrachtet, die manche Manager als „unmanagebar" bezeichnen. Und es stimmt, daß die schönsten Konflikte, die er in Firmen beobachten konnte, einen „beharrlichen" Chef und einen „rebellischen" Mitarbeiter betrafen. Denn Letzterer reagiert sehr schlecht auf Zwang, er schießt sich ein und wird sehr schnell unangenehm und verletzend. Das sind seine gewohnten Anzeichen für Verzweiflung. Und zahlreiche „Beharrer" haben, wie wir später noch sehen werden, nicht unbedingt das nötige Kommunikationsspektrum, um den Kontakt mit dem Rebellen auf geeignete Weise wieder herzustellen. Je mehr dieser sich abrackert, um Aufmerksamkeit zu gewinnen, desto mehr findet sein Chef dieses Verhalten unpassend und lächerlich. Die wirksame Strategie in diesem Fall ist, zunächst sein Bedürfnis nach spielerischer Interaktion durch einen Scherz zu befriedigen, um dann erst zu den ernsthaften Angelegenheiten überzugehen.

Die Rebellen bevölkern in der Regel die künstlerischen Berufe und alle Berufe, die persönliche Kreativität fordern (der Bereich Informatik zum Beispiel quillt über von Rebellen) und eine Vorliebe für Aktivitäten, die mit Entspannung zu tun haben (Freizeitanimation zum Beispiel). Man schätzt ihren Anteil auf 20%, darunter 60% Frauen. Tabelle 1.3 faßt die Charakteristika des Rebellen zusammen.

Stärken	Spontan, kreativ, verspielt.
Charakteristika	Fähigkeit, zu spielen und den gegenwärtigen Augenblick zu genießen: carpe diem.
Gefühlsausdruck	Oft ungezwungen. In Form von Emotionen, die spontan „herauskommen".
Äußere Erscheinung	Originell.
Bevorzugte Betätigungsfelder	Künstlerische Schöpfungen, Animation, Aufgaben, die seine Kreativität fordern.
Umgebung	Witzig, stimulierend, Spielereien...
Wahrnehmungsweise	Reagiert auf Personen und Dinge mit Begeisterung oder Ablehnung.
Verhalten im Team	Liebt die Gruppenatmosphäre. Stellt selber keinen Erstkontakt her, ergreift aber die geringsten Angebote dazu, vor allem, wenn sie sich in spielerischer Form äußern.
Psychische Bedürfnisse	Spielerischer Kontakt.

Tabelle 1.3 Porträt des Rebellen

Bernhardt, der Beharrer

Der Beharrer fängt gewöhnlich mit den ernsthaften Dingen an. So ist es bei Bernhardt, dem Vorgesetzten von Eva, Ludwig und Rita. „Der", murmelt Rita, „wenn der eine Idee im Kopf hat... der ist wie Ludwig, bloß mit noch mehr Grundsätzen." „Und wie er mich immer mustert", bemerkt Eva. Im übrigen aber schätzt sie seine Treue gegenüber menschlichen und ethischen Werten, die die Pfeiler der Firma bilden. Sie nennt ihn „Bär mit dem großen Herzen". Sie fürchtet ganz einfach, wenn es mal stürmisch wird, sein Auftreten als unbarmherziger Moralapostel, das einem den Eindruck vermittelt, man habe alle Fehler der Welt auf dem Gewissen. Bernhardt begnügt sich nicht damit, seine Überzeugungen in die Firma einfließen zu lassen, er trägt sie auch nach außen: Er hat einen wichtigen Posten im Arbeitgeberverband.

Was bei Bernhardt und bei zahlreichen anderen Beharrern auffällt, ist zunächst der Blick. Durchdringend und aufmerksam, kann er auch streng wirken. Seine Beobachtungsgabe ist enorm, und er macht von ihr Gebrauch, um alles um ihn herum einzuschätzen. Das ist für die nächste Umgebung nicht immer bequem, denn Bernhardt hat ein hohes Anforderungsniveau, sowohl den anderen als auch sich selbst gegenüber.

Er ist einer, der sich engagiert, im Beruf wie im sozialen Leben. Zahlreiche Beharrer fühlen sich mit einer Mission betraut, der sie sich ganz und gar hingeben, sei es, daß es darum geht, ihre Werte an ihre Kinder weiterzugeben (so wie sie selbst sie von ihren Eltern geerbt haben), oder darum, das Leid in der Welt zu lindern, indem sie politisch kämpfen... Sich aufgrund ihrer Meinungen anerkannt zu fühlen, das ist ihre Motivation. Für den Redner unter ihnen geht es darum zu überzeugen, für den Aktivisten um das Bewußtsein, seine Pflicht erfüllt zu haben, für den Politiker darum, gewählt zu werden.

Bernhardts Bezugsrahmen ist, was er glaubt. Er bildet also einen Stabilitätspol für die Firma, deren Werte er teilt, aber er kann auch zum unermüdlichen Opponenten und Widersprecher werden. Im Team hat er einen guten Ruf wegen seiner... Beharrlichkeit: Er setzt sich ein Ziel und muß es zu Ende bringen. So haßt er es, wenn er unterbrochen wird, sei es bei seinen Tätigkeiten oder bei seinen Reden (und er redet gerne!). Man kann bei ihm viele gemeinsame Punkte mit Ludwig, dem Logiker, finden, aber während Letzterer primär durch die Recherche von Fakten motiviert ist, sucht Bernhardt zunächst einmal die Meinung seines Gesprächspartners kennenzulernen – oder seine eigene darzulegen.

Die Wahrnehmung der Welt geschieht durch den Filter seiner Überzeugungen. Es fällt ihm übrigens leichter zu interpretieren, als zu analysieren.

Als es bei einem Fortbildungstag darum ging, einen Videofilm anzuschauen und dazu Beschreibungen abzugeben, war es für ihn äußerst schwierig, das nach seinem persönlichen Raster Wahrgenommene nicht gleich zu interpretieren: „Er macht das deswegen...", „Er möchte gerne, daß...", usw. Rein faktenbezogene Anmerkungen sind nicht seine „Teesorte" (er mag Tee aus China, und zwar in einer dessen würdigen Tasse).

Sein Hauptschwachpunkt? Das Zuhören, denn seine natürliche Motivation ist, daß man ihm zuhört. Häufig fällt er einem ins Wort, nicht, weil er schlecht erzogen wäre, sondern weil er seinen Gedankengang weiter verfolgt und nicht aufgepaßt hat, was man gerade gesagt hat. Auf einem Seminar bleibt er die erste Zeit häufig schweigsam, ganz damit beschäftigt, die Ereignisse und die Qualität des Trainers einzuschätzen. Er ergreift das Wort erst, wenn er das Geschehen innerhalb seines eigenen Wertesystems eingeordnet hat.

Bernhardt ist ein Anhänger der Tradition und will diese aufrecht erhalten. Deswegen wird er manchmal als rückständig betrachtet. Er kleidet sich klassisch. Seine Umgebung beweist den gleichen Funktionalismus und die gleiche Organisation wie die von Ludwig, aber sie hat zudem etwas Klassisches und Kultiviertes an sich (Stilmöbel, Antiquitäten, Familienbibliothek...). Bernhardt ist sehr motiviert durch alles, was sich auf die „Wurzeln" bezieht; ein Beharrer in der Familie genügt, und der Stammbaum ist garantiert.

Mitunter hat er ebenso heftige wie kurze Zornesausbrüche. Wie kochende Milch, die überschäumt. Diese Ausbrüche haben keine Konsequenzen. Sie gehen vorüber. Aber wenn sie sich über Eva, die Empathische, ergießen, dann braucht diese manchmal mehrere Tage, um sich davon zu erholen. Ein anderer Anlaß für Mißverständnisse zwischen diesen beiden Personen: Bernhardt tendiert dazu, nur das zu sehen, was nicht geht, Eva hingegen selektiert nur das, was gut geht. Häufig seufzt sie: „Immer macht er mich auf das aufmerksam, was nicht so funktioniert, nie auf das, was klappt." Bernhardt seinerseits ist der Ansicht, daß etwas klappt, sei der Normalfall, und sieht seine Aufgabe darin, auf Fehler hinzuweisen. Es fällt ihm leichter, Eva wegen ihres menschlichen Engagements oder wegen ihrer Vereinsarbeit zu loben als wegen der Qualität ihrer Arbeit.

Wenn es darum geht, seine Meinung zu ändern: Er ist von mißtrauischem Naturell. Seine bevorzugte Kommunikationsart ist, Meinungen auszutauschen, und er braucht sehr viele Informationen, bis er seine Überzeugung ändert.

Wenn Bernhardt sich für das, hinter dem er steht, nicht anerkannt fühlt, gerät er in negativen Stress, der übrigens durch die Umgebung sehr schnell erkannt wird: Er konzentriert sich auf die Fehler der anderen und wird mehr und mehr rigide. Wenn es darum geht, seine Überzeugungen zu vertreten, legt er sein Kreuzfahrergewand an, wird intolerant und schlägt seine Zuhörer buchstäblich in die Flucht.

Seine existentielle Frage ist: „Bin ich vertrauenswürdig?" Was erklärt, wieso ein Beharrer, der mit der Hand in der Hosentasche angetroffen wird, seinen Suizid ins Auge fassen könnte (lieber tot als unehrenhaft), während für einen „Macher", wie wir später sehen werden, die gleiche Situation Teil des Spiels sein könnte, das ein wenig Pfeffer in die Partie bringt.

Man findet zahlreiche Beharrer auf Verantwortungsposten, in der Firma ebenso wie im Öffentlichen Leben, in der Politik, in der Kirche oder in der Gewerkschaft. Sie bilden ca. 10% der Bevölkerung, davon 75% Männer.

Tabelle 1.4 faßt die Charakteristika des Beharrers zusammen.

Stärken	Engagiert, gewissenhaft, aufmerksam.
Charakteristika	Ausgeprägte Fähigkeit, Meinungen, Überzeugungen und Urteile zu äußern.
Gefühlsausdruck	Wird als bei der Arbeit unangemessen betrachtet. Reserviert. Kaschiert häufig eine hohe Sensibilität.
Äußere Erscheinung	Augenfalte, durchdringender Blick, klassisch gekleidet.
Bevorzugte Betätigungsfelder	Unternehmertum. Soziale Angelegenheiten. Politik. Religion. Verbandstätigkeiten. Jede Art von Verantwortung.
Umgebung	Funktional, traditionell, alte Möbel.
Wahrnehmungsweise	Beurteilt, schätzt Menschen und Dinge gemäß der eigenen Meinung ein.
Verhalten im Team	Übernimmt gerne das Kommando. Sucht den Meinungsaustausch. Dazu sucht er lieber die Zweierbeziehung als die Gruppe, außer als Leiter.
Psychische Bedürfnisse	Anerkennung wegen seiner Überzeugungen, Wertschätzung wegen seiner Leistung.

Tabelle 1.4 Porträt des Beharrers

Mike, der Macher

Zur Mittagsstunde sitzen Bernhardt und Ludwig beim Essen im getäfelten Gemeinschaftssaal, den Bernhardt ganz besonders mag. Zeit zu entspannen. Bernhardt sagt zu Ludwig: „Erinnern Sie sich an Mike Plotz?"

„Ja, der Mann mit dem roten BMW..."

„Nun, er hat gerade seine Bilanz vorgelegt. Unglaublich, seine Geschichte. Dieser Typ ist einmalig, wenn es darum geht, neue Märkte aufzutun. Vor ein paar Jahren hat er sich mit Firmenumwandlung beschäftigt, und innerhalb von drei Jahren hat er aus einer veralteten Gesellschaft siebzehn neue Gesellschaften geschaffen. Eine schöpferische Unersättlichkeit hatte sich seiner bemächtigt. Natürlich ist sein Bedarf an Eigenkapital beträchtlich gewachsen, und die Banken wurden zurückhaltend. Aber kaum kam Geld herein, gründete er weiter, statt seine Lieferanten zu bezahlen. Komischer Typ, dieser Mike. Ein Abenteurer. Ihn interessieren nur Aufgaben. Und schnelle Gewinne. Wenn er zu uns kommen wollte, würde ich ihn zum Handelsdirektor machen, ich würde jedoch gleichzeitig meine Hand auf die wichtigen Entscheidungen legen. Aber es würde mich nicht wundern, wenn er nicht schon wieder auf einer neuen Schiene wäre. Er kann einfach nicht aufhören."

Ludwig, der sich seit kurzem für die Process Communication interessiert, lächelt: „Sollte er nicht vielleicht ein bißchen ein 'Macher' sein, Ihr Plotz?"

Ludwig, Ihre Diagnose ist perfekt. Eine solche Geschichte gehört ins Jagdbrevier eines Machers.

Man gebe ihm eine Herausforderung, Mittel zur Realisierung und die Aussicht auf Gewinn und schon ist er unterwegs, am Steuer seines Sportwagens. Diese drei Gegebenheiten genügen, ihn zu motivieren. Übrigens: Wenn Bernhardt an Mike dachte, hat er sich oft gefragt: „Wo sind denn eigentlich seine Werte?"

Der bestimmende Wert für Mike... ist die Aktion! Es hält ihn nicht länger als zwei Stunden an einem Ort, dann zeigt sich seine Ungeduld, oder besser seine Umtriebigkeit durch Gesten. Seine Gaben sind: Anpassungsfähigkeit, Charme, Verführungsgabe und eine ausgeprägte vitale Energie. Sein Vergnügen: Luxusobjekte, teure Kleidung, Eroberungen, Geschwindigkeit und das Spiel. Häufig braungebrannt (er ist ein Sportler), geht er einen mit einem irgendwie betörenden Lächeln an, so playboy-mäßig.

Mike ist ein Draufgänger, angetrieben durch die existentielle Frage aller Macher: „Bin ich lebendig?" Er stürzt sich Hals über Kopf in die

Aktivität und vergißt manchmal zu überlegen; was ihn meilenweit von Ludwig, dem Logiker, entfernt.

Als Karikatur könnten wir sagen: Der eine springt in den Zug, auf die Gefahr hin, später zu merken, daß es die falsche Richtung ist, während der andere sich die Zeit nimmt, so lange den Fahrplan zu studieren und zu analysieren, daß der Zug möglicherweise ohne ihn abfährt. Nichtsdestoweniger können sie ein gutes Gespann bilden; denn der eine versteht es zum Beispiel, eine Unternehmung auf die Beine zu stellen, und die Intervention des zweiten ist unerläßlich, um die Kontinuität zu sichern.

Mike sucht geradezu den Zwischenfall, das heißt, eine hohe Dosis an Erregung in einem kurzen Zeitraum. Er ist einmalig in seiner Eigenschaft, die Gelegenheit beim Schopf zu packen. Andererseits fällt es ihm schwer, regelmäßige Arbeit über einen längeren Zeitraum zu liefern. Wie die Rebellen lebt er im Augenblick.

Zwei Sachen sind geeignet, ihn zu irritieren: Gefühle („Weiberkram", könnte er da verächtlich sagen) und Abhängigkeit ("Ich hab's alleine geschafft. Die andern müssen's nur so machen wie ich!"). Kurz, mit Kleinigkeiten gibt er sich nicht ab, und die Berücksichtigung menschlicher Probleme gehört nicht zu seinen Lieblingsbeschäftigungen. Er ist der geborene Einzelgänger. Zwar hat er überall Kumpel, dauerhafte Freundschaften jedoch bewahrt er nur wenige, außer die anderen ergreifen die Initiative, die Beziehung aufrechtzuerhalten. Unter seinem Charme und seiner Überzeugungskraft kommt die manipulative Seite zum Vorschein. Am meisten reizt ihn alles, was Widerstand leistet. Aber wenn die Schlacht erst einmal gewonnen ist, wird es für ihn sehr schnell uninteressant. Hüten muß sich die Empathikerin, die seinem Charme unterliegen könnte, die Folgezeit dürfte hart werden...

Wenn Mike nicht handeln und seine Kampfbereitschaft beweisen kann, entspannt er sich gern, indem er Spannungen um sich aufbaut. Zwietracht zu stiften, ist sein gewöhnliches Mißerfolgsmuster. Als Angestellter schätzt er einen starken Chef, der ihm ein freies Aktionsfeld verschafft und ihn selbst sich nach eigenem Gusto entwickeln läßt. Ist das nicht der Fall, tritt er gern in negativen Wettstreit und intrigiert. Wenn man ihm gegenüber bestimmt und direkt auftritt, so stört ihn das überhaupt nicht, im Gegenteil. Desgleichen ist es überflüssig, wenn er in einer schwierigen Phase ist, ihm gegenüber Mitgefühl zu zeigen: Für unseren Rambo ist das gleichbedeutend mit Schwäche.

Seine Umgebung gehorcht dem Gesetz des Luxus und des Spiels: dikke Teppiche, Polstersessel, Trophäen, Rot und Schwarz bevorzugt. Wenn er etwas will, dann alles und sofort. Er lebt folglich häufig auf Kredit, was ein Mehr an negativen Spannungen und Aufregungen bewirkt. Manche Macher sehen sich auch mit hübschen Beinamen belegt wie „Verschwender", „Draufgänger" oder „Weiberheld".

Wie Sie sich schon denken konnten, liefert ihre Population exzellente Geschäftsleute. Sie sind rare Vögel, nämlich etwa 5% der Bevölkerung, und davon 60% Männer.

Tabelle 1.5 faßt die Charakteristika dieses Persönlichkeitstyps zusammen.

Stärken	Überzeugend, anpassungsfähig, charmant.
Charakteristika	Fähigkeit, bestimmt und direkt aufzutreten.
Gefühlsausdruck	Selten. Häufig als Zeichen von Schwäche interpretiert.
Äußere Erscheinung	Teure und auffällige Kleider und Schmuckstücke.
Bevorzugte Betätigungsfelder	Verkauf. Ankurbelung von Projekten. Sport. Animation. Wachstumsbranchen. Neue Herausforderungen.
Umgebung	Luxuriös, liebt die Farben Rot und Schwarz.
Wahrnehmungsweise	Auf Aktion ausgerichtet.
Verhalten im Team	Geht darüber hinweg... Agiert gerne alleine. Und wenn er in einem Team ist, dann mehr im Dienst der Aktion, als zu diskutieren.
Psychische Bedürfnisse	Hohe Dosis von Erregung in möglichst kurzer Zeit.

Tabelle 1.5 Porträt des Machers

Thea, die Träumerin

„Wo ist denn Thea? Ich habe sie heute früh nicht gesehen", fragt Bernhardt.

„Sie wissen doch ganz gut, daß man Thea nicht unbedingt sieht", scherzt Rita. „Ich denke, sie ist ganz einfach in ihrem Büro."

Bernhardt geht zu Theas Büro. Türe zu... Es kommt häufig vor, daß er irgendwo ohne anzuklopfen hineingeht. Aber vor dieser

Türe spürt er eine Art Zurückhaltung. Als wenn etwas seinen Respekt forderte. Also klopft er.

Er möchte mit Thea über ganz außergewöhnliche Unterlagen reden, die sie ihm am Vortag gebracht hat. Ein wohldurchdachter Text, profund und voller Überraschungen. Ob sie darüber wohl vor einem größeren Publikum sprechen könnte? Bei dieser Frage könnte man meinen, Thea ergreift die Flucht. Daß sie irgendwo anders ist: „Weißt du... ja, na klar... (Schweigen)... das wäre bestimmt interessant... (Schweigen)... ich bräuchte Zeit zur Vorbereitung... (langes Schweigen)... und außerdem, diese ganzen Überlegungen mündlich vortragen... ich weiß nicht... Es ist komisch, ich weiß nicht, ob du heute früh die Nachrichten gehört hast, diese plötzliche Begeisterung der Öffentlichkeit für den Physik-Nobelpreis...“

Bernhardt windet sich auf seinem Stuhl. Er hat kapiert. Überflüssig, Thea nach ihrer Meinung zu fragen. Besser, er sagt ihr, daß sie diese Unterlagen ausarbeiten muß, und er läßt ihr die Zeit, sich darauf vorzubereiten. Und vor allem darf er sie nicht zu schnell aus ihren Vorbereitungsarbeiten herausholen...

Wieder einmal hat Bernhardt seine Intuition gute Dienste geleistet. Thea ist eine Träumerin. Sie zu führen, heißt, ihre Bedürfnisse hinsichtlich Zeitgestaltung und Einsamkeit zu respektieren und sie nicht zwingen, über alles zu diskutieren.

Thea ist nachdenklich, phantasievoll und ruhig. Was zuallererst auffällt, ist ihre geistige Abwesenheit. Die Interaktion sucht sie kaum, und man könnte manchmal sogar meinen, daß sie sie eher vermeidet.

Wie alle Träumer hat sie ein reiches Innenleben, von dem nichts an die Oberfläche kommt.

Ihr Gesicht ist glatt, hat kaum Falten, auch im Alter. Ihre Kleidung sucht sie nach dem Wetter aus, oder nach ihrer Bequemlichkeit, ohne groß auf ästhetische Gesichtspunkte, auf Farben oder Stilrichtungen zu achten. Das Ganze wirkt natürlich.

Ihr Arbeitsplatz wie ihre Heimstätte sind gleichermaßen einfach, ohne Übertreibungen. Die Umgebung ist für sie nicht besonders wichtig; es genügt, daß sie sich dorthin zurückziehen kann: „Das Glück liegt im Verborgenen.“ Ihr Rückzug bedeutet in keiner Weise Mangel an Interesse für die Menschen um sie herum. Es handelt sich ganz einfach um ihre Art zu funktionieren. Theas Sicherheit liegt in ihrem Privatbereich. Sie schöpft daraus ihre Fähigkeit zu Introspektion und Reflexion.

So verhielt sie sich auch kürzlich bei einem Seminar, wo sie sich wenig äußerte und sich auch nicht für Rollenspiele und andere Übungen zur Verfügung stellte. Auf der anderen Seite zeugten ihre seltenen Beiträge von sehr genauem Zuhören und von großem Verständnis für die Methode. Sie trug immer die gleiche Allerweltskleidung und nützte jede Pause, sich in eine Ecke zurückzuziehen und sich in eine Zeitung zu vertiefen. In der Firma mag sie die Versammlungen nicht besonders und empfängt ihre Mitarbeiter lieber einzeln und hintereinander in ihrem Büro. Was nicht daran hindert, daß sie als jemand betrachtet wird, mit dem es sich gut auskommen läßt. Das kleine Team, für das sie verantwortlich ist, hat einen hohen Grad an Autonomie und Eigeninitiative und schätzt an ihr den Ernst, mit dem sie die notwendigen Informationen in Umlauf bringt und mit dem sie alle Anregungen aufnimmt. Diskussionen, wo die Fetzen fliegen, sind weniger ihre Sache. Fragen zu ihrem Privatleben... Eva, die Empathikerin, hat es ein paarmal versucht. Sie hatte nachträglich jedesmal das seltsame Gefühl, einige Minuten zusammen mit einer Hieroglyphe verbracht zu haben.

Wie zahlreiche Träumer fühlt sich Thea wohl bei konkreten Aufgaben, manuellen Arbeiten, die es ihr erlauben, völlig ungestraft ihre inneren Reisen zu unternehmen, und die wenig Kommunikation erfordern. Sie braucht präzise Direktiven und Freiheit in der Wahl ihrer Mittel. Sich selbst überlassen, ergreift sie kaum die Initiative. Aktionen sind nicht von vitalem Interesse für sie, sie setzt sich in Bewegung, wenn sie Impulse von außen bekommt.

Ruhe ist ihr wichtiger als Macht. Die Träumer, sagte uns einer von ihnen, haben einen Horror, sich hervorzutun oder sich bemerkbar zu machen. Andererseits werden sie manchmal von Vorgesetzten, die ihre wesentlichen Bedürfnisse, anders als Bernhardt, nicht begriffen haben, verkannt:

Bei einem Seminar erzählte uns ein Manager von einem seiner Mitarbeiter, dem er den Spitznamen „Schubkarren" gegeben hatte. Er war wütend dabei und beklagte sich, daß er keinerlei Initiative ergreife und es so einrichte, daß die anderen seine Arbeit erledigten. Trotzdem, indem er uns die Situation beschrieb, wurde sich dieser Manager bewußt, daß in dem Moment, wo er dem Mitarbeiter präzise Aufgaben zuwies, diese auch gut erledigt wurden. Die Diagnose „Träumer" war schnell gestellt, und es war ein Leichtes für den Manager, einen Aktions- und Motivationsplan zu erstellen, der präzise Direktiven enthielt, und auf das Ergreifen von Eigeninitiative zu verzichten.

Thea gehört zu diesen Träumern, die man auch mit anderen Persönlichkeitstypen verwechseln könnte. Um ihre Intimsphäre zu schützen, nimmt sie tatsächlich verdeckende Verhaltensweisen an. Manchmal ähnelt sie einer Empathikerin, weil sie beliebt sein will, um keine Turbulenzen entstehen zu lassen, oder aber sie übernimmt das neutrale Verhalten des Logikers.

Ihre existentielle Frage lautet: „Bin ich erwünscht?" Sie verstehen jetzt, warum ihre Träumer-Freunde gewöhnlich nicht die Initiative beim Kontakt ergreifen, Sie nicht spontan anrufen, um Neuigkeiten von Ihnen zu erfahren, und wie sehr es sie freut, wenn Sie es tun. Die Träumer bilden etwa 10% der Bevölkerung, davon 60% Frauen.

Tabelle 1.6 faßt ihre Charakteristika zusammen.

Stärken	Nachdenklich, phantasievoll, ruhig.
Charakteristika	Gabe der Introspektion. Liebt konkrete Aufgaben. Manuelles Geschick.
Gefühlsausdruck	Selten bzw. nicht existent.
Äußere Erscheinung	Natürlicher Stil, praktische und bequeme Kleidung.
Bevorzugte Betätigungsfelder	Alle Arbeiten, die Einsamkeit und Vertiefung verlangen, Forschung, Schreiben, Psychologie, manuelle Arbeit.
Umgebung	Einfach, nüchtern, günstig für inneres Erleben.
Wahrnehmungsweise	Wird durch äußere Anstöße zum Handeln motiviert. Ergreift keine Initiative.
Verhalten im Team	Reservierte Haltung.
Psychische Bedürfnisse	Zeit und Raum für sich selbst.

Tabelle 1.6 Porträt des Träumers

2

Die Persönlichkeitsstruktur

„Würde es dir was ausmachen, in deine Rebellen-Etage hochzu-
geh'n? Ein bißchen zusammen Urlaub machen...", säuselt Rita.
Ludwig verdreht die Augen: „Also du, seit du dein Process Communication-Seminar gemacht hast, läßt du aber auch keine Gelegenheit aus..." „Klar, ich lerne halt", erwidert Rita. „Wenn ich
mich an dein 'Persönlichkeitsgebäude' recht erinnere, ist der Rebell gar nicht so weit von deiner Basis weg. Also, streng' dich ein
wenig an. Willst du neue Stützen für deinen Aufzug?" Nein, Rita
ist nicht gerade dabei, zu „dissoziieren". Sie integriert ganz einfach, auf ihre Weise, was sie über die Persönlichkeitsstruktur
gelernt hat.

Jedem sein eigenes Gebäude

Jedes Individuum besitzt, in unterschiedlichem Maße, seine eigene
Dosis Empathiker, Logiker, Rebell, Beharrer, Macher und Träumer.
Jedoch zeigt er gewöhnlich nur die dominanten Charakteristika von
einem oder zwei Typen. Auch wenn es durchaus vorkommen kann,
daß er an ein und demselben Tag einmal wie ein Logiker reagiert und
ein Problem mit seinem scharfen Verstand analysiert, dann wie ein
Empathiker empfindet, wenn er einen seiner Freunde empfängt und
ihm Beweise seiner Freundschaft und Unterstützung liefert, dann
wiederum sich entspannt wie ein Träumer, indem er sich ganz auf
sich selbst zurückzieht, oder aber reagiert wie ein Beharrer und sich
über ein in der Zeitung aufgelesenes Problem ereifert, und schließlich
sich amüsiert wie ein Rebell...

In der Process Communication wird die Persönlichkeitsstruktur eines jeden Individuums durch ein Gebäude mit sechs Stockwerken

dargestellt, eines pro Persönlichkeitstyp. Jedem Stockwerk entspricht eine bestimmte Menge an zur Verfügung stehender Energie. Das Maximum befindet sich im Erdgeschoß, nach oben hin nimmt die Energie prozentual ab. Betrachten wir das Beispiel von Bernhardt und Eva in der Tabelle 2.1.

Bernhardt	Eva
Rebell 20%	Beharrer 10%
Träumer 28%	Macher 20%
Macher 40%	Träumer 40%
Logiker 63 %	Logiker 40%
Empathiker 75%	Rebell 70%
Beharrer 100%	Empathiker 100%

Die Prozentzahlen geben die relative disponible Energiemenge auf jeder Etage an. Je niedriger der Prozentsatz, desto weniger tendiert das Individuum dazu, die diesem Persönlichkeitstyp eigenen Charakteristika zu zeigen, und um so mehr Energie muß es aufwenden, um auf positive Weise mit Individuen zu kommunizieren, die diese Charakteristika aufweisen.

Tabelle 2.1 – Zwei sehr unterschiedliche Persönlichkeitsstrukturen

Wir haben hier zwei Einzelpersönlichkeiten aus der Menge aller möglichen Einzelpersönlichkeiten. Die Zahl der realisierbaren Strukturen liegt bei 720 (das heißt 6 x 5 x 4 x 3 x 2). Wenn man hierzu noch alle möglichen Variationen hinsichtlich der prozentualen Energieverteilung pro Etage nimmt, multipliziert sich das ins Unendliche, die unendliche Komplexität der Persönlichkeiten.

Der erste Persönlichkeitstyp (Erdgeschoß des Gebäudes) heißt „Basis". Gezielte Beobachtungen lassen vermuten, daß diese Basis angeboren oder in den ersten Lebensmonaten erworben ist und sich nicht mehr verändert. Man kann also von einem Individuum sagen: Basis: Empathiker oder, Basis: Logiker, usw. Die Gesamtheit des Gebäudes, also alle sechs Etagen, ist etwa mit sieben Jahren errichtet.

Die Basis determiniert die psychischen Bedürfnisse des Individuums, seine persönliche Art des In-der-Welt-Seins, die Kraftfelder in seinem Leben.
Wenn wir die Analogie mit dem Gebäude beibehalten, können wir sagen, daß jeder Mensch über einen Aufzug verfügt, mit dem er sich

darin bewegen kann. Je höher die Etage, desto seltener begibt er sich spontan dorthin (wie auch ein Fahrstuhl die erste Etage schneller erreicht als die sechste). So besetzen die meisten Menschen ganz einfach die zwei oder drei unteren Stockwerke ihres Gebäudes. Das Geheimnis erfolgreicher Kommunikation, gleich welchen Zieles (Verkaufssituation, Arbeitsbeziehung, Unterhaltung unter Freunden...), besteht in der Fähigkeit der Gesprächspartner, sich aufeinander einzustellen, das heißt, auf den Knopf zur passenden Etage drücken zu können.

Stellen Sie sich vor, ein Mensch stellt die folgende Frage: „Aus welchem Grund präsentiert man dieses Modell in Form eines Gebäudes?" Und er erhält folgende Antwort: „Whow! Ich mag einfach die Art, wie Sie mir diese Frage stellen!" Der erste Gesprächsteilnehmer wird wahrscheinlich die Augen aufreißen und sich sagen: „Seltsamer Typ... wenig vertrauenerweckend." Was ist passiert? Die erste Person befand sich auf der Etage Logiker, auf der Suche nach Informationen, und die zweite auf der Etage Rebell, auf der Suche nach spielerischem Kontakt. Für effiziente Kommunikation hätte einer der beiden sich auf die Etage des anderen begeben müssen, um von Rebell zu Rebell oder von Logiker zu Logiker zu kommunizieren.

Andere Szene, gleiches Problem. Der Rebell kommt und sagt: „Ist das langweilig hier! Woll'n wir nicht ein bißchen Spaß haben?!" Und er bekommt zur Antwort: „Bevor Sie ans Spaß haben denken, machen Sie erst einmal Ihre Arbeit fertig." Der Rebell suchte spielerischen Kontakt, aber sein Gesprächspartner antwortete ihm aus seiner Etage Beharrer. Wenn jeder auf seiner Position bleibt – „Oh wie gemütlich" könnte man dann mit den Worten des Rebellen sagen...

Je mehr man sich der unterschiedlichen Persönlichkeitstypen bewußt wird, vor allem derer, die der eigenen Person eher fremd sind, desto mehr Übung bekommt man, sich in seinem eigenen Gebäude frei zu bewegen, und desto größer wird die Fähigkeit, mit seiner Umgebung auf allen Ebenen zu kommunizieren. Umgekehrt: Je mehr man auf seine eigenen gemütlichen Etagen begrenzt bleibt, desto weniger ist es einem möglich, mit anderen Persönlichkeitstypen in Beziehung zu treten. Man hat dann den Eindruck, man habe nichts zu sagen, oder aber, daß der Gesprächspartner von einem anderen Planeten stamme. „Wahrhaftig, wir sind nicht gleich verkabelt", sagte ein Informatiker, Typ Beharrer...

Nehmen wir uns noch einmal das Gebäude Bernhardts vor (Tabelle 2.1). Seine Lieblingsetagen sind: Beharrer (seine Basis), Empathiker und Logiker. Mit diesen Persönlichkeitstypen kann er also ganz natürlich kommunizieren, und er sucht auch gerne deren Gesellschaft. Um mit Machern, Träumern und Rebellen zu kommunizieren, muß er Energie zulegen. Man kann diese Prozentsätze auch unter einem zeitlichen Gesichtspunkt lesen: Etwa 20% der Zeit fällt es Bernhardt leicht, mit einem Rebellen zu kommunizieren. Aber dann muß er zusätzliche Energie aufwenden, und wenn er nicht aufpaßt, gerät er unter Stress. Wenn er diesem Aspekt Aufmerksamkeit schenkt, hat er gute Chancen, seine eigenen Lösungen zu finden, damit die Kommunikation nicht abbricht, wie es zum Beispiel bei folgendem Leitenden Angestellten der Fall war:

Zu der Zeit, als ich die Process Communication kennenlernte, hatte ich gerade eine Firma gekauft, die auch eine Informatik-Abteilung enthielt. Ich hatte noch nie mit Informatikern zusammengearbeitet. Ich entdeckte eine ganz neue Welt aus Künstlern und Poeten, mit denen zu kommunizieren ich alle Mühe hatte. Als ich mir mein Persönlichkeitsinventar bewußt machte, begriff ich: Der Typ Rebell befindet sich im obersten Stockwerk meines Gebäudes, mit 10 oder 15%. Was meine Kommunikationsschwierigkeiten erklärte. Ich erinnere mich, als ich von dem Lehrgang zurückkam, sah ich meine Exoten aus dem Bereich Forschung/Entwicklung mit ganz neuen Augen. Von diesem Tag an ging alles beträchtlich besser. Zu Sitzungsterminen achtete ich darauf, nicht mehr als 10 bis 15% meiner Zeit ohne Pause mit ihnen zu verbringen. Außerdem besuchte ich sie immer am Morgen, wenn ich am besten aufgelegt war. Ich begann mit ein paar Scherzen, was alle in gute Stimmung brachte, nach ungefähr einer Stunde dann, wenn ich den Stress hochkommen spürte, hielt ich ihn unter Kontrolle, und wenn das nicht mehr ging, ging ich. Im übrigen waren sie ihre eigene Leitung. Was mich betrifft: Indem ich den Prozeß bewußt gestaltete, hatte ich die Gefahr der Eskalation bis hin zu einem möglichen Konflikt vermieden.

Basis und Phase

Wir haben gesehen, daß jeder Mensch einen vorgegebenen Persönlichkeitstyp aufweist, der Basis des Individuums genannt werden kann, und daß er im Laufe seiner Kindheit die Charakteristika der fünf anderen Typen entwickelt.

Wenn ein Mensch dauerhaft die Charakteristika eines anderen Persönlichkeitstyps als die seiner Basis präsentiert, sagen wir, daß er die Phase gewechselt hat. Dieser Phasenwechsel ruft auch einen Motivationswechsel hervor.

Nehmen wir ein Beispiel: Albert D., Verkaufsleiter der Gesellschaft Acosix, einem mittelständischen Feinmechanik-Betrieb, hat als Basis „Beharrer". Er ist ein Mann mit festen Überzeugungen und starker Persönlichkeit, der sich nicht scheut, seine Überzeugungen, wie die Dinge laufen sollten, standhaft zu verteidigen. Er wird häufig als kalt und autoritär wahrgenommen, mit einem stark entwickelten Pflichtgefühl und einem hohen Anforderungsniveau sich selbst und den anderen gegenüber. Albert D. ist 39, verheiratet, Vater von drei Kindern, praktizierender Katholik und Anhänger von Amnesty International.

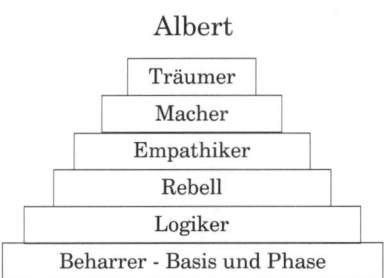

Albert

| Träumer |
| Macher |
| Empathiker |
| Rebell |
| Logiker |
| Beharrer - Basis und Phase |

Seit einiger Zeit bemerkt seine Umgebung bei ihm Verhaltensänderungen. Es scheint, er interessiert sich mehr für Fakten und Informationen. Mitunter bemerkt man bei ihm, daß er Fragen stellt, während er früher eher dazu neigte, seine Meinungen durchzusetzen. Desgleichen entwickelt er eine gute Fähigkeit zuzuhören (relativ seltene Eigenschaft beim Beharrer als Basis). Kurz, er ähnelt mehr und mehr einem Logiker.

Meinungen sind für ihn anscheinend etwas in den Hintergrund getreten, und er trägt Sorge, sie möglichst häufig durch konkrete Fakten abzustützen. Nun zeigt sich seine Persönlichkeitsstruktur folgendermaßen:

Albert

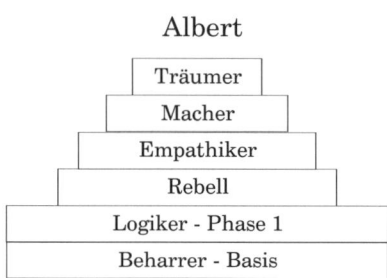

Albert D. ist nun ein Beharrer in der Phase Logiker.

Fünf Jahre später. Wir treffen Albert D., den wir aus den Augen verloren hatten, wieder. Was uns zuallererst auffällt, ist sein verändertes Outfit. Er hat die Haare wachsen lassen, und sein Schnurrbart, der immer sehr korrekt geschnitten war, schaut jetzt viel natürlicher aus. Er stellt ein buntes Hemd und eine originelle Krawatte zur Schau. Sein gesamtes Auftreten ist eher ungewöhnlich und ist jedenfalls ganz anders, als wir es an ihm gekannt hatten.

Er begrüßt uns mit einem breiten „Hallo!", herzlich und entspannt, und schlägt uns erst einmal eine Tasse Kaffee vor, dann erzählt er eine kleine Geschichte…

Während er bis dato immer sein ernstes Gesicht aufbehielt, fordert er jetzt sichtlich zu Spaß und Spiel auf.

Albert D. hat erneut die Phase gewechselt, er befindet sich jetzt in der Rebellen-Phase und entwickelt die starken und schwachen Punkte dieses Persönlichkeitstyps.

Was er von nun an in seinen Sozialkontakten sucht? Erst einmal Spaß haben, sich amüsieren, scherzen, bevor er zu den ernsthaften Dingen übergeht. Seine großen Kinder beschreiben ihn als viel „cooler" als früher. Sie entdecken an ihm sogar eine gewisse Ähnlichkeit mit Keating, dem Literaturprofessor aus dem „Club der toten Dichter"! Natürlich spürt man hinter diesem seinem spielerischen Aspekt immer noch seine Überzeugungen.

Albert

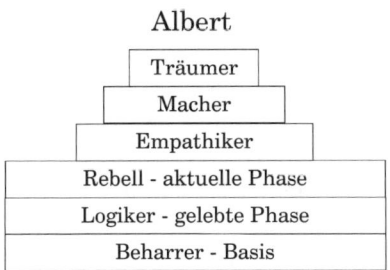

Albert D. ist von der Basis her ein Beharrer, hat eine Phase Logiker durchlebt und ist momentan in der Rebellen-Phase. Wir können vorhersagen, daß er, falls er sich von neuem ändert (eine Phase dauert zwei Jahre bis ein ganzes Leben), dann in die Phase als Empathiker wechseln wird, um die starken und schwachen Punkte dieses Persönlichkeitstyps zu entwickeln.

Die Reihenfolge der Phasen ist immer die gleiche: im Gebäude von unten nach oben, wobei die Folgephase immer unmittelbar über der vorhergehenden liegt.

Bei jedem Phasenwechsel entsprechen die unmittelbaren psychischen Bedürfnisse, die Motivationen, die Ursachen für Stress und seine Manifestationen denen der neuen Phase. Die der Basis tauchen auf, wenn es sich um starken Stress handelt.

Es ist wichtig für das Verständnis des Modells, zwischen Anpassung und Phasenwechsel zu unterscheiden. Im ersten Fall handelt es sich um einen flüchtigen Vorgang, der jedesmal stattfindet, wenn ein Mensch in seinem Gebäude herumspaziert, was ja die Vorbedingung für seine Fähigkeit ist, sich an unterschiedliche Gesprächspartner anzupassen. Im zweiten Fall ändern sich seine psychischen Bedürfnisse, seine Motivationen und sein Verhalten dauerhaft. Was ihn nicht daran hindert, sich weiterhin, je nach den Erfordernissen des Tages, anzupassen.

Nehmen wir noch zwei Beispiele, um diesen Prozeß zu veranschaulichen:

Wenn Bernhardt (s. Tabelle 2.1) die Phase wechselt, dann hat er das Verhalten eines Beharrers in der Phase des Empathikers. Er ist weiterhin seinem Wertesystem und seinem Organisationsbedürfnis treu, aber er zeigt leichter seine Gefühle, ist aufmerksamer gegenüber dem Privatleben seiner Mitarbeiter, spricht von seinen Kindern, von seinen Freunden und von der „herzlichen Atmosphäre in jenem Seminar". Möglicherweise entdeckt er bei sich das neue Bedürfnis, Freude zu bereiten: einen Blumenstrauß für die Dame, etwas Gebäck für seine Mitarbeiterin, und das Leben ist viel angenehmer...

Was Eva, die Empathikerin, (s. Tabelle 2.1) betrifft: Bei einem Phasenwechsel zeigt sie die Charakteristika des Rebellen. Zwar behält sie ihren Sinn für Harmonie bei, aber sie wählt auffälligere Kleidung; sie liebt immer noch eine herzliche Atmosphäre, langweilt sich aber schnell, wenn man sich dabei nicht auch amüsieren kann, wenn die Leute nur „Schmusekonversation" machen. Sie hat jetzt leichteren Zugang zu ihrer Kreativität, möglicherweise aber auch echte Schwierigkeiten, ihre Arbeit zu strukturieren und langwierige und eher routinemäßige Aufgaben zu Ende zu bringen. Bei negativem Stress entdeckt sie bei sich die neue Fähigkeit zu nörgeln, aber bei wirklich harten Schlägen taucht ihr Bedürfnis wieder auf, ihre „Basis zu nähren": Zusammensein mit der Familie oder mit bestärkenden und aufmerksamen Freunden (aber auch witzig, bitte), ein gutes Essen im Restaurant.

Das Konzept des Phasenwechsels wirft ein klärendes Licht auf Verhaltensweisen, die gemeinhin als inkohärent beurteilt werden. Zum Beispiel: Während seine natürliche Tendenz weiterhin auf die anderen ausgerichtet ist, auf Nächstenhilfe, aufs Zuhören, widmet ein Empathiker, der sich gerade in der Phase Macher befindet, einen wesentlichen Teil seiner Zeit und seiner affektiven Investitionen der schnellen Aktion und dem Business. Oder aber ein Träumer in der Phase Rebell: Er will gleichzeitig Aufsehen erregen und alleine sein. Es bringt mehr, wenn man sich sagt: „Ich bin von der Basis her Träumer und von der Phase her Rebell", als: „Ich verstehe mich nicht, ich weiß einfach nicht, was ich will."

Weiter hilft uns das Konzept des Phasenwechsels zum Verständnis, warum uns ein Mensch, den wir nach vielen Jahren der Abwesenheit wieder sehen, fremd erscheinen kann. Seine Seinsweise, sein Wortschatz, seine Bedürfnisse sind total verändert und vermitteln den Eindruck, als handle es sich um jemand anders: „Wir sind nicht mehr in derselben Phase",

- seufzt der Empathische...
- oder schlußfolgert der Beharrer kategorisch;
- oder stellt der Logiker fest, als kommentiere er die Börsenkurse;
- oder merkt der Träumer mit träumerischem Ausdruck an, nachdem er lange darüber nachgedacht hat;
- oder wirft der Macher trocken ein;
- oder erwidert der Rebell und grinst dazu...

Was ruft den Phasenwechsel hervor?

„Wenn sich ein Individuum verändert, weiß man nicht, warum, noch, in welche Richtung", sagt Paul Watzlawick. Und doch konnte man beobachten, daß manchmal starker und dauerhafter Stress oder ein bedeutender Wechsel der Lebensform vor einem Phasenwechsel standen. Manche Menschen ändern sich nach einem Trauerfall, nach einem Konkurs, oder nach der Geburt eines Kindes... Und doch konnte bis jetzt keine systematische Regel aufgestellt werden: Es kommt auch vor, daß beträchtlicher Stress überhaupt keinen Wechsel der Etage hervorruft.

Im übrigen bedeutet dieses Phänomen keinen besonderen Vorteil. Mit anderen Worten: Menschen, die einen solchen Wechsel erlebt haben, sind nicht „besser" als die, die auf ihrer Basis geblieben sind. Die Phase zu wechseln, ist nicht gleichbedeutend mit Instabilität, ebenso wenig wie auf seiner Basis zu bleiben, in irgendeiner Weise Rigidität bedeutet. Vielmehr handelt es sich eben um unterschiedliche Entwicklungsprozesse.

Kommentare des Technischen Teams: „Whow, wie taktvoll! Gar nicht schlecht, das Ding mit dem 'Entwicklungsprozeß', oder?" sagt Rita, die Rebellin. „Wozu ist es nötig, daß ihr immer Kommentare gebt!" gibt Bernhardt leicht verärgert von sich. „Also ich, solange ich die konkreten Zahlen nicht gesehen habe..." protestiert Ludwig, der Logiker. „Man müßte mal über eine eventuelle Übereinstimmung von Phasenwechsel und Typ von Lebensplan nachdenken", murmelt Thea, die Träumerin. „Jaja, wenn man auf solchen Details einschläft, verkauft man natürlich keine Möbel", wirft Mike, der Macher, der gerade zum Team gestoßen ist, ungeduldig ein.

Der Prozeß des Phasenwechsels geschieht nicht von einem Tag auf den anderen. Die Bedürfnisse der betroffenen Person entwickeln sich weiter. Im übrigen aber wird ihre „neue Persönlichkeit" durch die Charakteristika ihrer Basis, die als Hintergrund bestehen bleibt, abgeschwächt. Guten Beobachtern gibt dieses Phänomen Gelegenheit zu „gemischten" Porträts, wie den folgenden.

Obwohl Barbara in die Phase Träumer gewechselt ist, verliert sie trotzdem nicht ihre Überzeugungen und ihre Vehemenz, die typisch sind für ihre Basis „Beharrer". Hinter dem Steuer ihres Autos schimpft sie herum: „Das geht und geht nicht vorwärts... Unglaublich, diese Idioten, die immer überholen, wenn man nicht darf. Und diese Straßenarbeiten, die einfach nicht aufhören... Die Verwaltung programmiert ja geradezu diese Art von Handlungen gegen den gesunden Menschenverstand. Unter uns gesagt, noch dazu handelt es sich um ein Prestigeobjekt, das das Leben der Benutzer in keiner Weise erleichtert."
Sie hat heute ihren Richterton drauf. Der Freund, der sie begleitet, hat schon gemerkt, daß sie heute „hitzig" ist: Gleich um welches Thema es sich handelt, es bestehen gute Chancen, daß es sich, im besten Falle, zu einem Kurs über „richtiges Verhalten" entwickelt, und im schlimmsten Falle zu einem Wutanfall mit präzisen Anwürfen und unerbittlichen Details. Man muß dazu sagen, daß Barbaras Arbeitstag hart war und daß Unannehmlichkeiten bevorstehen. Kurz, sie steht unter beträchtlichem Stress. Und in diesem Fall werden ihre Fähigkeit zu beobachten und ihre pädagogische Begabung (sie gibt ihr Wissen sehr gerne an andere weiter) zur Waffe, sie wird zur unerbittlichen Kritikerin und hält Vorträge. Es bleibt nichts, als zu warten, bis das Gewitter vorüber ist. Wenn sie wieder zur klimatischen Norm zurückgekehrt ist, zeigt sie eher zurückhaltende und besonnene

Verhaltensweisen. Bei leichtem Unbehagen wäre es ihre Art, sich zurückzuziehen und alleine dahinter zu kommen, was gerade abläuft, oder ganze Tage ohne jegliches Programm zu genießen, an denen sie über all ihre Zeit verfügen kann. So ist Johanna eben: Sie beherbergt in sich eine Mischung aus einsiedlerhafter Träumerei und Kreuzzuggelüsten.

Sie braucht ihre Zeit, bis sie Vertrauen faßt, aber dann ist sie treu und läßt ihre Freunde nie fallen. Auf der anderen Seite ist es müßig zu hoffen, sie werde regelmäßig Lebenszeichen von sich geben. Unsere Träumerin ergreift selten die Initiative zum Kontakt. Nichtsdestotrotz beweist sie einen hohen Grad an Präsenz bei Zusammenkünften. Barbara kann zuhören, das läßt sich nicht leugnen. Außer wenn sie der Dämon ihrer Überzeugungen reitet und sie in vollem Galopp los rast, um dem Gegenüber darzulegen, was gut ist im allgemeinen und was gut wäre für ihn speziell. Sie glaubt ganz fest an den Menschen und an seine Möglichkeiten, sich zu ändern. Sie kann stundenlang über ihren Beruf – Beratungslehrerin – reden; sie erzählt dann die kleinsten Details und garniert das Ganze mit akustischen Auslassungspunkten und mit Schweigezeiten, die für das Nachdenken benötigt werden.

Und doch ist sie nicht arbeitssüchtig. Keine freie Zeit mehr haben? Das wäre der direkte Weg in die Depression. Wenn ihre Freundin Rebecca, empathische Rebellin, einmal zwei Wochen lang nichts von ihr hört, denkt sie sich: „Bestimmt hatte Barbara tausend Sachen zu erledigen und hat eine Menge Leute getroffen." Sie ist ziemlich erstaunt, wenn sie hört, daß die „Überlastete" ganze Tage einsam in ihren vier Wänden verbracht hat.

In Gesellschaft ist Barbara nicht gerade die Meisterin bei Gesprächen, die vom Hundertsten ins Tausendste kommen. Manchmal hat man bei ihr den Eindruck, als hole sie sich ihre Sätze von weit her aus einer Mine und teile nur sparsam davon aus, je nach Ausbeute. Aber es genügt, daß das Gespräch eines ihrer bevorzugten Interessen streift, oder irgendein Thema, mit dem sie sich näher beschäftigen konnte und zu dem sie ihre eigenen Schlußfolgerungen entwickelt hat, und schon ist sie nicht mehr zu bremsen. Ihr Tonfall wird bestimmt, ihre Autorität wie ihr glühender Eifer beim Ausfechten ihrer Angelegenheiten treten in den Vordergrund. Sie war einmal ein guter „Leader" und eine große Rednerin (was sie bei Gelegenheit auch jetzt noch ist, aber heute mag sie lieber ihre Ruhe.).

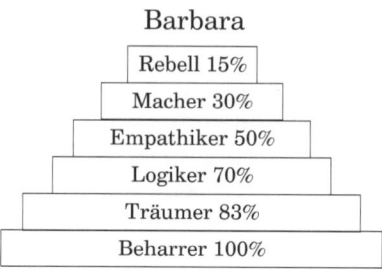

Barbara

| Rebell 15% |
| Macher 30% |
| Empathiker 50% |
| Logiker 70% |
| Träumer 83% |
| Beharrer 100% |

Richard, 28 Jahre, zeigt ebenfalls einen interessanten Kontrast zwischen seiner Basis und seiner Phase:

Richard mault herum. Warum nur hat er einen Auftrag angenommen, der seinen Kompetenzbereich merklich überschritt? Er spürt, wie er den Steilhang des Stress mit Höchstgeschwindigkeit hinabstürzt. Sicher, er war in einem Tief und brauchte Geld und dachte, daß er alles schaffen könne: „Du bist doch perfekt, Kleiner, oder?" „Aber wirklich nicht!" schimpft er plötzlich los. Angesichts dieser Untersuchungsergebnisse, über die er sich eigentlich königlich amüsiert, bricht ihm der Schweiß aus: „Das ist ja eine Arbeit ohne Ende. Und auf jeden Fall ist klar, daß der Kunde seinen Teil dabei nicht geleistet hat. Überhaupt muß er sich nur besser organisieren, solche Dinger dürfte er nicht delegieren müssen. Ach verdammt, das sehe ich dann morgen…" Richard steht auf und tauscht mit Vittorina, seiner Katze, einige tief empfundene Bemerkungen in einer Sprache aus, die nur sie beide kennen. Er schickt sich an hinabzugehen, um in der Kneipe einen Kaffee zu schlürfen, als das Telephon klingelt: Sicher eine Freundin. Super! Gründe genug, was anderes tun zu müssen…
Und doch könnte es seit einiger Zeit scheinen, als möchte Richard richtig Ordnung in sein Leben bringen. Er hat seine Papiere geordnet, hat beschlossen, Karriere zu machen, sucht ein Zuhause für sich allein, statt weiterhin Appartements mit fünf oder sechs anderen fröhlichen Rebellen zu teilen. Er verspürt ganz stark ein Bedürfnis nach Sicherheit, möchte seine Kenntnisse vertiefen

und als Spezialist anerkannt sein. Sein Auftreten zeugt von einer exotischen Mischung: Obwohl er zu regelmäßigen Zeiten an der Stirnseite eines tadellos aufgeräumten Büros arbeitet, bleibt er nicht weniger ein Clown, dessen geringste Handlungen und Gesten wilde Lachstürme auslösen. Er erträgt keine Unordnung mehr, aber läßt systematisch alles liegen, sobald mehr als zwei Kumpel im Nebenzimmer beisammen sind, sobald es nach seiner inneren Uhr höchste Zeit ist für eine Kaffeepause oder wenn der Bengel vom Nachbarhaus mit dem Ball unterm Arm loszieht (er selber war als Kind Fußballchampion).

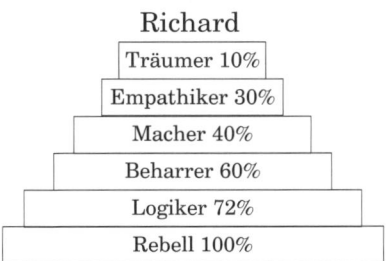

Richard

| Träumer 10% |
| Empathiker 30% |
| Macher 40% |
| Beharrer 60% |
| Logiker 72% |
| Rebell 100% |

Richard ist die Stimmungskanone auf allen Abenden mit Freunden. Er sprudelt und erfindet Sketche und schlägt seinen Gästen die verrücktesten Spiele vor. Auf der anderen Seite mag er es überhaupt nicht, wenn seine Gäste zu spät kommen oder die Regeln der Spiele nicht ernst nehmen...
Richard? Eine Art organisierter Clown. Er hat übrigens seit einiger Zeit herausgefunden, wie er eine hervorragende Synthese zwischen seiner Rebellen-Basis und seiner Logiker-Phase herstellen kann: Er organisiert, verkauft und leitet innerhalb von Firmen Lehrgänge, bei denen die Teilnehmer, unter der Zielsetzung der Team-Entwicklung, den größten Teil ihrer Zeit... mit Spielen verbringen.

An diesem Punkt der Darlegungen können Sie sich verschiedene Arten von Fragen stellen:
- Woraus ist diese Theorie entstanden? Um mich durch diese Beispiele überzeugen zu lassen, muß man mir erst einmal die Zuverlässigkeit des Modells beweisen (der Beharrer).

- Wie gewinnt man die Details einer Persönlichkeitsstruktur? Wie definiert man den prozentualen Anteil verfügbarer Energie auf jeder einzelnen Etage? Wie kann man exakt bestimmen, welches die Basis und die Phase von jemandem ist? Worauf gründet diese Vorstellung? (Logiker).
- Ein Camembert mit unterschiedlichen Farben, das wäre netter als ein Gebäude... Warum eigentlich nicht? (Rebell).
- Diese Methode erlaubt sicherlich, die anderen besser zu verstehen und leichter zu kommunizieren. Wie kann ich alles über mein Gebäude wissen? (Empathiker)
- Wenn man die Phase eines anderen kennt... da läßt sich sicher was rausschlagen! (Macher).
- Das Interessante an diesem Modell ist, daß es auf einfache Weise die große Komplexität eines Individuums abbildet... Ich werde dieses Konzept noch vertiefen (Träumer).

Alle Antworten auf diese Fragen werden Ihnen im Kapitel 7 geliefert, wo das Persönlichkeitsinventar dargestellt ist. Dieses grundlegende Werkzeug der Process Communication entstand aus statistischen Arbeiten Taibi Kahlers. Es beruht auf einem sorgfältig abgestimmten Fragebogen und erlaubt die präzise Bestimmung der Persönlichkeitsstruktur eines Individuums, des Niveaus verfügbarer Energie auf jeder Etage des Gebäudes und aller Charakteristika, die daraus folgen, bezüglich Kommunikation, Leistungsbereitschaft und wahrscheinlicher Stressreaktionen.

3

Energie und Motivation:
Die psychischen Bedürfnisse

Jedem Persönlichkeitstyp entsprechen bestimmte psychische Bedürfnisse. Dieser Aspekt gehört zu den Schlüsselerkenntnissen der Process Communication. Die Arbeiten von Taibi Kahler haben nämlich ergeben, daß die Befriedigung der psychischen Bedürfnisse der aktuellen Phase eine wesentliche Motivationsquelle bildet. Das Energieniveau eines Individuums hängt unter „normalen" äußeren und psychologischen Bedingungen zum großen Teil von dieser Befriedigung ab.

Eva (die Empathikerin): „Er grüßt mich nicht mehr. Er schmollt. Ich bin sicher, daß da was nicht stimmt. Was hätte ich denn machen können? Es ist einfach schief gelaufen, ich fühle mich nicht besonders. Es war zu schön, um wahr zu sein. Ich hätte es ahnen müssen..."

Rita (die Rebellin): „Ich hab' keine Lust. Es ist schwierig. Es passiert nichts, die Leute langweilen mich. Ach, mir stinkt's. Am Anfang hat es mich interessiert, aber jetzt habe ich den Eindruck, daß ich nie an ein Ziel kommen werde. Ich hätte Lust, alles hinzuschmeißen. Ich will mich nicht abschuften. Nur noch eine Viertelstunde? So lange noch in dieser Tretmühle!"

Mike (der Macher): „Ah, hallo, Bernhardt, du bist 'n Kumpel! Hör mal, ich hab' da was erfahren, ich sag's dir, weil ich dich mag, du, der Chef hat bei der letzten Direktionssitzung unmöglich über dich herum genörgelt..."

Bernhardt (der Beharrer): „Sie haben kein Vertrauen mehr zu mir, sie hören nicht mehr auf mich. Man fragt mich nicht mehr nach meiner Meinung. Ehrlich, sie stellen mich ins Abseits. In meinem Alter..."

Thea (die Träumerin): Schweigen im Walde... Abwesenheit...

Ludwig (der Logiker): „Meine Freunde meinen, ich sollte übers Wochenende wegfahren. Das geht nicht, ich habe diesen Vorgang noch nicht fertig gemacht. Außerdem bin ich sicher, daß sich ein, zwei Fehler eingeschlichen haben, ich muß sie unbedingt finden. Ich werde alles mit heim nehmen. Ich kann mich sowieso nicht entspannen, solange nicht alles fertig ist... Ich bin ja der einzige, der das kann..."

Einige Augenblicke später:

„Guten Tag, Eva, wie geht es ihnen? Es ist immer ein Vergnügen, zu ihnen zu kommen. Sie sind unersetzlich..."

(Lachen.) „Aber nein doch... Es geht mir sehr gut, Dankeschön. Und Sie? Wollen Sie einen Kaffee?"

„He, Rita, kommst du mit einen Kaffee trinken? Ich habe geniale Infos von Bischmuk mitgebracht. Sie haben mir 'ne Menge absolut aufregender Unterlagen gegeben... Übrigens, warst du gestern im Kino?

„Ja, war super. Muß ich dir erzählen... Ich komm' gleich, ich hatte gerade sowieso Lust auf einen Saft... Laß sie mal seh'n, diese Unterlagen... Whow, ich fühl' mich plötzlich wieder voll in Form!"

„He, Mike, schlaf' nicht ein, die Gesellschaft Bischmuk hat gerade angerufen, sie erwarten dich unverzüglich, um einen neuen Vertrag auszuhandeln..."

„Alles klar. Endlich bewegt sich was! Ich wäre schon beinahe stehenderweise vergammelt..."

„Lieber Bernhardt, sie wissen, daß mich ihre Meinung in höchstem Maße interessiert..."

(Bernhardt richtet sich auf, sein Gesicht hellt sich auf.) „Tatsächlich? Danke. Ich glaubte schon, daß... Übrigens habe ich einige Ideen..."

„Thea, du weißt doch, du mußt wirklich nicht hier beim Essen bleiben... Entscheidend ist, daß ich dir morgen Infos vorbei bringen kann..."

(Erleichtertes Lächeln. Thea spricht endlich.) „Danke, Eva, das ist sehr nett von dir. Du kannst dich morgen auf mich verlassen…"

„Ludwig, sie leisten wirklich Qualitätsarbeit, das schätzen wir sehr."

(Das Gesicht von Ludwig entspannt sich.) „Danke, ich wollte eigentlich den Vorgang Renz dieses Wochenende abschließen, aber ich glaube, daß wir am Montag über mehr Informationen verfügen. Warten wir lieber."

Was ist passiert? Ein passendes Wort, eine angemessene Einstellung hat die Batterien der einzelnen Protagonisten wieder aufgeladen. Welche Batterien? Die der psychischen Bedürfnisse. Eine Geste, eine besondere Aufmerksamkeit hat die Empathikerin berührt, eine Lawine „netter" Worte hat der Rebellin Schwung gegeben, die Ankündigung eines aufregenden Projekts hat den Macher elektrisiert.

Stellen wir uns vor, es wäre nichts derartiges geschehen. Wahrscheinlich wäre jeder der Protagonisten in seinem Stress-Muster gefangen geblieben, auf die Gefahr hin, daß seine Arbeit oder seine Beziehungen darunter gelitten hätten. Dies nennen wir: Negative Bedürfnisbefriedigung. Von Kindheit an hat nämlich jedes Individuum gelernt, daß es noch besser ist, negative Aufmerksamkeit zu bekommen, als gar keine.

Dies ist der Grund, weshalb bestimmte Verhaltensweisen im Privat- und Berufsleben zusammenhanglos und unlogisch erscheinen. Zum Beispiel schneidet einer dem andern das Wort ab und versucht, ihm seinen Standpunkt aufzudrängen. Ein anderer scheint plötzlich von allen guten Geistern verlassen, kann nicht mehr selber denken und antwortet völlig konfus. Wieder ein anderer läßt seine Kreativität überschießen, aber in die falsche Richtung. Der dort scheint sich einen üblen Spaß daraus zu machen, die Leute gegenseitig aufzuhetzen. Und dieser schließlich schafft es nicht mehr, aus seinen Arbeitsunterlagen aufzutauchen und muß unbedingt alles, was man ihm sagt, überprüfen.

Der gesunde Menschenverstand lehrt uns die Kunst, in diesen Verhaltensweisen einen Sinn zu entdecken, oder vielmehr, sie mit Etiketten zu versehen: Der erste ist der „mehr oder weniger aufgeklärte" Despot, der zweite „stellt sich dumm", der dritte „bettelt um Ohrfeigen", der vierte spielt „Haut euch!", der letzte über-kontrolliert und fühlt sich „von der Arbeit aufgefressen".

All diese Verhaltensvarianten weisen ganz einfach darauf hin, daß das Individuum unter Stress steht und versucht, Befriedigung seiner Bedürfnisse zu erlangen, aber eben auf negative Weise. Natürlich weiß es, wenn es sich in diese Art Verhalten begibt, nicht bewußt, was es eigentlich sucht.

Wer experimentelle Beweise hinsichtlich der tatsächlichen Bedeutung der negativen Verhaltensweisen braucht, kann einmal die im Folgenden beschriebenen Experimente durchführen, vorausgesetzt, er ist sich sicher, daß seine Absicht ehrlich ist und frei von Böswilligkeit:

- Zeigen Sie gegenüber dem Individuum, das Sie brutal unterbricht und Ihnen seinen Standpunkt aufzudrängen versucht, Verständnis und Anerkennung für seine Meinung. Unverzüglich wird sich der „Despot" entspannen. Er kann wieder zuhören und ist bereit, echt zu kommunizieren.

- Der konfusen Person gegenüber zeigen Sie Verständnis und Wärme und geben ihr recht. Im Bruchteil einer Sekunde scheint der Intelligenzquotient Ihres Gesprächspartners einen Sprung um mindestens 50 Punkte zu machen.

- Wenn es Ihnen beim Kreativen auf Abwegen gelingt, sich zu entspannen, zu lächeln, besser noch, ein wenig zu scherzen, oh Wunder, dann können Sie zu zweit lachen, und wie durch Zufall findet der Gesprächspartner auch wieder zu seinem Verantwortungsgefühl zurück.

- Was den Intriganten betrifft: Schlagen Sie ihm vor, sein Übermaß an Energie in irgend eine neue Herausforderung zu investieren, und die Stimmung wird sich völlig verändern.

- Und schließlich: Wenn Sie es verstehen, die Fähigkeiten und die Leistungen der letzten Person anzuerkennen und sie in ihrem Verantwortungsgefühl zu bestärken, dann können Sie sie auch ermuntern, sich zu entspannen und mit Ihnen zusammen eine angenehme Zeit zu verbringen.

Sind Sie bereit für das Experiment? Schön, denn das Verständnis dieser zwischenmenschlichen Mechanismen wird Ihnen tiefe Befriedi-

gung verschaffen. Sie sind noch ein wenig skeptisch? Dann schlagen
wir Ihnen vor: Vertiefen Sie sich noch ein wenig mehr in die Beschreibung der psychischen Bedürfnisse der einzelnen Persönlichkeitstypen und entdecken Sie, welches für jeden von ihnen die Verhaltensweisen sind, die mit der Nichtbefriedigung dieser Bedürfnisse
einhergehen.

Die Bedürfnisse des Empathikers

Zwei Arten von Bedürfnissen sind die conditiones sine qua non für ein
gutes Energieniveau des Empathikers:

- *Die Anerkennung als Person:* Der Empathiker hat das Bedürfnis,
  sich geliebt zu fühlen. Alle Zeichen positiver Anerkennung tun ihm
  gut und laden ihn in besonderer Weise auf, etwa in der Art: „Ich
  fühle mich wohl mit dir", „Es ist ein Glück, daß wir dich haben.",
  „Sie tragen maßgeblich zur guten Atmosphäre im Team bei." Bei
  den angeführten Beispielen zielt man nicht auf das, was die Person
  tut, sondern auf das, was sie ist. Offenheit und Verfügbarkeit sind
  wie Nektar und Ambrosia für den Empathiker... Doch wohl für jeden, werden Sie einwerfen. Ja, aber sein Fehlen ist nicht für alle
  gleichbedeutend mit unmittelbarem Sich-nicht-wohl-fühlen oder
  mit einer allgemeinen Verhaltensänderung.

Bei einem Seminar mit dem Team eines aufstrebenden Gartencenters
stellen wir fest, daß der Wirt des zugehörigen Restaurationsbetriebs
ein Empathiker ist, der liebevoll um seine Gäste besorgt ist. Die Atmosphäre, die Ausstattung und die Freundlichkeit des Kontakts sind
empathischer Natur.

Während einer Pause diskutiert er mit dem Chef des Centers und
sagt, er trauere den Zeiten nach, wo dieses noch klein war und wo er
sich noch wohler fühlte. Jetzt fühlt er sich dort ein wenig verloren.
Zum Beispiel, erzählt er, sucht er ein paar Grünpflanzen aus, tut sie
in seinen Einkaufswagen, dann sieht er woanders andere, die besser
passen, tauscht sie aus, weiß nicht recht... Wenn er sich wegen einer
Information an eine Hosteß wendet, ruft diese per Mikro einen Techniker, und dann, schließt er, „verläßt sie mich". Nach fünf Minuten, in
denen er sich allein und frustriert fühlt, verläßt er das Geschäft und

nimmt sich vor, daß er künftig zu einem Konkurrenten gehen wird, bei dem es menschlicher zugeht.

- *Die sinnlichen Bedürfnisse:* Für den Empathiker stellen die fünf Sinne eine ganz besondere Quelle der Erholung dar: Farben, Geschmäcker, Düfte, Musik, Empfindungen, die von einer Massage ausgelöst werden, Sauna, Sonne, ein weicher Wollpullover... Kurz, die ganze Bandbreite des Reichs der Sinne ist geeignet, seine Stimmung auf „Beständig" steigen zu lassen. Das Fehlen sinnlicher Befriedigung jedoch richtet, heimtückisch und unweigerlich, beträchtlichen Schaden an. Zwingen Sie einem empathischen Mitarbeiter ein düsteres Büro auf, mit Metallschränken und einem halbblinden Fenster, „geschmückt" mit einer Batterie Computer und einem billigen Werbekalender, und Sie können ihn vermutlich eingehen sehen wie ein vernachlässigtes Pflänzchen...

Negative Befriedigung

Wenn er keine Anerkennung bekommt, gerät der Empathiker in Stress. Dann versucht er, seine Bedürfnisse auf negative Art und Weise zu befriedigen. Er tendiert dann dazu, „zu viel zu machen", mit dem unbewußten Ziel, zurückgewiesen zu werden. Der Ausruf „Sind Sie verrückt, oder was?" dringt mitunter bis in die Flure von Firmen. Er kommt häufig von einem wütenden „Beharrer" und gilt einem verzweifelten Empathiker...

„Sinnlicherweise" tendiert der frustrierte Empathiker dazu, sich ernährungsmäßig zu „rächen": Er neigt zu bulimischem Verhalten oder anderen Exzessen wie Medikamenten- oder Alkoholmißbrauch.

Die Bedürfnisse des Logikers

Zwei Bedürfnisse müssen befriedigt sein, damit der Logiker ein friedfertiger und effektiver Mitarbeiter ist:

- *Anerkennung für die geleistete Arbeit:* Der Logiker weiß, daß die Aufgabe, die er gerade ausgeführt hat, gut bewerkstelligt wurde. Er ist genügend auf der Höhe seiner intellektuellen Fähigkeiten und seiner Organisationsfähigkeit, um das beurteilen zu können. Aber im Gegenzug braucht er auch irgendeine anerkennende Bemerkung etwa der Art: „Ludwig, dieser Bericht entspricht ganz genau dem, was wir erwartet haben, er geht sogar über das hinaus, was wir uns erhofft hatten. Glückwunsch!". Oder: „Ich schätze die Qualität deiner Arbeit ganz besonders...", usw. Sonst wird er unversehens frustriert und verbittert. Regelmäßig Feedback zu bekommen, ist für ihn eine wahre Quelle für Leistungsfähigkeit.

Eine junge Journalistin, Rebellin in der Phase Logiker, erzählt: „Bei meiner ersten Anstellung wollte man, daß ich eine sehr verzwickte Untersuchung zum Thema Europa durchführen sollte. Ich arbeitete einen Monat lang wie eine Verrückte und lieferte mein Papier ab. Nach einer Woche noch keine Mitteilung, keine Rückmeldung. Ich fühlte mich enttäuscht, mißbraucht... und beunruhigt. Unmöglich, mit neuen Projekten anzufangen, die Batterien waren leer. Bis zu dem Tag, wo mir mein Chef auf der Treppe über den Weg läuft. Einige Augenblicke genügten: 'Hervorragend, dein Artikel', sagte er zu mir, 'genau was wir brauchten!' Ich war augenblicklich wieder voll in Form, alle meine Probleme hatten sich im Nu verflüchtigt, und ich machte mich wieder mit neuer Kraft an die Arbeit...".

Gleichwohl haben zahlreiche Logiker im Laufe der Zeit ein gewisses Mißtrauen gegenüber Zeichen der Anerkennung entwickelt, denn sie konnten sehr schnell feststellen, daß Anerkennung ihrer Leistung häufig damit verbunden war, von ihnen noch ein bißchen mehr zu verlangen. Beispiel: „Ich weiß, daß ich mich auf dich verlassen kann, könntest du dich nicht dieser Sache annehmen", oder auch: „Du mit deinen hervorragenden analytischen Fähigkeiten, kümmere dich doch einmal um...". In der Kindheit konnten sie schon Ähnliches hören: „Du bist doch so vernünftig, paß' doch auf deinen kleinen Bruder auf!"

- *Strukturierung des Zeit:* „Bis wann? Und wie lange? Was machen wir danach? Wann ist das Frühstück? Und das Treffen nächsten Donnerstag?" Lauter wichtige Fragen für den Logiker. Was ihn betrifft, kann er sie leicht beantworten, denn er ist durchorganisiert. Wenn er sich in eine neue Struktur begibt, sucht er unverzüglich seine Fixpunkte. Selbst der Urlaub ist fast immer sorgfältig geplant.

Negative Befriedigung

Wenn das Bedürfnis des Logikers nach Anerkennung nicht befriedigt wird, gerät er in einen Prozeß zunehmender Verkrampfung. Um den Mangel zu mindern und den Zweifel zu verscheuchen, der sich in ihm bildet, zwingt er sich zu Über-Perfektion, er wird übergenau, er überkontrolliert und delegiert nichts mehr. Er tendiert zur Vorstellung, er könne alles besser als die anderen; die ziehen sich von ihm zurück oder begeben sich in negativen Wettbewerb. Er reißt alle Verantwortlichkeiten an sich, blockiert die Aktivität der anderen und ist sich in der Regel nicht darüber im klaren, daß er unter Stress steht und daß ihn seine Familie sehr vermißt (sie bekommt ihn nicht mehr zu Gesicht). Diese Situation kann zum „Notizzettel-Syndrom" führen.

Ludwig, Logiker, kommt heim, wie immer sehr spät. Er findet eine Notiz auf dem Kühlschrank: „Die Kinder brauchten einen Papa, der da ist und mit ihnen spielt. Ich wollte einen Mann, der mich liebt... Wir sind weg." Natürlich kann Ludwig das nicht verstehen: „Es stimmt schon, daß ich viel arbeite, aber doch nur, daß es meiner Familie an nichts fehlt."
(Analyse der Reaktion der Gattin: Als Empathikerin hat sie sich immer für das Wohlergehen der Familienmitglieder „geopfert". Sie kommt nun in die Rebellen-Phase und sagt sich: „Aber ich existiere auch, und ich will mich verwirklichen." Sie fängt also an, „für sich" zu leben.)

Bei seinen Aktivitäten verhindert die Neigung zur Detailbessenheit mehr und mehr eine klare Kommunikation. Obwohl seine Hauptsorge ist, verstanden zu werden, verwirrt er seinen Gesprächspartner, indem er ihn mit Informationen zuschüttet... Als Beispiel ein Trainer, Typ Logiker, der unter leichtem Stress steht und einen Vortrag über die psychischen Bedürfnisse hält: „Wenn man von psychischen Bedürfnissen spricht – und in diesem Fall ist es wesentlich, daran zu erinnern, daß es sich um die Komponente Nummer 4 unseres Programms handelt, das wir heute morgen begonnen haben – und beiläufig möchte ich Ihnen in Erinnerung rufen, daß die drei ersten Kapitel zunächst die Managementstile waren, zu denen wir geeignete und ungeeignete Stile für jeden Persönlichkeitstyp experimentell erprobt haben, und ich erinnere Sie in diesem Zusammenhang daran, daß Albert uns diese ungemein interessante Erfahrung geliefert hat..."

Wenn er seine Zeit nicht so strukturieren kann, wie es ihm gemäß ist, versteift er sich zunehmend auf dieses Problem: „Ich kann nicht verstehen, wie dieser Typ systematisch immer zu spät kommen kann. Ich finde, wir sollten ihn mit Sanktionen belegen. Wie ist es bloß möglich, daß sich einer nicht an die Tagesordnung halten kann?"

Wenn er den Ursprung dieser Verkrampfung versteht, bringt das eine echte Erleichterung und gibt ihm seine volle Handlungsfreiheit zurück. Das war der Fall bei Paul, einem Seminarteilnehmer:

Ein Fortbildungszentrum für Sozialarbeiter hatte uns gebeten, im Laufe eines Dreitages-Seminars zu intervenieren. Es war bestimmt für Erzieher, die ihre Praxis reflektieren wollten. Eine Untergruppe hatte das zu behandelnde Programm vorbereitet. Die Leitung hatte einen Tag Process Communication eingefügt, ohne sie vorher zu fragen.

Als wir erscheinen, reagiert einer der Teilnehmer sehr aggressiv: „Na so was, für was hält man uns denn? Wir hatten das nicht angefordert!" Wir klären die Beziehung mit ihm, er beruhigt sich, aber man merkt, daß er trotzdem bei seinem Standpunkt bleibt und sich wenig beteiligt. Bis zur Vorstellung der psychischen Bedürfnisse und ihrer negativen Befriedigung, wo er sagt: „Jetzt verstehe ich! Seit heute morgen bin ich frustriert, weil dieser Tagesablauf nicht vorgesehen war. Man hat unsere Vorbereitungen nicht berücksichtigt. Ich habe mit dem Direktor des Zentrums noch ein Hühnchen zu rupfen. Aber in der Zwischenzeit, jetzt, wo ich weiß, was für mich passiert ist, kann ich dem, was hier gesagt wird, Aufmerksamkeit schenken."

Die Bedürfnisse des Beharrers

Die Motivation des Beharrers besteht darin, gemäß seinen Überzeugungen zu handeln. Er stellt sich in den Dienst dessen, was er für sich und für die Gesellschaft im allgemeinen für das Beste hält. Konsequenterweise ist sein primäres psychisches Bedürfnis, aufgrund seiner Ansichten Anerkennung zu ernten; daneben braucht er, wie der Logiker, Anerkennung für seine Arbeit. Für ihn ist es wichtig zu wissen, daß er Vertrauen vermittelt und daß seine Ideen geschätzt werden und gefragt sind. Unabdingbar für ihn: daß man ihn um seine Meinung fragt.

Fragen Sie ihn doch einfach, etwa auf folgende Weise: „Was ist Ihre Meinung zu...?", „Was halten Sie von...?", „Ihre Anregungen interessieren mich..."

Das Feinste vom Feinen ist, wenn Sie zu ihm sagen: „Sie haben recht..." Und wenn Sie seine Überzeugungen nicht teilen? Es gibt eine magische Formel, die vermeidet, daß die Unterhaltung schärfer wird: „Das ist Ihre Meinung, ich respektiere sie und ich teile sie nicht." Häufig ist die gewohnte Tendenz zu sagen: „aber", also sofort wieder zurückzunehmen, was man gerade gesagt hat. Das „und" ist sehr wichtig, denn es fügt etwas hinzu. Selbst der verbissenste Beharrer wird dieser Aufmerksamkeit gegenüber sensibel sein. Diese „Technik" kann jedoch als manipulativ erlebt werden. Die Befriedigung der psychischen Bedürfnisse des Gesprächspartners kann nur dann auf effektive Weise geschehen, wenn die Person völlig mit dem, was sie sagt oder tut, übereinstimmt. Ehrlichkeit und Authentizität sind unabdingbar.

Das Bedürfnis nach Anerkennung der eigenen Meinung ist eines der klassischen Ursachen für Konflikte in Gruppen. Ein erster Beharrer hebt an: „Ich bin überzeugt, daß wir auf diese Weise an das Problem herangehen sollten." Einer seiner Kollegen, der andere Überzeugungen hat, wird wahrscheinlich antworten: „Aber nein, im Gegenteil, ich bin der Überzeugung, daß...". Binnen einer Sekunde geraten die Beteiligten unter negativen Stress und hören sich nicht mehr zu. Während anscheinend nur die Ideen im Spiel sind, handelt es sich in Wirklichkeit für jeden der beiden darum, den anderen auszustechen, um die Anerkennung zu erhalten, die er nötig hat. Und schon befinden wir uns im Fahrwasser der negativen Befriedigung.

Negative Befriedigung

Wenn er sich nicht geschätzt fühlt, tendiert jemand, der sich gerade in der Phase Beharrer befindet, dazu, sich negative Aufmerksamkeit zu verschaffen. Mehr denn je überzeugt von seiner Position und rigide in seinen Prinzipien, achtet er mehr auf die Fehler der anderen als auf seine Erfolge und läuft Gefahr, seiner Nachbarschaft die Ohren vollzureden. Um seinen Fall zu verteidigen, startet er zum Kreuzzug:

„Meine Herren, ich glaube, ich habe Ihnen ganz klar gezeigt, in wie hohem Maße es von nun an wesentlich ist, daß sie auf die psychischen Bedürfnisse Ihrer Mitarbeiter eingehen. Im übrigen erwarte ich, daß Sie ab sofort damit beginnen und daß Sie mir schnellstens einen ausführlichen, präzisen und detaillierten Bericht über die Gesamtheit der von Ihnen betreffend diese Management-Strategie, auf deren sofortige Anwendung in meinem Unternehmen ich besonderen Wert lege, durchgeführten Maßnahmen vorlegen."

Im besten Fall veranlaßt der Beharrer, wenn er zum Kreuzzug startet, seine Mitarbeiter, die Jalousien herunterzulassen. Sie denken dann: „Wenn er fertig ist, wird er es schon sagen. Beim einen Ohr rein, beim anderen raus..." Auf jeden Fall kommt seine Botschaft nicht „rüber", selbst wenn er im Grunde völlig recht hat. Er riskiert auch, einen anderen Beharrer zu provozieren, der seinerseits zum Kreuzzug aufbricht: „Aber mit welcher Berechtigung? Und worauf stützen Sie Ihre Ansprüche?" Oder ein Rebell unter negativem Stress: „Red' Du nur zu, Du interessierst mich einen..."

Die Bedürfnisse des Rebellen

Das hauptsächliche psychische Bedürfnis des Rebellen ist der spielerische Kontakt. In einem Seminar, wenn er sich inmitten einer Gruppe von Beharrern und Logikern befindet, den Trainer eingeschlossen, die alle wenig Sinn für witzige Unterbrechungen haben, ist es sehr wahrscheinlich, daß er noch vor der ersten Pause geht. Was die Verpflichtung betrifft, lange Zeit alleine in einem Büro eingesperrt zu sein, so macht sich diese wahrscheinlich durch eine ausufernde Telefonrechnung bemerkbar...

Der Rebell hat das Bedürfnis zu spielen, zu lachen, den Rahmen zu verlassen, bevor er sich überhaupt hineinbegibt. Ein ernsthaftes Thema, das ohne Umschweife angepackt wird, wirkt auf ihn wie die Norddeutsche Tiefebene mitten im Winter, ohne Radio im Auto: Er dreht um oder er versucht alles Mögliche, auch Unangemessenes, um sich nicht zu Tode zu langweilen.

Häufige familiäre Situation: Papa Logiker sagt zu seiner Rebellen-Tochter, die gerade von der Schule kommt: „Geh hinauf und mach' deine Hausaufgaben, spielen kannst du später." Während das Verfahren bei seinen anderen Kindern funktioniert, ist es mit der da die Katastrophe. Klar, ihr Bedürfnis ist dem von Papa entgegengesetzt: Er, sei er nun Logiker oder Beharrer, geht davon aus, daß es natürlich ist (normal, sagt er), zuerst das zu tun, was getan werden muß, und dann erst, falls noch Zeit bleibt, sich zu amüsieren. Für die junge Rebellin gilt das Gegenteil: Sie hat das Bedürfnis, ihre volle Energie ins Spiel zu bringen, bevor sie zu ernsthaften Dingen übergeht. Und allmählich werden die Hausaufgaben daheim zu einer richtiggehenden Fron, nicht nur für sie, sondern (vor allem) für ihre Eltern.

Negative Befriedigung

Wenn sein Kontaktbedürfnis nicht positiv befriedigt wird, gerät der Rebell unter negativen Stress. Er jammert. Oft. Macht anderen Vorwürfe, sobald sich die Gelegenheit bietet. Provoziert, schockiert, tut genau das, was man im Moment nicht tun sollte. Damit er seine Dosis Kontakt mittels Kritik oder Opposition abbekommt.

Ein Personalchef erzählt uns folgendes Mißgeschick: „Ich präsentierte gerade der Direktion den Ausbildungsplan, in Anwesenheit des Generaldirektors. Schon bald fängt einer meiner Kollegen an, mir systematisch zu widersprechen. Ich sagte mir: 'Er will sich interessant machen, ich tue, als wäre er nicht da...' Schlimmer Irrtum, denn dieser Kollege war hartnäckig und brachte mir immer mehr Widerspruch entgegen. Bis ich schließlich keinen Ausweg mehr sah. Es war eine extrem peinliche Situation, an die ich mich ungern erinnere. Danach ging ich zu ihm hin und fragte ihn, welcher Floh ihn gebissen hatte: 'Was war denn mit dir los? Warum hast du das gemacht?' 'Mein Gott, so halt, um zu sehen, wie du reagierst...' gab er mir zur Antwort."

Die Bedürfnisse des Machers

Aufregung ist die Droge des Machers, sein wesentliches Bedürfnis, seine systematische Kraftquelle: ein neues Projekt, das schnelle Ergebnisse verspricht, eine „Sache" lancieren, ein sportlicher Wettkampf, ein Gang ins Spielkasino, usw. Kurz, alles, wo sich etwas bewegt und das unmittelbaren Ertrag bringt. Etwas Konkretes, eine Herausforderung: „Da kann man einen Coup landen..."

Dieses Bedürfnis ist wahrscheinlich am schwierigsten positiv und dauerhaft zu befriedigen, denn von der Natur der Sache her ist nur das Neue aufregend. Der Macher sucht von seiner Natur her die Grenzen, sehr häufig möchte er sehen, wie weit er nicht gehen kann, und sogar noch ein Stückchen weiter...

Selbst wenn die Situation den Macher nicht gerade mit spektakulären Abenteuern in Kontakt bringt, richtet er es so ein, daß der Druck steigt.

So zum Beispiel jener Student einer Handelsschule, der erklärte: „Für mich zum Beispiel ist es aufregend, wenn ich am Abend vor einer Prüfung zur allgemeinen Schlafenszeit mich an den Schreibtisch setze und die Nacht hindurch den ganzen Jahresstoff wiederhole. Ich finde es toll, daß die anderen gerade schlafen, während ich schufte... und daß das meine Zielgerade ist."

Manche Macher brauchen es geradezu, daß sie die äußerste Grenze vor sich haben, um motiviert zu sein und etwas zu schaffen.

Ein Macher kann sogar den Druck durch Anwendung der Process Communication steigern. Bei einer Kontrollsitzung berichtet uns ein Manager, Beharrer in der Macher-Phase, der die Beziehungsprobleme mit seinem Chef erforscht hatte, folgendes: „Im Laufe des Seminars wurde mir bewußt, welches Vergnügen es mir bereitet hat, mit meinem Vorgesetzten eine Konfliktsituation herzustellen. Es stimmt, mir ging es um negative Erregung. Was mich jetzt am meisten 'anmacht', ist, den Prozeß mit ihm im Griff zu haben, ihm für seine Meinungen Anerkennung zu zollen. Es ist ganz außergewöhnlich, wenn man sieht, wie sich sein Verhalten geändert hat. Ich glaube im übrigen, was mich im Innersten am meisten erregt, ist, wenn er seinem Erstaunen über die Veränderung der Beziehung Ausdruck verleiht."

Negative Befriedigung

Wenn es an Aktion mangelt, kann sich der Macher den Freuden der Intrige hingeben. In diesem Fall findet er nicht seinesgleichen, wenn es darum geht, seinen Nächsten zu manipulieren und in Teams Mißtrauen zu säen: Endlich bewegt sich etwas...

Das Phänomen Mobbing ist eines der Übel, unter dem viele Firmen leiden. Es ist Ausdruck der Frustration und des Mangels an positiver Stimulation der Mitarbeiter. Es ist dann „aufregend", Gerüchte in Umlauf zu setzen, die Reaktionen der Kollegen zu beobachten, zu manipulieren.

Der Macher geht auch übertriebene Risiken ein: Mißbrauch von Stimulantien, Geschwindigkeitsrausch, Rolle des Anheizers bei Geldspielen, usw. Er prescht mit gesenktem Kopf los, schlägt sich gleichzeitig an mehreren Beziehungsfronten, leiht Geld aus und hat es mit dem Zurückzahlen nicht eilig: „Ich kaufe einfach, mit dem Zahlen komme ich schon irgendwie zurecht..."

Eine Macherin hatte sexuelle Beziehungen mit zahlreichen Partnern. „Schützt du dich eigentlich?" fragt sie jemand. „Nein", antwortet sie, „ich finde das aufregender." Dabei verkennt sie völlig die Größe des Risikos.

Die Bedürfnisse des Träumers

Zeit und Einsamkeit... Ein Mensch, schweigend vor einem Gemälde, das zu Ruhe und Meditation einlädt: So können wir uns die psychischen Bedürfnisse unseres – sanften – Träumers vorstellen.

Vielleicht fühlen Sie sich ihm verwandt und empfinden für ihn eine gewisse Sympathie, oder einen gewissen Respekt? Existiert nicht in jedem von uns jener einzigartige Raum, den nur wir selbst kennen und in den wir uns manchmal zurückziehen, um dort unsere wertvollste Zeit zu verbringen? Der Unterschied ist, daß es beim Träumer kein „manchmal" gibt. Diese wertvollen Zeiten sind häufig und für sein tägliches psychisches Gleichgewicht unerläßlich.

Der Archetyp des Träumers wäre jener schweigsame Handwerker, der kürzlich zu Bernhardt, dem Beharrer kam, um einige Familienstücke zu restaurieren. Er machte sich ans Werk, ruhig und schweigsam, und er gab diese Haltung den ganzen Tag über nicht auf. Beim Kaffeetrinken begriff Bernhardt, daß die Unterhaltung kurz angebunden sein würde und daß jeder Versuch, sie in die Länge zu ziehen, ihm eher unangenehm sein würde. Am Abend war die Arbeit fertig, und der Mann zog davon... mit seinem Geheimnis.

Es gibt verschiedene Arten von Einsamkeit. Die des Empathikers ist bevölkert mit Gefühlen für andere oder einen anderen. Die des Logikers und des Beharrers dient ihnen dazu, laufende Projekte auf den Punkt zu bringen oder irgendwelche Spezialprobleme zu lösen. Die des Rebellen ist sehr relativ: In der Regel läuft Musik, und das Telefon klingelt häufig. Die des Machers wird in der Aktion erlebt, sie wird genährt von starken Sensationen.

Dem Träumer seinerseits fällt es leichter, sich heimlich zurückzuziehen, meditative Räume aufzuschließen und seiner Phantasie freien Lauf zu lassen. Ziemlich oft ist der Basis-Träumer schwer zu identifizieren. Der Grund dafür liegt darin, daß er sich nicht gerne zu erkennen gibt. Wovon die beiden folgenden Anekdoten Zeugnis ablegen:

Patrick, Chefbuchhalter, weist bei seiner Arbeit viele Charakteristika eines Logikers auf: Er ist organisiert, präzise, kommuniziert vorzugsweise über praktische Fakten und Informationen. Bei einem Process Communication-Seminar schätzt er sich als Basis-Träumer ein, und sein Persönlichkeitsinventar bestätigt diese Diagnose (Basis und Phase: Träumer; dann Logiker und Beharrer). Er kommentiert: „Es stimmt, daß ich ein Träumer bin. Ich brauche Zeiten der Einsamkeit. Ich bin organisiert, damit ich nicht mehr als vier oder fünf Besprechungen pro Tag habe, und das ist sehr wichtig für mich. Die schwierigste Zeit ist die der Jahresendabrechnung, wo ich täglich sechs oder sieben Klienten habe. In diesem Fall muß ich unbedingt mindestens eine Viertelstunde Pause zwischen zwei Klienten einlegen."

Philipp wiederum, dreiundzwanzig Jahre alt, begibt sich in einen empathischen Beziehungsmodus, wenn er mit anderen Personen in Kontakt ist. Auch er ist von der Basis und von der Phase her Träumer. Im Laufe des Seminars erklärt er: „Mit allen gut zu stehen, zu schauen, daß die Dinge gut laufen und keine Wogen entstehen, das habe ich herausgefunden, ist das beste Mittel, daß ich meine Ruhe habe. Ich brauche auch lange Zeiten der Einsamkeit. Im übrigen wohne ich mit meiner Gefährtin auf einem Kahn, wo ich mir mein eigenes Eckchen eingerichtet habe...“

Negative Befriedigung

Der Träumer, dem Zeit und Ruhe vorenthalten werden, tendiert dazu, mehrere Arbeiten anzufangen, ohne sie zu Ende zu führen, als versuche er, die Minuten, die verstreichen, in den Griff zu bekommen, und als verließe ihn unterwegs der Mut. Wenn er zu vielen Kontakten ausgesetzt ist, nimmt er sich zurück, schützt sich, gibt noch weniger Informationen über sich selbst und endet schließlich in der Depression.

Als ein Manager die psychischen Bedürfnisse des Träumers durcharbeitete, stellte er fest: „Genau so ist es, ich habe jetzt das Verhalten eines meiner Mitarbeiter verstanden. Er arbeitete an einer Produktionsschiene und mußte extrem häufig mit seinen Kollegen zusammenarbeiten. Nach einiger Zeit war er nicht mehr zu sehen... er verschwand ohne ein Wort. Ich wurde mir des Problems bewußt, weil seine Kollegen anfingen, sich über die Arbeitsüberlastung zu beklagen. Dann wurden seine Krankentage immer häufiger. Weil uns nichts Besseres einfiel, haben wir ihn auf einen anderen, sehr selbständigen Posten versetzt, wo seine Abwesenheiten wenigstens kein Problem für seine Umgebung darstellen würden. Er fand sich also alleine hinter einem Pult wieder. Von einem Tag auf den anderen hat sich sein Verhalten grundlegend geändert. Er wurde zuverlässig und effektiv. Nicht ein Krankheitstag mehr... so daß wir uns sogar fragten, ob er sich vielleicht verliebt habe...“

Dieser Mitarbeiter fühlte sich ganz klar in seiner Umgebung überstimuliert und war in negativen Stress geraten. An der zweiten Stelle fand er Bedingungen vor, die seine Bedürfnisse zufrieden stellten, und erlangte wieder ein sehr gutes Energie- und Motivationsniveau.

Die Hierarchie der psychischen Bedürfnisse

Die Tatsache, daß wir durch die Befriedigung der psychischen Bedürfnisse unserer Phase motiviert werden, bedeutet jedoch noch lange nicht, daß wir nicht auch zu anderen Bedürfnissen Zugang hätten. Nur manifestieren sich diese in geringerem Ausmaß:

Hans ist ein Empathiker in der Macher-Phase. Seine Tendenz: sich überzustimulieren, zu viel zu machen. Neulich verspürte er das Bedürfnis, persönliche Bilanz zu ziehen und zwei Tage alleine im Oberpfälzer Wald zu verbringen. Typisches Bedürfnis des Träumers, der sich auf der obersten Etage von Hans Gebäude befindet. Er fährt also los. Als er ankommt, denkt er sich: „Es ist gut, alleine zu sein, ohne Telephon, Zeit zu haben zum Lesen und zum Überlegen. Und diese wunderbare Landschaft..." Aber sehr bald sagt er sich auch: „Gut, es ist ja sehr schön hier, aber was mache ich jetzt?" Dieser letzte Satz weist auf folgendes hin: Wenn Hans auch mit seinem Bedürfnis nach Einsamkeit in Kontakt war, so ist dieses doch sehr schnell befriedigt, denn er hat ja wenig Energie auf seiner Etage Träumer. Hans ist also wieder mit den Bedürfnissen seiner Phase konfrontiert. Und der Oberpfälzer Wald hat nichts, was einen Macher aufregen könnte. Zwei Lösungen: Entweder er findet positive Möglichkeiten, um dem Bedürfnis nach Aufregung nachzukommen, oder er reist ab. Aber stellen wir uns vor, daß Hans nichts dergleichen tut: Dann wird er sich bald müde fühlen. Dann wird ihn allmählich Überdruß überkommen.

Er ist dann auf niedrigem Energieniveau, hat zu nichts mehr Lust und fühlt sich letztendlich vielleicht sogar deprimiert. In diesem Fall kommt er stark in Kontakt mit den Bedürfnissen seiner empathischen Basis: Er will sich geliebt fühlen.

Was ist passiert? Hans wesentliche Energie- und Motivationsquelle äußert sich aktuell in einem Bedürfnis nach Aufregung, das von seiner Macher-Phase herrührt. Im Mangelzustand gerät er zunächst in leichten Stress und zeigt dann die negativen Verhaltensweisen dieser Phase, in der Folge, wenn die Bedürfnisse immer noch nicht befriedigt werden, stürzt er sich in tiefe Verzweiflung. In diesem Stadium kehren wir alle zu unserer Basis zurück und zeigen dann deren negative Verhaltensweisen.

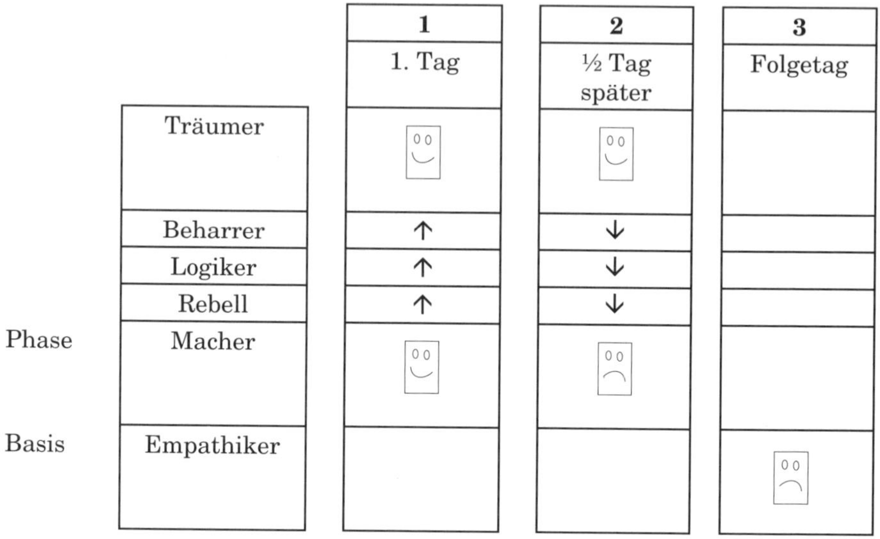

		1	2	3
		1. Tag	½ Tag später	Folgetag
	Träumer	☺	☺	
	Beharrer	↑	↓	
	Logiker	↑	↓	
	Rebell	↑	↓	
Phase	Macher	☺	☹	
Basis	Empathiker			☹

Abbildung 3.1 – Hans im Oberpfälzer Wald

Jeder von uns kann tatsächlich alle psychischen Bedürfnisse wahrnehmen, aber mit unterschiedlicher Intensität. Je mehr das Bedürfnis einer höheren Etage unseres Gebäudes entspricht, um so schneller ist es befriedigt. Das aktuelle Bedürfnis wird wieder das der derzeitigen Phase. Deshalb fühlt sich Hans durch einsame und ruhige Aktivitäten wenig angezogen und vermeidet derartige Situationen. Er wäre der letzte, der alleine um die Welt segeln würde. Sein Bedürfnis ist, Leute zu treffen, bei denen es ihm gut geht (Basis: Empathiker), er braucht Herausforderungen, Aufregung, Wechsel (Phase: Macher).

Seine psychischen Bedürfnisse akzeptieren

Seine psychischen Bedürfnisse zu befriedigen, bedeutet in vielen Fällen, positive Signale der Anerkennung zu senden oder zu empfangen. Nur das Bedürfnis nach Einsamkeit und in einem geringeren Maße das nach Aufregung fordern keinen Austausch von Signalen der Anerkennung.

Bei der Auswertung eines außerordentlich gelungenen Seminars, für dessen Organisation Ludwig die Verantwortung übernommen hatte, beglückwünscht der Personalchef ihn ganz herzlich. Ludwig strahlt übers ganze Gesicht und bedankt sich. Dann überbietet ihn noch der Verwaltungs- und Finanzdirektor. Ludwig bedankt sich wieder. Sein Lächeln ist schon ein wenig verhaltener. Schließlich ist die Reihe am Marketingdirektor. Nun wirkt Ludwig verkrampft und zeigt Verlegenheit und Unbehagen. Ganz offensichtlich verträgt er die Überdosis an Signalen der Anerkennung nicht. Statt davon zu profitieren, um ein hohes Energieniveau aufrechtzuerhalten, signalisiert er: Stop!

Zahlreiche Firmen haben beträchtliche Summen in Management- und Kommunikationsfortbildung investiert, manchmal mit enttäuschenden Resultaten. Zahlreiche dieser Lehrgänge sind gut konzipiert und machen dem Manager ein Repertoire von Techniken verfügbar, die darauf abzielen, seine Effektivität zu steigern. Zum größten Teil stützen sie sich auf die Wirkung positiver Verstärker.

Und doch: Es ist eine Sache, dem Teilnehmer zu erklären, daß sein Umfeld solche Zeichen braucht, eine andere, sich zu vergewissern, daß er psychologisch dazu bereit ist, solche zu empfangen und auch zu geben.

Eine Fortbildungsgruppe ist ein Ort, wo es möglich ist, den Austausch dieser Signale zu trainieren. Es ist hier leicht festzustellen, wie stark die Angst vor Überdosierung und Manipulation ist. Außerdem läuft der Manager, wenn er sein Verhalten ändert, Gefahr, daß er in Gegensatz zu der in seiner Firma geläufigen Praxis gerät. Viele Mitarbeiter nennen positive Rückmeldungen „Schmiere". Man hört auch Gedanken der Art: „Mein Chef wollte mich einseifen."; oder: „Heut' bricht er sich mal wieder einen ab!" Alle diese Reaktionen zeugen von dem langen Weg, den wir noch vor uns haben, bis wir die Worte austauschen können, die wesentlich für die Befriedigung der Bedürfnisse und für die Motivation sind.

Das Fehlen von positiven Rückmeldungen führt zu einem Notstand, wo die Individuen sich anpassen, um zu überleben, und wo sie die meiste Zeit auf niedrigem Energieniveau funktionieren, nach dem Motto: „Je weniger ich investiere, desto besser geht's mir."

Andererseits kann Anerkennung spontane Veränderungen hervorrufen, und dann hört man Sätze wie den folgenden: „Ich weiß nicht, was du mit ihm gemacht hast, aber er hat sich völlig verändert."

Die Arbeit, die sich aus der Anwendung der Process Communication ergibt, besteht nicht nur in der Aneignung von Kommunikations- und Motivationstechniken. Sie muß sich in den meisten Fällen in den Rahmen des persönlichen Lebensstils einpassen, wo der einzelne seinen eigenen Blockierungen gegenüber aufmerksam ist, so daß er fähig wird, ebenso auf die psychischen Bedürfnisse der anderen zu reagieren wie Reaktionen auf seine eigenen anzunehmen. Im Firmenrahmen wird also der Aktionsplan des Managers die Struktur des Individuums wie auch das Niveau seiner persönlichen Entwicklung in Betracht ziehen (vergl. hierzu Kapitel 8). Tabelle 3.1 listet die psychischen Bedürfnisse der einzelnen Persönlichkeitstypen auf.

Typ	Bedürfnisse	Negative Befriedigung
Empathiker	Anerkennung der Person Sinnliche Bedürfnisse	Ablehnung. Vernachlässigung oder Übertreibung (Bulimie usw.)
Logiker	Anerkennung für die Leistung Strukturierung der Zeit	Perfektionszwang. Über-Kontrolle, delegiert nicht mehr. Überkontrolliert die Pünktlichkeit der anderen
Beharrer	Anerkennung für die eigenen Überzeugungen Dankbarkeit für die geleistete Arbeit	Wie oben und die Tendenz, bei den anderen nur die Fehler zu sehen. Drängt seine Überzeugungen auf
Träumer	Einsamkeit, Zeit	Rückzug, Depression
Rebell	Kontakt	Verurteilt oder läßt sich verurteilen
Macher	Aufregung	Übertriebenes Risiko

Tabelle 3.1 – Die psychischen Bedürfnisse

4

Wellenlängen

*„Je mehr sich das Unternehmen einem
partizipativen Managementstil öffnet,
desto freier wird der Meinungsaustausch
und um so wichtiger ist es
zu lernen, wie man
gut miteinander kommuniziert."*

MERYEM LE SAGET

Bernhardt stürmt ins Büro von Eva: „Guten Tag. Faß mir mal diesen Vorgang zusammen. Korrigier' mir außerdem diesen Brief,
denn ich möchte, daß er heute noch hinausgeht."
Eva hat heute morgen Sorgen. Sie hatte gerade zwei unzufriedene
Kunden am Telefon. „Wahrhaftig, du behandelst mich wie eine
Maschine", antwortet sie mit etwas zittriger Stimme. „Was hab'
ich dir denn getan?"
Bernhardt schaut sie erstaunt an. Er ist um so mehr überrascht,
weil er sich gerade mit genau dem gleichen Ton an Thea gewendet
hat, ohne daß die irgendwie aufgeregt reagiert hätte...

Was ist geschehen? Bernhardt und Eva befinden sich ganz offensichtlich auf unterschiedlichen Wellenlängen. Beide sind in ihrer Funktion
auf dem richtigen Platz, es gibt keinerlei Grund, daß sie nicht zusammenarbeiten könnten, außer sie verstehen sich nicht. Angenommen,
beide sind unbeweglich, dann kommen sie schließlich vielleicht miteinander in Konflikt. Diese Situation begegnet täglich Millionen von Men-

schen auf der ganzen Erde und verursacht einen beträchtlichen Verlust an Energie. Gewöhnlich gibt sie Anlaß zu Bemerkungen wie: „Er versteht überhaupt nichts", „Also wofür hält sie sich denn eigentlich?", „So nicht!", usw. Es ist so: Unabhängig von der Wichtigkeit des zu vermittelnden Inhalts – wenn die Form, in der das geschieht, für den Gesprächspartner nicht paßt, bestehen wenig Chancen, daß die Information ankommt.

Jeder Persönlichkeitstyp tendiert zur Ausbildung einer eigenen Ausdrucksweise und eines persönlichen Kommunikationsstils. Der Stil jedes einzelnen drückt sich vor allem im bevorzugten Gebrauch eines „Kommunikationskanals" aus. Diese Kanal ist die Wellenlänge, zu deren Gebrauch er von Natur aus tendiert. Desgleichen bevorzugt er, daß sein Gesprächspartner sich auf der gleichen Frequenz an ihn wendet. Man definiert den Kommunikationskanal auch als das Aufeinandertreffen von zwei Persönlichkeitsanteilen. Letztere wurden, ausgehend von Eric Bernes Theorie der Ich-Zustände von Taibi Kahler herausgearbeitet. Sie heißen: der Beschützer, der Direktive, der Datenverarbeiter, der Unterstützer und der Emotionale. Damit Kommunikation entsteht, ist es unerläßlich, daß beide Gesprächspartner komplementäre Persönlichkeitsanteile einsetzen, um auf diese Weise einen Kommunikationskanal aufzubauen. Jedem „Anteil" entspricht eine Summe von Charakteristika: Wortschatz, Stimmführung, Gesten und die Gesamtheit der Körpersprache und der Mimik.

Je stabiler die Beziehung, desto empfänglicher für die unterschiedlichen Persönlichkeitsanteile und die unterschiedlichen, vom Gesprächspartner vorgeschlagenen Kanäle, ist der einzelne. Und umgekehrt ist es, um eine Beziehung herzustellen, nötig, daß wir unserem Gesprächspartner seinen bevorzugten Kommunikationskanal anbieten.

Die Persönlichkeitsanteile

Der Beschützer

Es handelt sich um einen elterlichen Persönlichkeitsanteil, der Anweisungen gibt, die auf die Sinne des anderen abzielen. Zum Beispiel: „Atme durch! Beruhige dich! Hör mir zu! Schau mich an!" All diese

Befehle kommen von Seiten des Beschützers, vorausgesetzt sie beinhalten keine Angriffe, Drohungen oder Wut. Sie wenden sich an die fünf Sinne. Tonfall und Körperhaltung sind bestimmt und ruhig, Hände und Arme zugewandt. Der Gesichtsausdruck vermittelt Vertrauen und Unterstützung. Den Beschützer gilt es anzuwenden bei Menschen, die die Kontrolle verlieren. Er ist an keinen bestimmten Persönlichkeitstyp gebunden.

Man kann ihn auch bei sich selbst anwenden. Er ist ein gutes Mittel, um Gefühle von Peinlichkeit, Frustration oder Verwirrung zu besänftigen, um wieder einen klaren Gedanken zu fassen. Der Gebrauch des Beschützers erhöht die Chancen, Probleme zu lösen und sich um sich selbst zu kümmern.

In Entspannungssitzungen wendet ein Trainer gewöhnlich den Beschützer an: „Atmen Sie tief, entspannen Sie sich…"

Der Direktive

Wenn der Macher Mike seinen Direktiven-Anteil gebraucht – und das kommt bei ihm häufig vor –, zielt er mit seinen Anweisungen auf den denkenden Teil seines Gesprächspartners. Seine Anweisungen: „Sagen Sie", „Erklären Sie mir", „Machen Sie", fordern den anderen auf, nachzudenken. Sein Verhalten ist nichtsdestoweniger frei von Wut, Angriff oder Drohung. Der Tonfall ist bestimmt und ruhig, Gesten sind rar, die Haltung aufrecht, das Gesicht ohne besonderen Ausdruck. Dieser Persönlichkeitsanteil wird von Natur aus angewendet von Menschen mit Basis oder Phase Macher.

Der Datenverarbeiter

Der Datenverarbeiter ist der denkende Anteil des Menschen. Seine Funktion: Informationen geben oder verarbeiten. Mit dem Datenverarbeiter können Informationen sehr effektiv weitergegeben werden. Fragen und Antworten sind sehr klar, zweckentsprechend und ohne Emotionen formuliert. Der Tonfall ist neutral, die Haltung aufrecht, ruhig, ohne auffallende Gestik, das Gesicht gleichmütig. Beispiele: „Wie spät ist es?", „Habe ich damit ihre Frage beantwortet?"

Der Logiker Ludwig gebraucht diesen Kanal, um Information aufzunehmen und sie verbal und logisch zu verarbeiten. ("Dafür ist Kommunikation doch da, oder?") Bernhardt, der Beharrer, verwendet ihn ebenfalls; mit dem Unterschied, daß er diese Informationen so auswählt, daß er seinen Bezugsrahmen erweitern kann, um zum Beispiel die Meinungen seines Gesprächspartners kennenzulernen. Thea, die Träumerin, findet beim Datenverarbeiter alles, was sie braucht, um eine gründliche Situationsanalyse durchzuführen. Sie bedient sich seiner auch, um Aufgaben auszuführen, die andere langweilig finden würden.

Die Logiker, die Beharrer und die Träumer sind die großen Anwender des Datenverarbeiters.

Der Unterstützer

Dieser Persönlichkeitsanteil wendet sich warmherzig und fürsorglich an die ganze Palette der Gefühle und Empfindungen. Eva, die Empathikerin, bedient sich seiner gern. Sie zeigt damit ihre Sorge um den Nächsten oder ihre Wertschätzung. Einige Sätze, die für den Unterstützer typisch sind: „Es ist wichtig, daß du bei uns bist", „Ich schätze es, mit ihnen zusammenzuarbeiten", usw. Er bewirkt, daß sich der Gesprächspartner auf der affektiven Ebene anerkannt fühlt.

Typische Gesten des Unterstützers sind einladend ausgestreckte Arme, offene Handflächen oder zum Beispiel eine Hand, die auf den Arm oder die Schulter des anderen gelegt wird. Die Stimme ist sanft und warm, die Körperhaltung entspannt, bequem, häufig dem Gegenüber zugeneigt, der Gesichtsausdruck lächelnd und friedlich. Dies ist der bevorzugte Persönlichkeitsanteil von Menschen mit Basis oder Phase Empathiker.

Der Emotionale

Der Emotionale ist der Ausdruck der empfindsamen, spielerischen und kreativen Seite der Persönlichkeit und der Liebling des Rebellen. „Yeah! Genial!" schreit Rita. (Ludwig runzelt die Augenbrauen.) „Es wäre super, mit Leuten wie Ihnen zusammenzuarbeiten. Stellen Sie mich ein?" Böswilligkeit, Groll oder jede Art von Hintergedanken sind ihm fremd. Er läßt uns spontan unsere Gefühle ausdrücken, ohne irgend jemanden zu verletzen (außer Ludwig, der gern in Ruhe arbeiten möchte). Er entspricht dem kindlichen Anteil in jedem von uns.

Sein freier Ausdruck begünstigt das psychosomatische Gleichgewicht. Der Tonfall ist lebhaft, begeistert, die Rede durchsetzt von Ausrufen wie prima, ja, toll, etc. Die Körperhaltung ist offen, flexibel, energiegeladen, das Gesicht strahlend und ausdrucksvoll, die Augen glänzen. Der Ausdruck von authentischen Gefühlen wie Kummer, Wut und Angst geschieht ebenso durch den Emotionalen. Tabelle 4.1 faßt die Persönlichkeitsanteile zusammen.

Persönlichkeitstyp	Am besten entwickelter Persönlichkeitsanteil
Empathiker	Unterstützer
Logiker	Datenverarbeiter
Beharrer	Datenverarbeiter
Träumer	Datenverarbeiter
Rebell	Emotionaler
Macher	Direktiver

Tabelle 4.1 Die Persönlichkeitsanteile

Die Botschaft übermitteln:
Die Kommunikationskanäle

Kommunikation zwischen zwei Individuen besteht, wenn Angebot und Annahme des Angebots auf einem selben Kommunikationskanal bestehen. Sie ist ein Beweis, daß die beiden aktuellen Persönlichkeitsanteile tatsächlich kompatibel sind und daß die Information fließen kann. Andererseits gilt: Selbst wenn der Inhalt der Botschaft die Zustimmung des Gesprächspartners finden könnte, stört eine schlecht angepaßte Form der Darbietung seine Wahrnehmung. Diese Störung hängt nicht mit dem inhaltlichen Kern des Gesagten zusammen, sondern meistens mit der Formulierung. Wenn Angebot und Annahme des Angebots nicht auf demselben Kanal geschehen, spricht man von „Miß-Kommunikation".

Es gibt fünf Kommunikationskanäle, entsprechend den 5 Persönlichkeitsanteilen. Jeder von ihnen ist speziell mit einem Persönlichkeitstyp verbunden (außer dem Kanal 1, der als Notkanal dient).

Kanal 1: Der unterbrechende Kanal

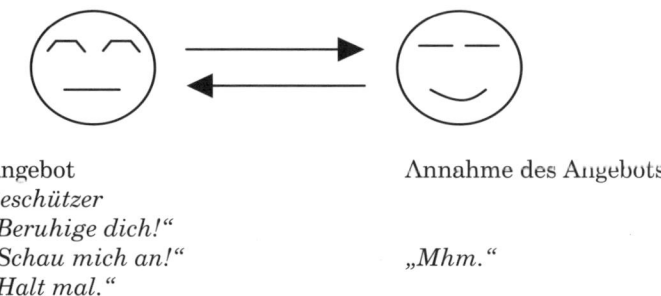

Angebot   Annahme des Angebots
Beschützer
„Beruhige dich!"
„Schau mich an!"   *„Mhm."*
„Halt mal."

Dieser Kanal erlaubt zu intervenieren, wenn die Kommunikation nicht richtig abläuft, weil der Gesprächspartner bereits in einer intensiven negativen Stress-Situation ist, von archaischen Emotionen überschwemmt wird und im Denken konfus ist. Er ist charakterisiert durch Anordnungen im Imperativ, die sich direkt an die Sinne wenden: Tastsinn, Geruchssinn, Gehör, Gesichtssinn... Er entstammt dem Beschützer und ist anzuwenden, wenn ein Mensch die Selbstkontrolle verliert und eine schnelle und angemessene Reaktion vonnöten ist oder an bestimmten Punkten einer therapeutischen Beziehung. Er erlaubt, bei einem Menschen mit Bestimmtheit zu intervenieren, ohne ihn anzugreifen. Er darf nicht mit strikten Befehlen verwechselt werden: Ein bestimmt gesprochenes, wohlwollendes „Beruhigen Sie sich" hat nichts gemein mit demselben Satz, wenn er schroff herausgeschleudert wird. Der erste Satz kommt aus dem Interventionskanal, der zweite gehört schon in den Bereich der Miß-Kommunikation.

Stefan, neun Jahre, ist in Panik: „Es tut weh, es tut so weh, ich sterbe, ich hab' Angst." Papa nimmt ihn bei den Schultern, schaut ihm in die Augen und sagt mit fester, beruhigender Stimme: „Beruhige dich, atme durch, schau mich an!" Stefan: „Ich kann nicht, ich kann nicht, ich kann nicht..." (panischer Tonfall). Papa, im selben ruhigen und beruhigenden Ton: „Du kannst durchatmen. Entspanne dich, beruhige dich." Stefan taucht langsam wieder auf, kann seinen Schmerz besser einschätzen, faßt sich wieder, atmet ruhiger.

Franziska stürmt ins Büro ihrer Freundin Brigitte, völlig aufgelöst: „Ich kann nicht mehr, ich bin am Ende, ich klapp' zusammen." Brigitte (mit ruhigem, bestärkendem Ton): „Beruhige dich, mach' es dir bequem." Franziska: „Ich kann nicht, es ist zu schlimm..." Brigitte: „Entspanne dich. Du kannst mir später erzählen, was zu schlimm ist." Franziska beruhigt sich und findet allmählich zu klaren Gedanken zurück.

Diese Not- und Paniksituationen sind, vor allem im Berufsleben, eher die Ausnahme. Der Kanal 1 ist also nur selten zu gebrauchen. Mitunter erlebt der Manager, wie ein Mitarbeiter überschäumend vor Wut in sein Büro stürmt. Diese Situation rechtfertigt den Gebrauch des Kanals 1 nicht, denn es besteht die Gefahr, daß er unpassend interpretiert wird, wie eine Antwort des Stils: „Beruhigen Sie sich", oder „Kommen Sie wieder, wenn Sie ruhiger sind"; und dies wird wie eine Zurückweisung der Kommunikation aufgefaßt. Es ist eher angezeigt zu antworten: „Ich stelle fest, daß Sie verärgert sind, und ich bin bereit, die Gründe dafür anzuhören." Hier kann man meist eine Beruhigung beobachten.

Kanal 2: Der direktive Kanal

Er wird angewandt, wenn man Anweisungen seitens seines Direktiven gibt und sich an den Datenverarbeiter des Gesprächspartners wendet.

Angebot	Annahme des Angebots
Direktiver:	*Datenverarbeiter:*
"Fassen Sie mir bitte diesen Bericht zusammen?"	*„Jawohl. Bis wann brauchen Sie ihn?"*
„Sagen Sie mir, wie hoch ist Ihr Umsatz diesen Monat?"	*„20.000 DM"*

Die Antwort auf diesen Typ von Anweisung ist eine Information ohne jeglichen Gefühlsausdruck. Achtung: Dieser Kanal zielt in keiner Weise darauf, den Gesprächspartner zu dominieren. Im Gegenteil, um wirksam zu sein, muß die Anweisung frei sein von jeglicher affektiven Nuance, und sie muß auch als solche aufgenommen werden. Um den Kanal zu benutzen, muß man sich also vorher versichern, daß der denkende Teil, der Datenverarbeiter, des Partners verfügbar ist und daß die Information ohne von Frustration oder einem Schuldgefühl herrührendem Stress aufgenommen wird.

Es ist möglich zu klären, ob zwei Individuen gut auf diesem Kanal kommunizieren, indem man die Qualität der Antwort auf die Anweisung beobachtet. Diese muß klar und deutlich sein und zeigen, daß der Gesprächspartner die Anordnung verstanden hat und sich nicht in einer Vorgesetzten-Untergebenen-Beziehung empfindet, sondern ein wenig so antwortet wie ein Computer, der eine Anweisung erhält.

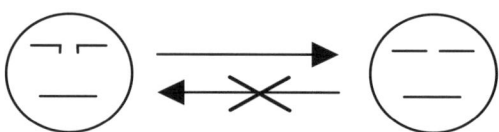

Angebot

Nicht-Annahme des Angebots

Direktiver
Manager: „Machen Sie mir das, bitte?"
Manager denkt: „Wenn er es richtig macht, habe ich aber Glück."

Datenverarbeiter
Mitarbeiter: „Ja, ich werde es versuchen"
(zögerlicher Ton)

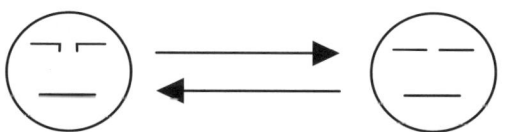

Angebot
Direktiver
Manager: „Machen Sie mir das,
bitte!"

Annahme des Angebots
Datenverarbeiter
Mitarbeiter: „Jawohl, ich
mache das"
(entschlossener Ton)

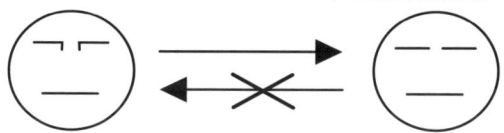

Angebot

Direktiver
Ehemann: „Liebling, denke bitte
daran, mir Rasierklingen
zu besorgen."
Ehemann (zu sich): „Wirklich, ich
kann mich nur auf mich selber
verlassen."

Nicht-Annahme des
Angebots
Datenverarbeiter
Ehefrau: „Hmm… ich werde
versuchen dranzudenken."

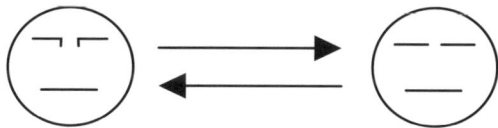

Angebot
Direktiver
Ehemann: „Liebling, denke
bitte daran, mir Rasierklingen
zu besorgen."

Annahme des Angebots
Datenverarbeiter
Ehefrau: „Okay, heute
abend hast du sie."

Der Macher verwendet spontan den direktiven Kanal, der seinem Energietyp entspricht. Er empfängt ihn auch ohne Probleme: Er hält nichts von Samthandschuhen, was zählt, sind präzise Anweisungen, die ihm gestatten, in Aktion zu treten, ohne die Freiheit in der Wahl der Mittel zu verlieren.

Auch wenn die Träumer diesen Kanal nicht benutzen, um in Kommunikation zu treten, ist es trotzdem empfehlenswert, ihn bei ihnen anzuwenden. Ohne äußeren Anstoß bleiben sie sonst wahrscheinlich passiv.

Zu den anderen Persönlichkeitstypen paßt dieser Kanal viel weniger. Er ruft Gefühle der Frustration hervor. Der Rebell reagiert heftig. Der Empathiker wird es schnell satt haben, „Befehle zu empfangen, ohne das geringste Anzeichen persönlicher Wertschätzung", und vor allem wird er sie als aggressiv erleben. Der Logiker und der Beharrer müssen den Sinn der Imperative begreifen und Verantwortung übertragen bekommen. Aber in der Praxis kann man diesen Kanal bei ihnen anwenden, vorausgesetzt man gibt begleitende Informationen zur Notwendigkeit der Anweisungen. Sie respektieren in genügendem Maße die bestehende Ordnung, wenn sie sie als effektiv für das gute Funktionieren ihrer Firma einschätzen.

Und doch bleibt dieser Kanal im täglichen Leben relativ wenig genutzt, da die meisten Menschen deswegen direktiv sind, um den andern zu dominieren, ihn zum Nachgeben zu zwingen, ihm einen Befehl zu geben. Zum Beispiel: „Hol mir einen Kaffee." „Mach die Türe zu." „Sei still." Das sind Anweisungen, die für eine Vorgesetzter-Untergebener-Beziehung typisch sind.

Kanal 3: Der informative Kanal

Der informative Kanal ist der des Austauschs von Informationen zwischen zwei Personen, die den denkenden Teil ihrer Persönlichkeit benutzen. Man nennt ihn auch „Computer-Computer", in Bezug auf die im Kontakt befindlichen Persönlichkeitsanteile.

Er funktioniert effektiv, wie wenn zwei Computer darauf programmiert wären, untereinander Informationen auszutauschen.

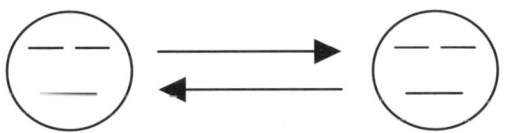

Angebot	Annahme des Angebots
Datenverarbeiter	*Datenverarbeiter*
„Welche Funktion hatten Sie vor	
dieser hier inne?"	*„Ich war Trainer."*
"Welches ist der wichtigste Aspekt in	*„Alles, was die Außen-*
Ihrer neuen Funktion?"	*kommunikation der Gruppe*
	betrifft."
„Wann ist das Essen fertig?"	*„Um 19.30 Uhr."*

Am Arbeitsplatz, im Unternehmen ist der informative Kanal einer der wichtigsten, damit der Ideen- und Informationsaustausch angemessen vor sich geht. Es fühlen sich jedoch nicht alle Menschen wohl mit diesem Kommunikationstyp. Die Empathiker zum Beispiel brauchen vorher einen Austausch von Gefühlen, um ihre volle Leistung zu erbringen.

Der informative Kanal ist typisch für den Logiker und den Beharrer. Er entspricht ihrer Vorstellung von der Welt und ihrer analytischen Vorgehensweise bei Problemen. Sie wollen begreifen. Sie beobachten die Probleme und suchen sie in kleinste Bestandteile zu zerlegen, vergleichen sie mit Erlebtem und Erfahrenem und ziehen dann daraus rationale Schlüsse.

Er ist ein Allround-Kanal. Er kann ziemlich gefahrlos bei den verschiedenen Persönlichkeitstypen angewandt werden, im Gegensatz zum direktiven Kanal, der nur bei zwei von sechs Typen funktioniert (was nebenbei bemerkt erklärt, im wie hohem Maße ein zu direktiver Stil Gefahr läuft, daß sich der Großteil der Teammitglieder gegen seinen Manager auflehnt).

Allerdings ist der Kanal 3 eher zu vermeiden bei einem Macher, der ja ein Bedürfnis hat nach Aktion, und von daher auch nach klaren Anweisungen. Außerdem sieht Letzterer wenig Sinn darin, sich ausfragen zu lassen, wo es doch seiner Ansicht nach genügt, sich in die Aktion zu stürzen...

Kanal 4: Der fürsorgliche Kanal

Man benutzt diesen Kanal, um warmherzige Botschaften seitens des Unterstützers zu übermitteln. Dieser Kommunikationstyp zielt darauf ab, daß sich der Gesprächspartner wohl fühlt. Die Logiker und die Beharrer verschmähen diesen Kommunikationstyp, weil sie befürchten, es handle sich um überflüssige Schmeicheleien. Und es stimmt auch: Wenn die fürsorglichen Botschaften ohne Aufrichtigkeit gesendet werden, wird der Manipulationsversuch durch den Empfänger schnell aufgedeckt. Um wirksam zu sein, müssen sie aus dem Herzen kommen und der Realität entsprechen.

Dieser Kanal ist natürlich sehr wirksam bei den Empathikern, und auch fast nur mit diesen. Denn die anderen Persönlichkeitstypen finden ihn tendenziell dem Berufsleben eher unangemessen.

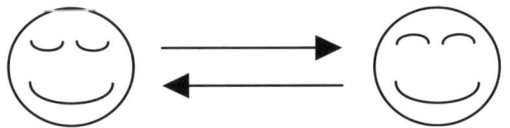

Angebot
Unterstützer
"Es freut mich, mit Ihnen zusammenzuarbeiten"
„Ich finde, wir leisten gute Arbeit, und in einer guten Atmosphäre."

Aufnahme des Angebots
Emotionaler
„Danke, das ist nett von Ihnen!""
(Lächeln)

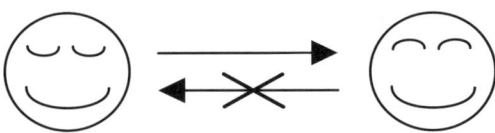

Angebot

Unterstützer
„Ihre Gesellschaft ist sehr angenehm"

Nicht-Annahme des Angebots
Emotionaler
(Schweigen) „Ja...
(zögerlich) Haben Sie den Bericht gelesen, den ich gestern abgeliefert habe? Ich denke, daß er Zahlen enthält, die für den Fortgang des Projekts wesentlich sind..."

„Sie haben wirklich eine hübsche
Krawatte?"

„Was, was ist los mit meiner
Krawatte?"
(Mißtrauischer Rebell)
Oder: „Jaja, 160 Emmchen!
Geh'n wir jetzt zum Treffen?"
(Ungeduldiger Macher)

Kanal 5: Der spielerische Kanal

Der spielerische Kanal ist der, wo die Emotionen sich ausdrücken und mitteilen. Er läßt jene Situationen entstehen, wo ein Team „von ganz alleine", auf spielerische Weise funktioniert. Was nicht bedeutet, daß die Arbeit nicht gemacht würde. Um ihn im beruflichen Rahmen zu benutzen, muß man nicht notwendigerweise den Clown spielen, man muß nur ein bißchen scherzen oder ganz einfach von etwas anderem als der Arbeit reden oder aber anregende Themen finden.

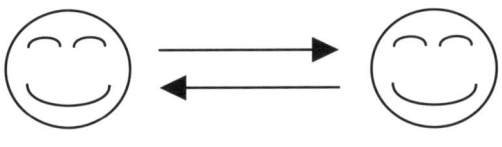

Angebot
Emotionaler
„Haben Sie diese Fotos für den
nächsten Katalog gesehen?"

Annahme des Angebots
Emotionaler
„Ah ja! Super! Genial,
nicht?"

Die Kunst der Kommunikation besteht also darin, den geeigneten Kanal zu benutzen, der den Inhalt passieren läßt.

Es handelt sich zunächst darum, sich in Kommunikation zu üben, indem man alle Anteile der Persönlichkeit zu Wort kommen läßt, einschließlich der weniger vertrauten. Des weiteren, wenn man sich in der Situation befindet, herauszufinden, welches der bevorzugte Modus des Gesprächspartners ist. Indem man ihm zuhört, indem man ihm einige Fragen stellt, mit denen man ganz schnell testen kann, auf welchen Typ von Formulierung er am leichtesten antwortet.

Die Kunst besteht zum Beispiel darin, ein Angebot auf den vier Haupt-kanälen zu machen und den mit der spontansten Antwort zu identifi-zieren. Diese Übung läßt einen auch schnell die unterschiedlichen Modi wieder ins Gedächtnis zurückrufen.

Direktiver Kanal: „Machen Sie mir eine Zusammenfassung des Vorgangs."
Informativer Kanal: „Wie viele Vorgänge haben Sie zu bearbei-ten?"
Fürsorglicher Kanal: „Wenn Sie Hilfe brauchen, stehen ich Ihnen zur Verfügung, um darüber zu sprechen."
Spielerischer Kanal: „Whow! Guten Morgen, Aktenhaufen! Kaffee gefällig?"

Anderes Beispiel aus einer Vater-Sohn-Beziehung:

Direktiver Kanal: „Beschreibe mir, was du zu tun hast."
Informativer Kanal: „Welche Arbeiten hast du heute abend?"
Fürsorglicher Kanal: „Ich mache dir ein Abendbrot, während du deine Hausaufgaben machst."
Spielerischer Kanal: „Schaut ja genial aus, deine Arbeit!"

Den Prozeß gestalten

Die Verschlechterung einer Beziehung, die Phantasien über das Nicht-gesagte geschieht häufig, weil die Kommunikation fehlt oder nicht an-gemessen ist. Der Logiker-Manager glaubt, seiner Sekretärin ein war-mes Kompliment zu machen, wenn er zu ihr sagt: „Sie haben diesen Monat Ihre Leistungen gesteigert." In Wirklichkeit und in ihrem Be-zugsrahmen betrachtet handelt es sich um eine Überlegung, die nahe-legt, daß ihr Chef in ihr nur eine Maschine sieht.

Was für das Reden gilt, gilt ebenso für die allgemeine Einstellung. Zum Beispiel lächeln ein Logiker oder ein Beharrer bei ihrem ersten Kontakt mit einem Fremden nur sehr selten und beschränken sich aufs Beobachten, um Informationen zu sammeln. Umgekehrt tendiert der Empathische zu übertriebenem Lächeln. Er nimmt den Logiker und den Beharrer häufig als kalt wahr und fühlt sich vielleicht durch diese

Kälte in Frage gestellt. Er könnte möglicherweise sogar voreilig schließen, man wertschätze ihn nicht, während sich für seine Gesprächspartner die Frage von Liebe oder persönlicher Achtung gar nicht stellt.

Eine junge Frau, mit der Basis Rebellin, erzählt, wie ihr Großvater
mit ihr ein großes Talent als „Kommunikator" bewies. Als sie klein
war, war er einer der wenigen, denen die Ruhmestat gelang, sie zum
Essen zu bewegen. Statt ihr „einen Löffel für Mama, einen Löffel für
Papa" vorzuschlagen, was sie nicht gerade begeisterte, zeichnete er ihr
jedesmal eine kleine Comic-Szene in den Kartoffelbrei. Sie schlang ihren Happen schnell hinab, um die Fortsetzung zu erfahren. Dieser
Großvater verstand es intuitiv, „den Prozeß zu gestalten".

Den Prozeß gestalten heißt, eine gute Beziehungsebene herzustellen,
bevor man sich über Fakten austauscht oder Anweisungen erteilt.
Hierfür genügt es, den bevorzugten Kanal der Person zu benutzen: was
der Großvater mit seinen Zeichnungen tat. Dieser Kanal gibt grünes
Licht. Wenn die Kommunikation erst einmal hergestellt ist, kann man
ihn auch wechseln. Vor allem im Berufsleben sollte die Mehrzahl der
Beziehungen aus produktiven Interaktionen bestehen, die einen Austausch auf dem informativen Kanal erfordern. Der jeweils passende
Prozeß gibt jedem die Möglichkeit, dorthin zu gelangen oder festzustellen, daß er sich dort wohl fühlt.

Manager sagen mitunter: „Ich habe nicht die Zeit, lange 'Prozeß zu
machen'." Sie verkennen dabei die Zeit, die sie verlieren, wenn sie ihn
nicht machen, die Zeit, die es braucht zu klären, warum etwas schief
läuft, dann die Zeit, wo sie mit den Resultaten unzufrieden sind, und
schließlich die Zeit, in der sie die Arbeit selbst noch einmal machen und
sich sagen: „Ich kann mich nur auf mich selber verlassen."

Zum Beispiel erklärt ein Manager jemandem etwas und sagt dann:
„Also, das erwarte ich von Ihnen. Haben Sie verstanden?" (Der
Logiker sagt eher: „Habe ich mich klar ausgedrückt?" und der Beharrer: „Haben Sie verstanden, was ich meine?") Die Person antwortet „Ja", aber es ist ein Ja der Über-Anpassung, um „lieb zu
sein" oder um „seine Ruhe zu haben". In Wirklichkeit hat sie nicht
verstanden. Sie wird nicht das tun, was der Manager von ihr erwartete. Dieser verspürt nun Frustration, denn er hat seine Zeit
mit Erklärungen verloren und bekam nicht das Resultat, mit dem

er rechnete. Dieser Situationstyp weist darauf hin, daß der Prozeß nicht gestaltet wurde, daß die Person sich also nicht in ihrem denkenden Personenanteil befand. Außerdem ist ja der Manager vom Typ Beharrer oder Logiker darum besorgt, es gut zu machen, und tendiert häufig zu Über-Detaillierung, denn er strebt nach Perfektion, was die Wahrnehmung der Botschaft durch den Gesprächspartner noch einmal kompliziert.

Den Prozeß zu gestalten, besteht kurz darin, den Gesprächspartner nicht ohne Umschweife anzugehen und dabei nur das zu berücksichtigen, was *uns* interessiert, und zwar in *unserer* Sprache. Sehr oft verlangen wir im Prinzip, daß unser Gesprächspartner sich anpaßt. Wir fordern ihn auf, auf unserer eigenen Wellenlänge zu kommunizieren, und die Ergebnisse sind unsicher. In einer Supervisionsgruppe erzählt ein Teilnehmer:

Eine meiner allerersten Anwendungen nach dem Seminar fand anläßlich des Umzugs meines Büros statt. Eines Morgens, während des Urlaubs, komme ich, um meine Kartons aufzuräumen. Eine Mitarbeiterin stürmt ins Büro, mit einer Mappe... und mit einem Problem. Völlig selbstverständlich, daß ich sie anschaue und zu ihr sage: 'Ich bin nicht da.' Sie begreift nicht. Ich wiederhole: 'Ich bin in Urlaub, also bin ich nicht da...' Ich sehe, wie sich Frustration auf ihrem Gesicht abzeichnet. Es stellt sich heraus, daß diese junge Frau sehr empathisch ist. Etwas, was ich schon immer gespürt hatte, was ich aber bisher noch nie exakt festmachen konnte. Als ich ihre Reaktion sah, begriff ich, daß ich genau die Antwort gewählt hatte, die ich ihr nicht geben durfte, und ich konnte meine Haltung berichtigen. Vor der Process Communication hätte ich mir gesagt: 'Jetzt hast du schon wieder eine Dummheit gemacht', ohne genau zu wissen, welche und was tun. Das sind Kleinigkeiten, aber das Leben in der Firma besteht aus solchen Kleinigkeiten."

Im folgenden Beispiel, dem Auszug aus einem Rollenspiel auf einem Seminar, ruft Bernhardt, ein Beharrer par excellence, seinen Mitarbeiter, der sich in der Phase Rebell befindet, zu sich und verlangt von ihm einige Erklärungen.

Bernhardt: „Guten Tag, ich habe Sie zu mir gebeten, um die Gründe zu erfahren, warum Sie den verlangten Bericht nicht abgeliefert haben." (Datenverarbeiter-Angebot, informative Kanal; beide bedeuten für einen Logiker nicht die Spur eines Problems.)

Klaus: „Jaa, der Bericht... Welcher Bericht?" (Der Rebell versucht, einige Sekunden Zeit zu gewinnen, seine Stirn liegt in Falten. Er gerät deutlich sichtbar in Stress und versucht zu begreifen. Ungefähr 1 bis 2 Sekunden später rötet sich Bernhardts Gesicht leicht. Man kann beobachten, daß der Blick starr wird, die Kiefer und die Fäuste verhärten sich ein wenig.)

Bernhardt: „Machen Sie nicht herum, Sie wissen ganz genau, wovon ich spreche." (Der Tonfall ist knapp und schroff, schließt Widerrede aus und läßt die Wahl zwischen Unterwerfung oder Entlassung. Natürlich hat sich Bernhardts Herzschlag beschleunigt, und er hat größte Lust, seinem Mitarbeiter an die Wolle zu gehen.)

Klaus (als käme er von weit her): „Ach ja, der Bericht Pinsel... Also, es ist nicht mein Fehler, ich konnte ihn nicht fertig machen, mit all den Sachen, die man mir aufgetragen hat..."

Bernhardt: „Wann werden Sie ihn beenden?" (Weiterhin der knappe und schroffe Tonfall.)

Klaus: „Weiß nicht... ich werde versuchen, ihn baldmöglichst fertigzubringen..."

Bernhardt: „Ihre Antwort akzeptiere ich nicht!" (Bernhardt hält sich gerade noch zurück, mit der Faust auf seinen Schreibtisch zu schlagen.) „Ich verlange ihn spätestens heute abend!"

Klaus: „Gut, einverstanden, ich werde es versuchen..."

Bernhardt: „Ich warte." (Im Innersten macht er sich keine Illusionen: Die Chance, diesen Bericht zu bekommen, ist sehr gering, und er sieht schon, wie er seinem ohnehin ausgefüllten Abendpensum auch noch diese Arbeit hinzufügen muß, die er seinen Vorgesetzten am nächsten Morgen präsentieren muß. Er fühlt sich frustriert und wütend und fühlt sich von seinen Vorgesetzten, die das Verhalten dieser Art von Individuen nicht sanktioniert, nicht unterstützt. Klaus seinerseits ist völlig demotiviert, fragt sich, wie er es

wohl anstellen könnte, um eine neue Stelle zu finden, und hat keinerlei Energie, diesen verdammten Bericht zu Ende zu bringen.)

Beim Studium des Rollenspiels begreift man, daß Bernhardt versucht
hat, mit Klaus so zu kommunizieren, als wäre dieser ein Logiker. Er
hat die ersten drei Sekunden der Unterredung nicht genutzt, um „den
Prozeß zu gestalten" und auf das Kontaktbedürfnis des Rebellen einzugehen (vergl. Abb. 4.1). Da er selbst unter Stress stand, nahm er
nicht wahr, daß sein Mitarbeiter den Kanal 3 nicht akzeptieren konnte,
weil sein Bedürfnis nicht befriedigt war (wenn unsere Bedürfnisse
nicht befriedigt sind, ist das, als wäre der Aufzug blockiert; wir können
nicht mehr zu unseren höher gelegenen Etagen gelangen). Was die
Manager Faulheit oder Böswilligkeit nennen, rührt häufig von diesem
Mangel an Befriedigung, der es dem Individuum nicht gestattet, zu Motivation und Effektivität zu gelangen.

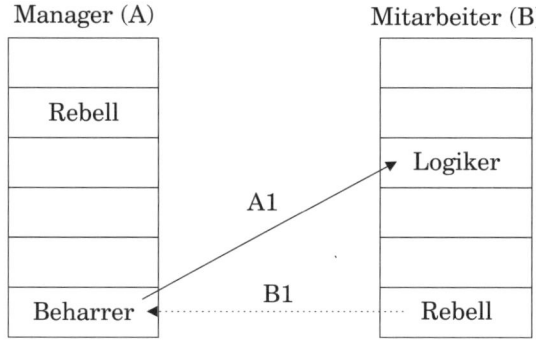

A1: Ohne Umschweife = kein Prozeß. A wendet sich direkt an die Etage
Logiker von B
B1: Die Antwort erfolgt in der Sprache des Rebellen = Miß-
Kommunikation

Abb. 4.1 – Den Prozeß handhaben – schlechte Strategie

Hier nun eine andere Version dieser Unterhaltung:

Bernhardt: „Guten Tag, wie geht's?"
Klaus: „Danke, gut."

Bernhardt: „Wollen Sie eine Tasse Kaffee?" (Der Tonfall ist direkt
und herzlich, Bernhardt ist entspannt und offen.) „Nun, Ihr Ten-
nisturnier, wie ist es gelaufen?"
Klaus: (erfreut mit einigen Worten.) „Es war super, ich war glän-
zend in Form."
Bernhardt: „Bravo! Können wir über den Bericht sprechen?"
Klaus: „Natürlich, fangen wir an..."
(In zwei Minuten hat Klaus die Probleme mit dem Bericht erklärt
und was an der Verspätung schuld ist. Sie versuchen gemeinsam,
das Problem zu lösen.)
Klaus: „Sie können sich auf mich verlassen, Sie haben ihn heute
abend auf Ihrem Schreibtisch..."
(Er geht zurück an die Arbeit. Bernhardt nimmt sich einen Augenblick Zeit, um die Befriedigung darüber, daß er das Problem
gelöst hat, zu genießen. Er ist sicher, daß Klaus gute Arbeit leisten
wird. Beruhigt macht er sich an seine Aufgabe, und zwar mit einem hervorragenden Energieniveau.)

Was ist in dieser neuen Version geschehen? Bernhardt hat sich auf
Klaus' bevorzugten Kanal eingestellt und hat dessen Kontaktbedürfnis
befriedigt. Auf diese Weise hat er seinen Mitarbeiter energetisch aufgeladen. Anschließend machte er ein Angebot auf dem informativen
Kanal, um zu beobachten, ob Klaus auf demselben Kanal antworten
würde: „Können wir über den Bericht sprechen?" „Natürlich, fangen
wir an." Keine Spur von Unentschlossenheit oder Überraschung seitens Klaus'. Er steht nicht unter Stress und akzeptiert das Angebot
Bernhardts auf Kanal 3. Beide verhandeln ausgehend von objektiven
Gegebenheiten auf diesem Kanal. Zum Schluß fühlen sich Bernhardt
und Klaus gleichermaßen für die Lösung des Problems zuständig. Sie
sind in einer gegenseitigen Gewinner-Gewinner-Haltung. (vergl. Abb.
4.2).

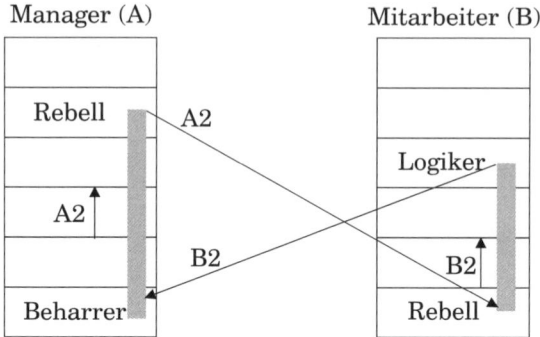

Manager (A) Mitarbeiter (B)

A2: A beginnt, indem er den Prozeß gestaltet. Er steigt auf seine Rebellen-Etage, um sich von hier aus an B zu wenden.

B2: B antwortet positiv. Er kann nun auf seine Etage Beharrer oder Logiker steigen, um das Problem zu behandeln.

Abb. 4.2 Den Prozeß gestalten – erfolgreiche Strategie

Obwohl er die besten Absichten der Welt hat, kann es vorkommen, daß
ein Manager genau das Gegenteil dessen ausdrückt, was er sagen wollte:

Einer unserer Kursteilnehmer, ein Empathiker, hatte einen um-
fangreichen Bericht abgefaßt, der ihm monatelange Arbeit abverlangt hatte. Nachdem er diesen Bericht einem Kollegen (Beharrer)
gezeigt hatte, bekam er zu hören: „Ich danke Ihnen, daß Sie mich
Ihren Bericht lesen ließen. Bevor Sie ihn in Umlauf bringen, empfehle ich Ihnen, die Fehler zu korrigieren; ich habe Ihnen eine
Aufstellung gemacht." Und der verbitterte Empathiker: „Kein an-
erkennendes Wort, er hat nur die Fehler gesehen, und er macht
sich einen Spaß daraus, sie zu unterstreichen, um mir zu bedeuten,
daß er mich verachtet." Während der andere gedacht hatte: „Wenn
dieser hervorragende Bericht mit Fehlern hinausgeht, dann ist das
schlecht für den Ruf meines Kollegen und für die Glaubwürdigkeit
des Ganzen. Leisten wir ihm also den Dienst, ihn zu korrigieren.
Das erwartet er schließlich ja auch von mir, wenn er mich nach
meiner Meinung fragt."

Auch wenn ein nicht angepaßter Kanal nicht zwangsläufig negatives Verhalten nach sich zieht (wenigstens nicht unmittelbar), so ruft er doch mit Sicherheit Desinteresse hervor. So langweilt sich ein Macher bei einer Unterhaltung, die sich um den Austausch politischer Ansichten dreht, in höchstem Maße. Wenn man hingegen von rasanten Aktionen und von Wettbewerb spricht, öffnet er sich und fühlt sich motiviert.

Im Falle einer Miß-Kommunikation (Konflikt, Unbehagen oder Passivität) kann man ganz leicht feststellen, in wie hohem Maße Kanäle Kanäle „anziehen". Wenn einer den passenden Kanal benutzt, ist es für seinen Gesprächspartner unmöglich, bei der Miß-Kommunikation zu verharren. Bei Seminaren löst diese Behauptung gewöhnlich Skepsis bei zahlreichen Teilnehmern aus. Wir schlagen ihnen dann ein Rollenspiel vor, bei dem sie Wut, Scham und Trauer spielen sollen. Und sie machen stets die Erfahrung, daß sie nach zwei, drei Wortwechseln auf dem passenden Kanal nicht mehr die abgesprochene Rolle spielen können, daß sie also aus der Miß-Kommunikation heraustreten. Zum Beispiel:

Ich finde das einen Skandal! Nie hört man mir zu...
Wollen Sie mir die Gründe für Ihren Ärger erklären?
Meine Gründe! Meine Gründe! Sie sind einfach, meine Gründe: Gestern habe ich darauf hingewiesen, wie groß unsere Verspätung ist und daß es unerläßlich ist, diese Situation unverzüglich mit unserem Kunden ins reine zu bringen...
Ich verstehe, daß Sie frustriert sind, weil man nicht auf Sie gehört hat. Es stimmt, daß Sie sehr eng mit diesem Vorgang befaßt waren. Jetzt... Würden Sie akzeptieren, diese Situation mit uns noch einmal zu betrachten, daß wir sie zum besten bringen können?
Ja, selbstverständlich...

Tabelle 4.2 faßt die Kanäle zusammen, die je nach Persönlichkeitstyp des Gesprächspartners zu benutzen und zu meiden sind.

Persönlichkeitstyp des Gesprächspartners	Zu benutzender Kanal	Zu vermeidender Kanal
Empathiker	fürsorglich (4)	direktiv (2)
Logiker	informativ (3)	direktiv (2)
Beharrer	informativ (3)	direktiv (2)
Träumer	direktiv (2)	fürsorglich (4)
Rebell	spielerisch (5)	direktiv (2)
Macher	direktiv (2)	informativ (3)

Die Zahl in Klammern ist die Nummer des Kommunikationskanals.

5

Die Miß-Kommunikation

„Es gab ein Mißverständnis, und
wenn Sie das Leben
nur ein bißchen kennen,
werden Sie darüber
nicht erstaunt sein."

ALBERT CAMUS

In der Kommunikation braucht es oft wenig, daß das Ganze gut oder schlecht läuft. Es ist das bekannte „falsche Wort zur falschen Zeit", das die Situation entgleisen läßt. Taibi Kahler wählte den Terminus „Miß-Kommunikation", um diese Erscheinungen von Unverständnis, Konflikt oder Passivität zu benennen, die im täglichen Leben so häufig sind. Nach seinen Beobachtungen wird die Miß-Kommunikation in zahlreichen Fällen verursacht durch fehlende positive Befriedigung der psychischen Bedürfnisse oder durch den Gebrauch eines unpassenden Kanals. Solche Situationen rufen negativen Stress hervor.

Unter Stress kann kein Mensch mehr klar denken. Seine Fähigkeit, Probleme zu lösen, ist vermindert, er tendiert dazu, die Dinge nicht so zu sehen, wie sie sind, sondern wie er glaubt, daß sie sind, und das, selbstverständlich, völlig unbewußt.

Wenn er in Beziehung mit einem Gesprächspartner ist, dann in einem negativen Modus, der möglicherweise nur noch einen weit entfernten Bezug zum vorgeblichen Ziel des Gesprächs hat. Deswegen der Terminus „Miß-Kommunikation".

Die aufgesetzte Maske ist eines der Hauptsignale von Miß-Kommunikation und Stress. Diese Masken lassen sich an der Veränderung des Gesichtsausdrucks erkennen. Zum Beispiel runzeln sich die Augenbrauen, die Falten werden deutlicher, das Gesicht kann einen schmerzlichen Ausdruck annehmen oder, im Gegenteil, versteinern. Immer wenn wir bei jemandem eine Maske wahrnehmen, können wir daraus schließen, daß er in Stress gerät und daß er, wenn der Stress sich steigert, gedanklich immer konfuser wird, den Kontakt mit der Realität verliert und das Geschehen gemäß seinen inneren Vorstellungen interpretiert. Beispiel:

A: „Können Sie mir die Gründe erklären, warum..."
B: „Ja ja, na klar! Ich weiß nämlich sehr wohl, was Sie sagen wollen. Sie glauben, es ist mein Fehler, daß..."
B steht unter Stress, er ist überzeugt, daß A versucht, ihn in die Enge zu treiben, und wird wahrscheinlich seinerseits versuchen, seine Verläßlichkeit zu beweisen, wobei er verkennt, daß A möglicherweise nur Information sucht.

Ein weiteres Charakteristikum von Stress-Verhaltensweisen ist, daß Masken ihrerseits Masken hervorrufen. Warum? Weil die zwei spontanen Reaktionen auf Masken-Verhalten Angriff sind oder Flucht. Das heißt ein weiteres Masken-Verhalten, dessen Ziel der Schutz der eigenen Person ist. Nehmen wir ein Beispiel:

Ludwig, der Logiker: „Ich muß Ihnen erklären, inwiefern die Antreiber eine wichtige Komponente sind, die unbedingt begriffen werden muß, und zwar sowohl hinsichtlich der Miß-Kommunikation als auch hinsichtlich der Kommunikation." Ludwig befindet sich in einem leichten Stadium der Detailbessenheit. Und Rita, die Rebellin, fängt an, die Stirn zu runzeln: „Wie?" Er fängt neu an: „Ja, ich habe gerade gesagt, daß... (er gibt die Information ein zweites Mal). Können Sie mir folgen?" „Naja, also, nicht ganz..." Ludwig beginnt von neuem, aber seine Ungeduld wird größer. Sein Logiker-Verhalten zusammen mit einer leichten Maske hat die Maske des Rebellen hervorgerufen.

Anderes Beispiel:

Eva, die Empathikerin, wendet sich an Mike, den Macher: „Alles in Ordnung? Brauchen Sie etwas?"
„Nein danke", antwortet Mike kurz angebunden. Gerade noch, daß er kurz aus den Papieren aufschaut.
Diese knappe Antwort bewirkt bei Eva, daß sie sich nicht anerkannt und geliebt fühlt. Es ist möglich, daß sie nachhakt, ohne sich dessen bewußt zu sein, um Anerkennung zu erhalten, oder daß sie beleidigt ist. Und daß Mike genervt ist, ohne zu begreifen, daß er wirklich sehr wenig Energie in die Beziehung investiert hat.

Es ist also wichtig, wachsam zu sein gegenüber den ersten sichtbaren Andeutungen und gegenüber der ersten Maske: Sobald der Prozeß zur Miß-Kommunikation tendiert, kann der Inhalt nur schwerlich vermittelt werden. Um wieder zu einem positiven Austausch zu kommen, geht es also darum, das non-verbale Verhalten zu entschlüsseln, um dann darauf funktional zu antworten. Die Kenntnis der Persönlichkeitstypen und der psychischen Bedürfnisse sowie die Benutzung unterschiedlicher Kommunikationskanäle sind drei Hilfsmittel, um dieses Ziel zu erreichen.

Taibi Kahler hat drei Grade der Miß-Kommunikation identifiziert. Der erste, der Antreiber, ist sozusagen der Türöffner. Für den zweiten Grad ist charakteristisch, daß Masken aufgesetzt werden: die des Angreifers, des Schuldzuweisers oder des Jammerers - und durch die Mißerfolgs-Mechanismen. Der dritte Grad heißt: „Maske des Verzweifelten" (siehe Abb. 5.1).

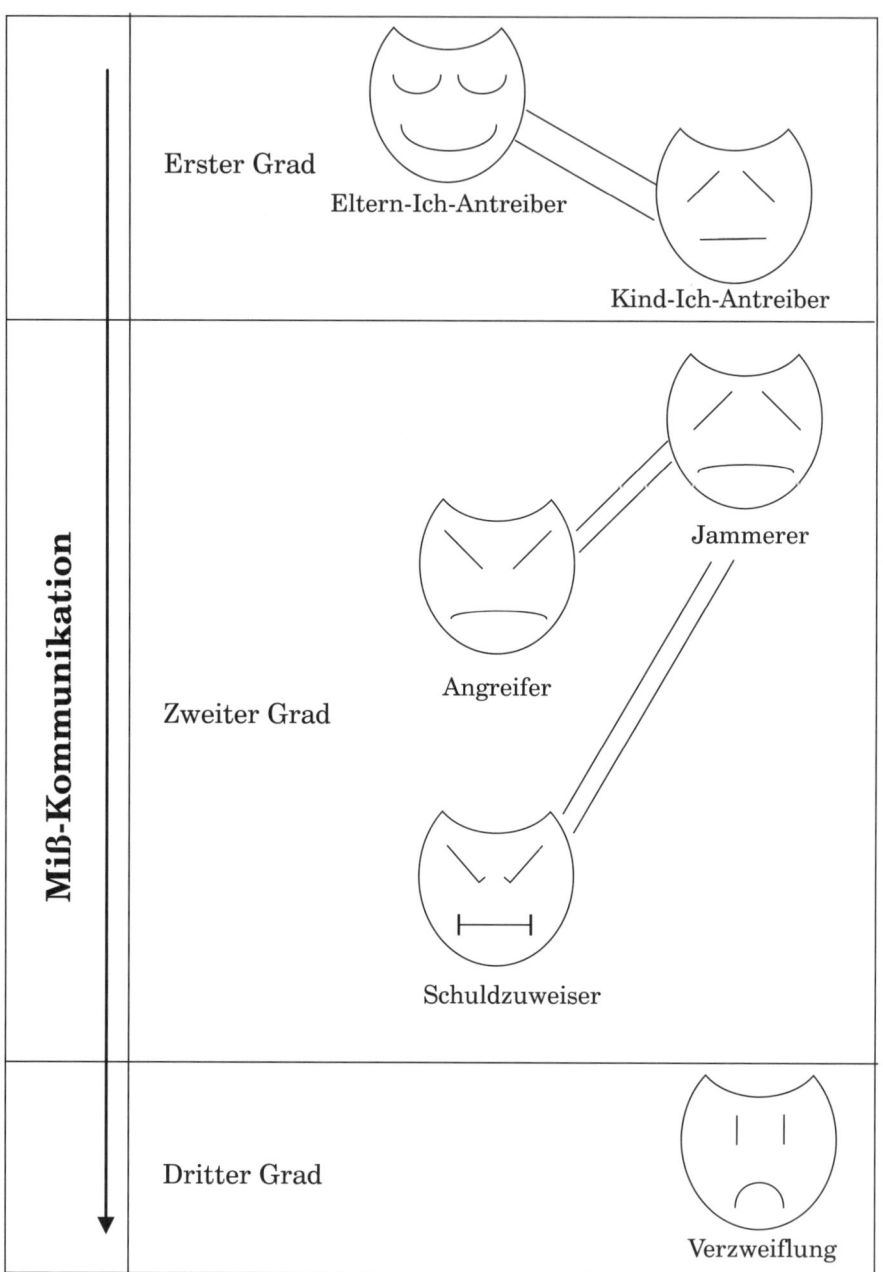

Abb. 5.1 Die drei Grade der Miß-Kommunikation

Erster Grad der Miß-Kommunikation:
Die Antreiber

Die Antreiber wirken in der Miß-Kommunikation als Türöffner. Es handelt sich um subtile, kaum wahrnehmbare Verhaltensweisen. Sie sind so etwas wie Blinker, die anzeigen, daß die Person unter negativen Stress gerät. Diese Antreiber stellen ein grundlegendes Problem dar, nämlich das Risiko des Abgleitens auf die zweite Stufe, wo der Betreffende sich dann tatsächlich in einem negativen Energiezustand wiederfindet.

Die Antreiber wurden in der Kindheit erlernt. Sie sind das Ergebnis frühzeitiger Versuche, bedingte Aufmerksamkeit seitens der Eltern zu erlangen.

Es gibt fünf Haupt-Antreiber: Mach's mir recht, Streng dich an, Sei stark, Sei perfekt und Beeil' dich. Jeder Persönlichkeitstyp ist in höherem Maße auf einen von ihnen spezialisiert, ausgenommen Beeil' dich, das keinem Persönlichkeitstyp spezifisch zu eigen ist.

Mach's mir recht – Antreiber des Empathikers

Wenn Florian, der reizende vierjährige Junge, wütend wird, kann es vorkommen, daß Mama das nicht besonders schätzt und ihn in sein Zimmer schickt: „Komm' wieder, wenn du dich beruhigt hast!" Auf der anderen Seite stellt er fest, daß die Haltung seiner Mutter grundlegend anders ist, wenn er „lieb ist".

Schlußfolgerung: Es liegt ihm alles daran, lieb zu sein und sich mehr auf das Zufriedenstellen der anderen Menschen zu konzentrieren als auf das, was er für sich selbst empfindet. Zum Beispiel verlangen die Erwachsenen von ihm, ein wenig mehr Fleisch zu essen, „für Papa", und ein wenig mehr Gemüse, „für Großmama". Anfangs kommt es ihm komisch vor, wegen anderer Personen zu essen, anstatt weil er Hunger hat, aber er gehorcht. Indem er diesen Verhaltenstyp wiederholt, lernt er, daß dies die wirksamste Art und Weise ist, positive Aufmerksamkeit zu erhalten, vor allem, wenn es ihm daran fehlt.

Einige Jahre später…: Florian ist heute neunundzwanzig. Er hat die Hotelschule absolviert, was seiner Basis als Empathiker sehr entgegenkommt: Die Empathiker lieben alles, was mit Nahrung zusammenhängt, ganz besonders und teilen dieses Vergnügen gerne mit anderen. Florian arbeitet in einem großen Restaurant. Er ist ein angenehmer

Typ: freundliches Lächeln, spontan, aufmerksam gegenüber den Bedürfnissen der Kunden. Seit einiger Zeit hat er Schwierigkeiten, denn das Restaurant hat sich auf Geschäftsleute als Kunden spezialisiert, die wenig geneigt sind, Zeichen der Anerkennung auszuteilen. Florian erklärt: „Ich fühle mich mit dieser Kundschaft nicht mehr wohl. Die Leute sind nicht nett, nicht liebenswürdig. Kurz, ich fühle mich nicht anerkannt... Während bisher alle Leute mich anlächelten und mich bei meinem Vornamen nannten, gibt es jetzt gerade noch ein knappes Danke... vielleicht, im besten Fall!"

Charakteristische Verhaltensweisen unter dem Einfluß des Mach's-mir-recht-Antreibers

Im ersten Grad von Stress tendiert Florian dazu, nicht direkt zu verlangen, was er braucht. Er äußert sich dann etwa folgendermaßen: „Könnte ich vielleicht einen Tag frei haben?" „Könnte ich vielleicht ein bißchen eher gehen?" „Das ist nicht wichtig. Wie Sie wollen." Es ist dann schwierig für ihn, nein zu sagen. Sein „Glaube" ist folgender: „Wenn ich zu jemandem nein sage, dann ist er frustriert und liebt mich nicht mehr." Ein von außen kommendes Nein interpretiert er auf die gleiche Weise: „Nein, ich liebe dich nicht." Erinnern wir uns daran, daß wir unter Stress aufhören, klar zu denken. Statt zu hören: „Nein, es gibt da ein Problem", empfängt der Empathiker dann: „Man liebt mich nicht."

Der Zwang, lieb zu sein, erschwert es ihm, Entscheidungen zu treffen (sich zu vergewissern, was alle ringsum wünschen, braucht Zeit), und läßt ihn sich unwohl fühlen, wenn jemand in seiner Umgebung unzufrieden ist.

Aus diesem Grund führen empathische Manager ihre Teams, indem sie versuchen, Konsens herzustellen, und legen Wert darauf, eine angenehme Atmosphäre zu schaffen. Da es ihnen in Konfliktsituationen nicht gut geht, verwenden sie ihre Energie darauf, diese zu vermeiden oder sie möglichst schnell zu lösen.

Sei stark – Antreiber des Träumers

Wenn sich Sebastian am Knie weh getan hat und er weint, sieht er sich durch einen großen Bruder und einen Papa abgewertet, die sagen: „Ein Mann weint nicht." Das ist das Modell des Sei stark, in dessen Gefolge das Kind lernt, seine Gefühle nicht mehr zu äußern. „Sei still", sagt man zu ihm, „das tut nicht weh", während er doch sehr wohl weiß, daß es ihm weh tut...

Einige Jahre später...: Sebastian ist heute siebenundzwanzig. Er ist bekannt als schweigsamer Einzelgänger. Gefühle äußert er nie. Seine Umgebung beschreibt ihn als hart im Nehmen. Er hat noch nie den *Swiss-Alpin* versäumt, der über 67 Kilometer geht und bis auf 2.700 Meter führt. Seine Hauptschwierigkeit? Es gelingt ihm nicht, sich an jemanden zu binden.

Er arbeitet an einer Tankstelle. Seit die Zapfsäulen automatisiert sind, kümmert er sich nur noch um die Kasse. An seiner Arbeit schätzt er, daß sie ihm nicht zu viel Konzentration abverlangt und daß er wenig Kontakt mit anderen hat. Er ist nie krank, und wenn er Schwierigkeiten hat, behilft er sich selbst.

Charakteristische Verhaltensweisen unter dem Einfluß des Sei-stark-Antreibers

Im Institut für Body-Building, das Sebastian besucht, ist sein Verhalten immer das gleiche. Er kommt herein, nickt dem Angestellten kurz zu und macht sich dann allein an die Geräte. Kein Kontakt, er redet mit niemandem. Um ihn herum sind die anderen Besucher, werfen sich ein paar Scherzworte zu, gehen ihrerseits die Geräte durch... Er scheint sie kaum zur Kenntnis zu nehmen. Wenn er fertig ist, geht er unter die Dusche, zieht sich an und geht, mit demselben knappen Kopfnicken wie zu Beginn. Wenn etwas nicht klappt, hat man den Eindruck, daß sich sein Gesicht verschließt. Es hat dann noch weniger Ausdruck als gewöhnlich; als habe er „das sinkende Schiff" bereits verlassen. Eines der charakteristischen Signale des Antreibers Sei-stark ist, „die Jalousien runterzulassen". Bei Familienfeiern zum Beispiel oder bei einer langen und lebhaften Versammlung kann man nicht selten sehen, wie Sebastian einen abwesenden Ausdruck annimmt, irgendwo anders hinschaut, kurz, sich innerlich zurückzieht. Man könnte sagen, daß der Sei-stark-Antreiber funktioniert wie das Signal zum Zapfenstreich: Für den Träumer ist es nun an der Zeit, sich hinter seinen Schutzschild zurückzuziehen, um Über-Stimulierung zu vermeiden.

Sei perfekt – Antreiber des Logikers

Bert arbeitet nicht gerne in der Schule. Vielmehr überhaupt nicht. Er langweilt sich. Natürlich macht sich das in den Noten bemerkbar. Wenn er sie zu Hause vorzeigt, sagt sein Vater nichts und wendet sich ganz einfach von ihm ab. Eines Tages bekam er, ohne zu wissen, wie ihm geschah, eine Drei im Rechnen. Zum ersten Mal... Als er es seinem Vater verkündete, passierte etwas Außergewöhnliches: Dieser nahm ihn in die Arme und sagte, daß er stolz auf ihn sei. Da machte er die Entdeckung, daß gute Schulnoten für ihn eine Möglichkeit waren, große Aufmerksamkeit von Papa zu bekommen. Um Aufmerksamkeit zu bekommen, muß man perfekt sein.

Einige Jahre später...: Bert ist fünfunddreißig. Er ist ein ausgezeichneter Bastler. Er erklärt: „Es ist unglaublich. Das ganze Zimmer war tadellos. Ich hatte eine sehr schöne und sehr teure Tapete ausgesucht und ich hatte die Anzahl der Rollen genau berechnet. Und da merkte ich, daß mir eine Stück fehlte, um ein Stück Innenfläche eines Wandschranks zu beziehen, das man überhaupt nicht sah. Stellen Sie sich vor: Ich mußte eine ganze Rolle kaufen! Und gleichzeitig war es mir nicht wohl dabei, denn ich sagte mir: 'Es ist doch idiotisch, so viel Geld für etwas auszugeben, was nie jemand sehen wird...' Und doch konnte ich nur so das Gefühl haben, wirklich fertig zu sein."

Bert darf sich keinen Fehler leisten. Letztendlich versteckt er lieber einen Fehler, als daß er ihn zugibt oder von seinem Chef hören muß, daß er sich getäuscht hat und daß er nicht perfekt war.

Charakteristisches Verhalten unter dem Einfluß des Sei-perfekt-Antreibers

Unter dem Einfluß seines Antreibers, neigt Bert zu verbaler Über-Genauigkeit, er macht Schachtelsätze und zögert oft lange, um ganz genau das treffende Wort zu finden, das seine Gedanken wiedergibt. Als Manager hat er möglicherweise Probleme mit dem Delegieren, denn er lebt im Glauben, daß er alles besser und schneller kann als die anderen. Und manchmal geht er sogar so weit, daß er sich sagt: „Um mich herum sind nur inkompetente Leute. Darum muß ich alles selber machen." Und die Mitarbeiter denken dann: „Nachdem er uns ja sowieso hinterherarbeitet, lohnt es sich nicht, sich den Kopf zu zerbrechen."

Streng dich an – Antreiber des Rebellen

Als Julia anfing, alleine zu essen, mochte es ihre Mutter nicht besonders, wenn Julia die Umgebung mit einer unglaublichen Mischung aus Gemüse und Yoghurt verzierte und so viel Zeit benötigte, um die drei Karotten zu verzehren, die ihrer Kreativität entronnen waren. Wenn andererseits Mama sich einmischte und ihrer Tochter half fertigzuessen, wenn sie also die Angelegenheit für Julia erledigte, entspannte sich die Atmosphäre. Julia begriff sehr schnell, daß es genügte zu versuchen, die Dinge zu machen, aber vor allem, sie nicht selbst zu machen, da ja Mama nicht zufrieden war, wenn ihre Tochter sie nicht brauchte und es auf ihre Weise machte. Wenn es heute irgendwie schwierig wird, braucht sie jemanden, der es ihr erklärt, der sich um sie kümmert, denn sie schafft es nicht ganz alleine: „Ich kapier' das nicht", sagt sie, und strengt sich an.

Einige Jahre später...: Heute ist Julia Netzwerk-Verwalterin in einem großen Staatsbetrieb. Sie liebt ihren Beruf, der ihr die Möglichkeit bietet, mit ihrem Computer zu spielen und gleichzeitig mit vielen Menschen in Kontakt zu sein. Andererseits ist es ihre Aufgabe, die Verbindung zwischen der Buchhaltung und der EDV-Abteilung herzustellen. Da die EDV-Abteilung von zahlreichen Rebellen bevölkert wird, geht es ihr hier recht gut. Ihr Chef ist ein Beharrer-Logiker. Seine Tendenz ist, Julia eine bestimmte Anzahl von Anweisungen hintereinander zu erklären, wobei er den informativen Kanal gebraucht: direkt, effektiv und klar, ohne Schnörkel. Julia legt dann die Stirn in Falten, sie kann nicht mehr klar denken, sie versteht gar nichts mehr. Sie runzelt die Augenbrauen und sagt: „Hä? Was?", was wiederum ihren Chef irritiert.

Charakteristische Verhaltensweisen unter dem Einfluß des Streng-dich-an-Antreibers

Als Heranwachsende sagte Julia oft: „Bah, mir reicht's, einfach ätzend, die Mathematik, ich schaff's nicht...", oder aber, mit einem Seufzer: „Das wächst mir über den Kopf", „Jaja, ich möchte schon gern meinen Geburtstag feiern, aber da muß ich alles organisieren, überlegen, wen ich alles einlade..."

Auf eine direkte Frage kann ein Rebell unter Stress folgendermaßen reagieren:

„Und was machen Sie so beruflich?"

– Hä?

– Ich möchte gerne wissen, was Sie für einen Beruf haben.

– Sie wollen was wissen?

– Was Ihr Beruf ist...

– Aber wenn Sie sagen, mein Beruf, was...

– Je nun, Ihre beruflichen Aktivitäten...

Der Streng-dich-an-Antreiber ruft beim Gegenüber eine Reaktion hervor. Nämlich, sich seinerseits anzustrengen. Man kann diesen Antreiber am nötigen Arbeitsaufwand erkennen. Bei den mit „öh" und „wie soll ich sagen" durchsetzten Sätzen hat man den Eindruck, daß „es nicht heraus will". Es kommt auch vor, daß der Streng-dich-an-Antreiber bestimmte „passiv-aggressive" Charakteristika aufweist. Dies ist der Fall in folgendem Vorstellungsgespräch:

„Ich ersehe aus Ihrem Lebenslauf, daß Sie einen Abschluß als Techniker gemacht haben"

– Ja.

– Sie sind ja unmittelbar bei Schmolz eingetreten. Und Sie sind dort drei Jahre geblieben. Weshalb sind Sie weggegangen? Sie geben das Motiv für Ihren Wechsel nicht an...

– Naja, eben so, um zu wechseln ...

– Um zu wechseln... und weiter?

– Das ist alles.

– Sie hatten Lust zu wechseln...

– Jaa.

– War das, um anderswo mehr Erfahrung zu erwerben, oder...

– Jaa.

– Welche Erfahrung?

– Halt die, die man mir anbieten würde...

– Gut. Also. Fahren wir fort. Im Anschluß sind Sie also bei Tronzmann eingetreten. Sie sind dort zehn Jahre geblieben. Während dieser Zeit haben Sie eine Menge unterschiedlicher Posten gehabt... Waren Sie es, der immer wieder zu wechseln wünschte?

– Das kommt drauf an...

– Auf was?

– Auf 'ne ganze Menge Sachen.

– Welche Sachen zum Beispiel?

– 'ne Menge Sachen, weiß nicht... Weiß nicht, wie ich's sagen soll...

In dieser Situation bemüht sich der Personalchef sehr, den Bewerber zum Sprechen zu bringen. Sein Gesprächspartner bringt ihn dazu, Energie zu verbrauchen. Und je mehr Energie er verbraucht, desto weniger erhält er an Informationen. Es ist, wie wenn sein Gesprächspartner ihm sagen würde: „Ich habe Lust darauf, daß du Energie aufwendest, denn so kümmerst du dich um mich..."

Kind-Ich-Antreiber – Eltern-Ich-Antreiber

Die vier Antreiber, die wir gerade gesehen haben, sind Kind-Ich-Antreiber. Das heißt, sie drücken folgende Grundeinstellung aus: „Du bist okay; und ich bin okay, wenn...". Es handelt sich um eine „bedingte Plus-Position", nämlich: „Ich bin okay unter der Bedingung, daß ich lieb bin und anderen recht mache, daß ich mich anstrenge, usw.". Wenn der Betreffende diese Bedingung nicht erfüllt, verspürt er ein Unbehagen (für einen selbst ein treffendes Indiz, um seine eigenen Antreiber zu erkennen):

- Der Empathiker: „Ich muß lieb sein. Wenn ich zu jemandem nein sage, verspüre ich ein Unbehagen bei der Vorstellung, ihm mißfallen zu haben."
- Der Logiker: „Ich muß perfekt sein. Ich fühle mich unwohl, wenn ich das Büro verlasse, ohne den Vorgang perfekt abgeschlossen zu haben."
- Der Rebell: „Ich muß mich anstrengen. Ich verspüre eine große Müdigkeit, wenn ich den Eindruck habe, ich verausgabe meine Energie, und es kommt nichts dabei heraus."
- Der Träumer: „Ich muß stark sein. Ich fühle mich nicht wohl mit meinen Gefühlen und ich sage mir, auf jeden Fall bin ich allein und kann mich nur auf mich selbst verlassen."

Das verspürte Unbehagen rührt daher, daß der Betreffende sich nicht an die Forderungen der elterlichen Vorschrift hält.

Die zwei verbleibenden Persönlichkeitstypen, das heißt der Beharrer und der Macher, reagieren gemäß den Eltern-Ich-Antreibern: Sei du perfekt und Sei du stark. Ihre Grundeinstellung ist die folgende: „Ich bin okay; und du bist okay, wenn..." Was sie von sich selbst verlangen, verlangen sie in gleicher Weise von den anderen und lassen es sie wissen.

Sei du stark – Eltern-Ich-Antreiber des Machers

Julius ist ein Junge, der sehr früh gelernt hat, sich selbst zurechtzufinden. Seine Eltern waren überzeugt, daß er auf diese Weise besser für das Leben gerüstet sei. Er hat gelernt: Um zu überleben und sich in seiner nicht immer einfachen Umgebung anzupassen, muß man stark sein. Ebenfalls sehr bald hat er gelernt, die Leute so zu betrachten, als seien sie ebenfalls stark. Und das nennen wir den Sei-du-stark-Antreiber, das heißt, daß die betreffende Person nicht nur von sich selbst Stärke und Autonomie fordert, sondern auch von den anderen.

Einige Jahre später...: Julius ist verantwortlich für eine Verkäufer-Mannschaft. Er hat einen Horror vor Abhängigen. Was die Schwierigkeiten erklärt, auf die er im Umgang mit den Empathikern trifft, die lieb sein wollen, um geliebt zu werden. Er erlebt das wie eine Bedrohung und tendiert dazu, seinen Gesprächspartner „ins eigene Spielfeld zurückzuschicken", wie er selber sagt.

Charakteristische Verhaltensweisen unter dem Einfluß des Sei-du-stark-Antreibers

Sätze vom Typ Julius sind Botschaften auf der Grundlage von: „Finden Sie sich ohne mich zurecht... Sie müssen nur die Gebrauchsanweisung lesen..." Der Sei-du-stark-Typ begründet mit seinen Gesprächspartnern Beziehungen, die auf Herausforderung beruhen. Julius tendiert dazu, sein Team nach dem Prinzip „Jeder für sich" zu managen und den Mitarbeitern, die Hilfe brauchen, diese zu verweigern. „Hören Sie mir gut zu, ich habe es alleine zu etwas gebracht, ich habe niemanden dazu gebraucht, wenn Sie also mit mir das „Wir-zwei-beide-Spielchen" spielen wollen, vergessen Sie's. In meinem Team gibt es keine Nieten...„ Typischer Ausspruch eines Machers: „Bei mir gibt's nur Kerle, echte Kerle", und, an die Frauen gewandt: „Und ihr, Mädels, wenn ihr in meinem Team seid, dann nur, ums wie die Kerle zu machen.!" (Sie haben hier natürlich gleich festgestellt, daß es sich um das Verhalten eines „harten" Machers handelt.)

Auf einer anderen sprachlichen Ebene bot uns eine charmante 84jährige Dame unabsichtlich die Illustration eines wunderbaren Sei-du-stark-Antreibers. Ihr Leben war eine einzige Folge von Abenteuern und von Risiken, die für eine Frau ihrer Zeit eigentlich unvorstellbar waren. Als wir sie baten, uns von ihren Ängsten zu erzählen, betrachtete sie uns ruhig und antwortete: „Angst? Ich hatte nie Angst. Ich weiß nicht, was das ist. Seit meiner Kindheit habe ich nie mehr welche verspürt. Als ich klein war, schickte mich mein Vater öfters spät abends in den Garten, um irgendwelche vergessenen Geräte zu holen… Ich hatte dann große Angst, sagte aber nichts. Und mein Vater sagte zu mir: 'Das ist gut, du bist stark, du bist das Mädchen und der Junge, die ich haben wollte, beide gleichzeitig. Du bist meiner würdig'. Da habe ich gelernt: Um von meinem Vater geliebt zu werden, mußte ich stark sein."

Sei du perfekt – Eltern-Ich-Antreiber des Beharrers

Schon als kleines Mädchen hatte Laura den Glauben, es sei ihre Aufgabe, dafür zu sorgen, daß die Leute ernsthaft und verantwortlich waren. Sie erweckte den Eindruck eines Kindes, das zu schnell „groß" geworden ist. Mit sieben Jahren, wenn sie mit ihrer Puppe spielte, hielt sie ihr richtiggehende Vorträge in einem sehr elternhaften Tonfall. Als Heranwachsende verlangte sie, daß ihre kleine Schwester sauber war, daß sie gut aß usw. Kurz, sie spielte bereits die Mama und übte Druck auf ihre Schwester aus, sie müsse perfekt sein.

Einige Jahre später…: Laura ist Pflegedienst-Leitung in einer Klinik. Sie wird als eher kalt und sehr fordernd angesehen. Eine, die nie lächelt. Die Rebellin vom Dienst sagt immer: „Volle Deckung, Polizei im Anmarsch!" Sie regt sich ganz schnell auf, wenn in den Krankenzimmern nicht alles tadellos aufgeräumt ist. Wenn die Dinge nicht so gemacht werden, wie sie es sich vorstellt. Sie hat eine sehr hohe Meinung von ihrem Beruf und von der Art und Weise, wie die Angelegenheiten im Rahmen eines Krankenhauses durchgeführt werden müssen.

Charakteristische Verhaltensweisen unter dem Einfluß des Sei-du-perfekt-Antreibers

„Ich möchte, daß du mir die wesentlichen Vorzüge zusammenstellst, die du bei diesem Modell findest, indem du sowohl die durchgeführten Maßnahmen als auch deine konkrete Erfahrung und deinen Background berücksichtigst, nicht zu vergessen natürlich deine jüngste Fortbildung. Ich höre."

Diese Ausdrucksweise ist bei Laura „natürlich". Der so Angesprochene fühlt sich hinsichtlich der Antwort zum Perfektionismus gezwungen.

Resultat: Dem Empathiker verschwimmt es vor den Augen, der Rebell hat gerade für sich entschieden, daß man chinesisch mit ihm geredet hat, der Logiker hat seinen inneren Computer auf Turbo geschaltet, der Träumer speichert alles und bereitet sich auf einen Vortrag vor, und der Macher hat bereits alles vergessen.

Andere charakteristische Vorgehensweise des Sei-du-perfekt-Antreibers: drei Fragen gleichzeitig zu stellen. Ebenso die schon beim Beharrer angeschnittene Tendenz, das festzuhalten, was nicht läuft, und nicht das, was gut läuft: „Hören Sie, meine Herren, im Ernst, es ist nicht nötig, daß wir unseren Mitarbeitern sagen, daß sie ihre Arbeit gut machen. Dafür werden sie bezahlt, und das ist das wenigste, was wir erwarten können. Auf der anderen Seite geht es nicht an, auch nur das geringste Problem durchgehen zu lassen, wo kämen wir sonst hin?" Bei den Mitarbeitern ruft diese Art Verhalten Reaktionen folgender Art hervor: „Mein Chef sagt mir nie, was gut läuft, aber wenn irgendein Ding nicht läuft, reibt er es mir unter die Nase."

Eine Familiengeschichte kann diesen Sei-du-perfekt-Antreiber illustrieren: Tag der Zeugnisausgabe. Papa ist Beharrer, sein Sohn ist Logiker (in diesem Zusammenhang hat man festgestellt, daß die Beharrer häufig unter ihren Kindern einen kleinen Logiker und einen kleinen Rebellen haben...). Im Zeugnis sieht Papa Beharrer nur Dreien und eine Vier. Zu den Dreien sagt er nichts, aber er zeigt auf die Vier: „Mein Sohn, wo liegt das Problem?" Andere Szene, diesmal aus dem Eheleben: Die Frau gab sich Mühe, ein gutes Essen hinzustellen. „Ist es gut, Liebling?" fragt sie ihren Mann und wünscht sich ein wenig Anerkennung. Er, eiskalt: „Solange ich nichts sage, ist es gut."

Wenn man Laura aufmerksam zuhört, stellt man fest, daß sie viele Sachen vom Negativen her formuliert: „Was Sie da gemacht haben, ist nicht schlecht" (soll heißen, daß es sich um eine gute Leistung handelt). „Was Sie da sagen, ist nicht uninteressant" (soll heißen, es ist eine gute Idee). „Dieses Essen ist nicht schlecht", usw. Kurz, wenn sie zum Schluß sagt: „Es gibt nichts zu sagen" (manchmal mit einem leichten Bedauern in der Stimme), dann verstehen Sie es so, daß die gelieferte Arbeit perfekt war...

Beeil' dich, ein sekundärer Antreiber

Beeil' dich ist ein sekundärer Antreiber, aufgrund dessen man die Phase eines Menschen nicht identifizieren kann. Beim Kind-Ich-Antreiber Beeil' dich fühlt sich die Person gezwungen, sich zu beeilen (so die überlastete Hausfrau und Mutter, die mehrere Sachen gleichzeitig macht und nicht aufhört zu rennen).

Beim Eltern-Ich-Antreiber Beeil' dich erwartet der Betreffende von den anderen, daß sie sich beeilen. Bei manchen Radiosendungen bekommen die telephonierenden Zuhörer häufig zu hören: „Jetzt sind Sie dran zu reden, wir hören, ja, also, legen Sie los..." Der Tonfall der Stimme fordert den Zuhörer auf, sich zu beeilen.

Ein Antreiber geht, aber zwei Antreiber ...

Als Erwachsener unter Stress neigt der Mensch dazu, die Verhaltensweisen zu reproduzieren, die er in der Kindheit gelernt hat. Das Problem ist, daß das gewöhnlich nicht mehr funktioniert. Was mit den Eltern wirksam war, ist es meist nicht im Hier-und-Jetzt. Wir haben gesehen, daß die Antreiber als „Einstieg" in den Prozeß der Miß-Kommunikation dienen. Sie zeigen sich extrem schnell und kurz, und oft dutzende Male im Verlauf einer ganz normalen Unterhaltung. Mehrere Antreiber können im selben Satz aufeinander folgen. Denn selbst wenn ein Mensch hauptsächlich den Antreiber zeigt, der seiner Phase entspricht, so kommt es doch nicht selten vor, daß zwei oder drei andere ihm auch vertraut sind. Dann kommt etwa folgendes dabei heraus:

„Wenn Sie auch wollen (Sei lieb), dann wünsche ich, bei dem aktuellen Stand der Dinge (Sei perfekt)...";
oder aber:
„Ich will damit sagen... also, ich hätte sehr gerne... äh, wie soll ich sagen... äh... (Streng dich an) Ihnen ein klares, konkretes, präzises und nachprüfbares Beispiel gegeben (Sei perfekt)..."

Aber die wirklichen Schwierigkeiten kommen dann, wenn jemand auf die zweite Stufe der Miß-Kommunikation wechselt. Wenn man gegenüber den Antreibern aufmerksam ist, erhält man wertvolle Informationen zu den psychischen Bedürfnissen und kann diese Eskalation des

Stress' vermeiden. Im Folgenden das Beispiel eines Alltagsdialogs, der von Antreibern strotzt:

Eva (Empathikerin) und Bernhardt (Beharrer) müssen am Samstag Morgen gemeinsam wegfahren. Eva ruft Bernhardt an, um ein Treffen zu vereinbaren. Bernhardt kommt gerade von einer außerordentlich unangenehmen Sitzung zurück. Er steht unter Stress. Bei der folgenden Partie haben beide den gleichen Vorteil: Sie kennen Process Communication.

Eva: „Ich habe einen sehr schweren Koffer. Könntest du mich abholen?" (Sie wohnen drei Straßen voneinander entfernt.)

Bernhardt (barscher Ton): „Ah... Das heißt... Wenn ich bei dir vorbeikomme, mache ich einen Umweg. Und außerdem sind wir knapp in der Zeit. Und ich muß noch andere Erledigungen vorher machen... Das ist wirklich nicht besonders vernünftig..."

Eva (verunsichert): „Ja, gut... ja, vielleicht..."

Bernhardt besinnt sich: „Also nein, das ist ja idiotisch. Ich komme vorbei, auf fünf Minuten mehr kommt es nicht an..."

Eva (läßt ihn nicht ausreden): „Nämlich, verstehst du, mein Koffer ist wirklich schwer, also hab' ich mir gedacht..."

Bernhardt: „Also hör' mir doch zu, wenn ich mit dir rede! Ich habe gerade gesagt, daß es okay ist. Du mußt dich nicht rechtfertigen."

Die Lautstärke ist mit einem Schlag gestiegen. Eva, die über einen guten Anteil Rebell verfügt, kommt mit dessen Hilfe aus dem Empathiker-Stress heraus (sie kann das, weil sie genügend Vertrauen in Bernhardt hat) und ruft spöttisch aus:

„Ich rechtfertige mich, wann ich will, so! Punkt!"

Bernhardt lacht schallend. Plötzlich ist ihm die Situation bewußt geworden, und er schlußfolgert: „Was täte man nicht alles, um zu bekommen, was man braucht!" Für ihn versteht es sich, daß beide Protagonisten jeweils ihr psychisches Bedürfnis zu befriedigen suchten: Eva ihr Bedürfnis nach Anerkennung; Bernhardt zunächst sein Bedürfnis, die Dinge nach seinem Verständnis zu organisieren, und in der Folge das, schnell verstanden und mit seiner Überlegung anerkannt zu werden.

Die Antreiber erkennen

Die Antreiber, die bei diesem Wortwechsel am Werk sind, sind leicht zu identifizieren: „Könntest du…“: Antreiber Mach's mir recht; „Wir sind knapp in der Zeit" (barscher Ton): Antreiber Sei du perfekt und Beeil' dich; „Das ist idiotisch" (barscher Ton und ein wenig aufgebracht): Antreiber Sei du perfekt; „Verstehst du…“: Antreiber Mach's mir recht; „Hör mir zu, wenn ich mit dir rede. Du mußt dich nicht…“: Antreiber Sei du perfekt.

Nach dem ersten Teil des Wortwechsels werden sich die Gesprächspartner der Situation bewußt und „steigen in andere Kommunikationsetagen": Eva in ihre Rebellen-Etage, Bernhardt in die des „positiven Beharrers", der eine schnelle und zutreffende Zusammenfassung der Situation liefern kann.

Man kann die Antreiber nicht nur anhand der Wörter und Sätze ausmachen, sondern indem man auch den Tonfall berücksichtigt. Befindet man sich der Person gegenüber, liefert auch der Gesichtsausdruck wertvolle Informationen.

Die simple Tatsache, daß man die Stress-Signale kennt, befähigt bereits dazu, die Situation zu entdramatisieren, was das Beispiel eines Firmenchefs bezeugt:

Ich habe etwas herausgefunden, was ich ganz außergewöhnlich finde: Wenn man den anderen versteht, braucht man sich durch seinen Stress nicht mehr angegriffen zu fühlen. Process Communication wirkt wie ein Filter, so daß man sich nicht mehr verletzt fühlt und daher auch kein Bedürfnis zum Gegenschlag hat. Das entdramatisiert viele Situationen. Ich hatte einmal eine Zeitlang einen Mitarbeiter, der Beharrer war… und zwar noch schlimmer als ich! Wahrscheinlich hätten wir ohne ein analytisches Instrumentarium enorme Schwierigkeiten gehabt, miteinander zu kommunizieren. Er war seit zwanzig Jahren in der Branche tätig und hatte sich eine gehörige Zahl an Überzeugungen zurechtgezimmert. Obwohl ich jünger war, hatte ich sehr wohl auch die meinen! Die grundsätzliche Frage lautete folgendermaßen: „Soll jeder bei seinen Überzeugungen bleiben oder gehen wir uns gegenseitig an den Kragen?" Tatsächlich behielten wir beide einen guten Teil unserer Überzeugungen bei, aber wir fanden eine gemeinsame Verständigungsbasis, und ich glaube, daß wir uns gegenseitig bereichert haben. Das wäre uns nicht gelungen, wenn wir nicht diese gemeinsame Sprache gehabt hätten.

Anderes Beispiel: Meine Assistentin ist eine wunderbare Rebellin. Stellen Sie sich vor, ein Beharrer und eine Rebellin! Und alles läuft sehr gut. Ich glaube, Process Communication befähigt jeden, im beruflichen Rahmen das Beste aus dem anderen herauszuholen. Wenn sich mit meiner Assistentin die Atmosphäre auflädt, sage ich gelegentlich zu ihr: „Okay, jetzt hatte ich es gerade mit der Rebellin zu tun... Darf ich jetzt auch den Logiker sehen?" In dem Moment müssen wir beide lachen, da kann man hervorragend Dampf ablassen und wir können wieder effektiv arbeiten.

Tabelle 5.1 stellt die verschiedenen Persönlichkeitstypen und die dazugehörigen Antreiber vor.

Zweite Stufe der Miß-Kommunikation: Masken und Mißerfolgs-Mechanismen

Wir haben gesehen, daß die Antreiber die erste Erscheinungsform sind, um auf negative Weise die Befriedigung der psychischen Bedürfnisse zu erlangen.

Wenn diese Bedürfnisse dann immer noch nicht befriedigt sind, geht der Betreffende auf die zweite Stufe der Miß-Kommunikation. Die erste Stufe ist kaum wahrnehmbar, die zweite jedoch springt in die Augen: Die Stimmführung ändert sich, ebenso wie der Gesichtsausdruck. Die emotionale Belastung ist beträchtlich, während sie auf der ersten Stufe noch nicht existiert. Die Person trägt eine mühelos zu identifizierende Maske, die je nach Persönlichkeitstyp variiert: Maske des Angreifers bei den Beharrern und den Logikern, die des Schuldzuweisers bei den Rebellen und Machern, die des Jammerers bei den Empathikern und den Träumern.

Auf der zweiten Stufe der Miß-Kommunikation scheint der Inhalt des Gesprächs am wichtigsten zu sein, während die Protagonisten in Wirklichkeit versuchen, und zwar ohne sich dessen bewußt zu sein, die Befriedigung ihres Bedürfnisses zu erhalten. Wer eine Maske zweiten Grades trägt, hat ganz einfach „Hunger":

Typ	Antreiber	Körperhaltung	Verhalten	Was tun?
Empathiker	Mach's anderen recht	Hochgezogene Augenbrauen. Hängende Schultern. Kopf nach vorne gebeugt. Kopfnicken mit eingezogenem Kinn.	Wörter: „vielleicht", „ein bißchen", „weißt du". Ängstliche Stimme, die sich zum Satzende hebt. Überangepaßt, vermeidet Entscheidungen. Tendenz, sich schon fast exhibitionistisch selbst abzuwerten.	Gebrauch des fürsorglichen Kanals. Wärme, Verständnis und wohlwollende Haltung zeigen.
Logiker	Sei perfekt	Knappe Gesten mit den Fingern oder Händen. Beherrschter Körperausdruck.	Macht zu viel. Komplizierte Sätze. Übergenau, delegiert nicht mehr. Gemessener Tonfall.	Gebrauch des informativen Kanals. Das Wissen und die Kompetenz anerkennen.
Rebell	Streng dich an	Verkrampftes Gesicht mit schmerzlichem Ausdruck. Starre Geballte Fäuste. Beugt sich mit dem Oberkörper nach vorne.	Müde Stimme. Bringt seine Sätze nicht zu Ende. Antwortet nicht direkt auf Fragen. Stellt selber keine klaren Fragen. Fühlt sich durch die Situation überfordert und bringt die anderen dazu, für ihn zu handeln. Delegiert in unangemessener Weise, ohne genügend Anweisungen zu geben.	Gebrauch des spielerischen Kanals. Scherzen, Humor zeigen oder einen „Break" machen
Träumer	Sei stark	Kalter, unerschütterlicher Gesichtsausdruck. Starre Haltung, wenig Gesten, außer zum Beispiel den Finger am Kinn.	Eintönige Stimme. Ausdrücke: „Es kommt mir gerade, daß", „Es passiert mir, daß", „Das bereitet mir Unbehagen".	Gebrauch des direkten Kanals. Verhaltensanweisungen. Beispiel: „Legen Sie mir den Bericht vor!" „Machen Sie mir eine Zusammenfassung!"
Beharrer	Sei du perfekt	Beherrschte, präzise Gesten. Steife Haltung. Durchdringender Blick, vorgestrecktes Kinn.	Gebraucht komplizierte Wörter. Übergenau, stellt viele Fragen hintereinander, oft in anklagendem Ton. Kritisiert, legt den Schwerpunkt auf das, was nicht funktioniert.	Gebrauch des informativen Kanals. Anerkennung des hohen Anforderungsniveaus und Hinführen der Aufmerksamkeit auf die positiven Aspekte.
Macher	Sei du stark	Mechanische Gesten. Ruhige, zurückgenommene Haltung. Unbewegliches, kaltes Gesicht.	Monotone Stimme. Läßt die anderen „fallen". liegen. Reagiert verärgert auf Unfähigkeit.	Gebrauch des direkten Kanals. Wettbewerbssituationen, Herausforderungen, Risiken.

Abb. 5.1 – Persönlichkeitstypen und Antreiber

Bei einer Arbeitsbesprechung denkt sich Eva, die Empathikerin: „Niemand beachtet mich hier." Ihr Verhalten: Sie meldet sich mit unsicherer Stimme zu Wort: „Ich weiß nicht, ob ich möglicherweise eine Dummheit sage, aber vielleicht könnte man..." Was des öfteren eine verärgerte Antwort folgender Art auslöst: „Ja ja, schon gut, wir können jetzt damit keine Zeit verlieren."

Ausgehend von dieser Maske zweiten Grades lebt die betreffende Person ihren Mißerfolgs-Mechanismus aus, sprich eine Folge von Verhaltensweisen, die es ihr ermöglichen, negative Befriedigung des Bedürfnisses einzuholen, und zwar auf Kosten ihrer beruflichen oder familiären Situation oder ihrer freundschaftlichen Beziehungen. Zum Beispiel: Man macht dumme Fehler – und wird zurückgewiesen; man drängt den anderen seine Glaubenssätze auf – und provoziert heftigen Widerspruch in der Umgebung; man bleibt in einer passiven Erwartungshaltung – und ist schließlich völlig isoliert, und keiner richtet mehr das Wort an einen.

Bei jedem Persönlichkeitstyp findet man die gleichen Charakteristika wie unter normalem Druck, aber nun treiben sie auf ihren kritischen Höhepunkt zu. Der Logiker, dessen Leben sich im Denken abspielt, greift auf der Ebene des Denkens an, des Intellekts, der Kompetenz; der Beharrer benutzt die Ansichten und Themen, die ihm teuer sind: Moral, Engagement usw. Der Empathiker tut alles – und das Gegenteil davon –, um akzeptiert zu werden, der Rebell läßt den Konflikt eskalieren, um seine Dosis Kontakt zu bekommen, der Macher findet es aufregend zu manipulieren, und der Träumer schneidet die Verbindungen ab, die ihn mit der Außenwelt verbinden.

Die Maske des Angreifers

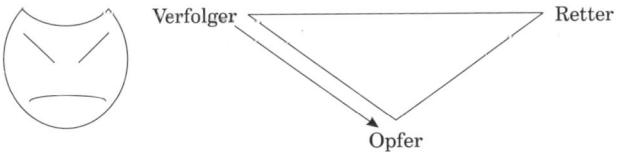

Sie ist die Maske der Beharrer und der Logiker. Sie entspricht der Rolle des Verfolgers im Drama-Dreieck.

Der Logiker: „Der Oberfeldwebel ist wieder da."

Im Stress zweiten Grades ärgert sich der Logiker darüber, daß der andere weder intelligent noch kompetent genug ist und daß er nichts kapiert. Er greift auf der intellektuellen Ebene an und/oder bewegt sich im Bereich Ordnung und Geldfragen: „Räumen Sie mir mal diesen Kramladen auf!" „Kinderspielsachen gehören nicht auf den Wohnzimmerteppich, sondern ins Kinderzimmer!" „Haben Sie schon einmal etwas von einem Finanzplan gehört?" „Sie sind dumm!"

Ludwig kommt abends nach Hause. Der Tag hat ihn erschöpft, er ist unzufrieden mit der Qualität des Berichts, den er Bernhardt, seinem Vorgesetzten, gerade abgeliefert hat. Dieser war ebenfalls sehr beschäftigt und nahm sich kaum die Zeit, einen Blick hineinzuwerfen, bevor er ihn auf einen Stapel mit dringenden Angelegenheiten legte. Ludwig hat sich den ganzen Tag zusammengenommen, aber als er heim kommt, wird es ihm zuviel: Sachen liegen auf der Truhe im Eingang herum, und das Abendessen ist nicht fertig. „Ich konnte nicht anders", erzählt er später, „ ich habe mich mit allen angelegt, ich war sehr wütend."

Nicht selten beweisen Logiker im Büro recht gute Selbstbeherrschung, während sie zu Hause mehr oder weniger brüsk „Dampf ablassen". „Wir haben es ruhiger, wenn du arbeitest, Papa.", oder aber: „Immer wenn du heim kommst, schreist du herum..." muß sich der gestresste Logiker sagen lassen, was natürlich nichts löst.

Auf der zweiten Stufe der Miß-Kommunikation treffen wir dann auf den Mißerfolgs-Mechanismus, der beim Logiker in Über-Kontrolle besteht. „Der Oberfeldwebel ist wieder da", neckte die Gattin eines Leitenden Angestellten, als dieser einigermaßen genervt aus seinem Büro heim kam. Unter Stress sagt sich der Logiker etwa Folgendes: „Ich kann es besser und schneller als die anderen. Es stimmt, daß ich viel arbeite, aber ich habe ja auch nur inkompetente Leute um mich." Gewöhnlich handelt es sich aber nicht um inkompetente, sondern um demotivierte Leute, die sich ihrerseits denken: „Wozu soll ich die Vorgänge fertig machen, ihm ist ja doch nichts recht." Auf der zweiten Stufe verstärkt der Logiker seine Über-Kontrolle dermaßen, daß er sich isoliert und sich tatsächlich mit der doppelten Menge Arbeit wiederfindet: die Schlinge hat sich zugezogen.

Mißerfolgs-Mechanismus des Logikers: Über-Kontrolle

Der Beharrer: „Sie haben mir einfach nicht zugehört!"

Der Beharrer trägt ebenfalls eine Angreifer-Maske zur Schau. Auch er befindet sich in der Position des Verfolgers und tendiert zu Rigidität, zu Mißtrauen und zum Weghören. Er attackiert auf der Ebene seiner Meinungen und kann ganz plötzlich einen seiner berühmten Wutanfälle bekommen. Während der Logiker eher kalte Wut praktiziert, geht der Beharrer auf wie eine Milchsuppe und schäumt über. Der andere – das Gegenüber – „zeigt bei seiner Arbeit keine Verantwortung", „ist leichtfertig", „hat keine ethischen Grundsätze", „hat die Moral einer streunenden Katze" usw.

Sein Mißerfolgs-Mechanismus ist der Kreuzzug. „Wie oft muß ich Ihnen noch sagen, daß Sie bei Ihren Analysen gewissenhafter sein müssen!" tobt ein Beharrer bei einem Rebellen und hofft, wenn er stark zuschlägt, „wird ihm das endlich in den Schädel reingehen." Was den Rebellen jedoch halsstarrig werden läßt. Der Tonfall (das einfachste Kriterium, um herauszufinden, ob sich jemand in negativem Stress befindet) ist gebieterisch. Die Sätze enthalten unumstößliche Behauptungen. Er hört nicht zu, unterbricht, vollendet die Sätze der anderen an ihrer Statt. Obwohl es eigentlich sein Bedürfnis ist, seine Ansichten akzeptiert zu wissen, bewirkt er bei seinen Kollegen, seinen Mitarbeitern oder seinen Kindern, daß sie abwarten, bis er sich beruhigt hat, oder daß sie voll in den Konflikt einsteigen.

Ein anderes Charakteristikum des Beharrers im Stress zweiten Grades: Er wird sehr empfindlich gegenüber negativen Feedbacks, selbst wenn sie angemessen formuliert sind. Wenn man einem Beharrer irgendeinen Schwachpunkt mitteilen muß, ist es ratsam, den Prozeß sehr sorgfältig zu gestalten, denn es muß mit einer vehementen Reaktion gerechnet werden.

Mißerfolgs-Mechanismus des Beharrers: Kreuzzug

Die Maske des Schuldzuweisers

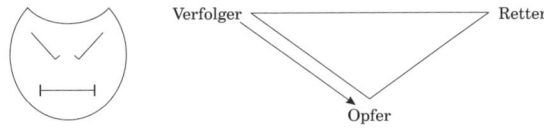

Diese Maske entspricht ebenfalls einer Verfolger-Position, aber sie wird von den Rebellen und Machern aufgesetzt.

Der Rebell: „Ich? Ich kann nichts dafür..."

„Was? Mein Bericht?" antwortet der Rebell provozierend. „Es ist nicht meine Schuld, wenn er nicht fertig ist..." Es folgt eine lange Darlegung, mit dem Ziel, die Schuld jemandem anderen zuzuweisen. Sein unbewußtes Ziel ist, sein Kontaktbedürfnis zu befriedigen. „Es ist nicht meine Schuld" ist sein Lieblingssatz. Er entwickelt dann seine kreativen Fähigkeiten bis hin zur Verleumdung und findet einen ganzen Haufen prächtiger Argumente, um zu beweisen, daß er überhaupt nichts dafür kann.

Auf der zweiten Stufe beweist der Rebell auch sehr viel Scharfsinn bei der Wahrnehmung des Schwachpunktes seines Gegenübers... und wie man genüßlich darin herumbohrt. Oder bei der Kunst, Schuldgefühle zu wecken... Der andere steckt einen Schlag ein, ohne ihn richtig zu bemerken, und fühlt sich schlecht, ohne zu begreifen, warum. Während der Beharrer einen anfährt: „Sie sind unfähig!", ist die Attacke des Rebellen viel subtiler und versteckter.

Anderes Merkmal der Schuldzuweiser-Maske: Der Träger spielt öfters mal das „Ja, aber"-Spiel.

„Ich weiß nicht, was ich tun soll..."
– Du könntest vielleicht dies probieren...
– Ja, hab' ich versucht, aber...
– Und wenn du statt dessen jenes machst...
– Ja, aber...

Und so weiter, bis er schließlich feststellt: „Ich hab's ja gleich gewußt, daß du nicht fähig bist, mir einen vernünftigen Vorschlag zu machen." Und schon ist der andere der Schuldige.

Und mit lauter Schuldzuweisungen – das ist sein Mißerfolgs-Mechanismus – stehen die Chancen gut, daß der Rebell auf einen Gegen-Verfolger trifft, mit dem er wacker eskaliert, wie wir es für den Beharrer schon beschrieben haben. Dieser Streit kann sogar zum Bruch führen. Der Gedanke liegt nahe, daß der Rebell in diesem Moment tatsächlich die Zurückweisung zu provozieren sucht: „Wenn du so weiter machst, schmeiß' ich dich hinaus..." Antwort: „Ja, ich weiß sehr wohl, daß ihr genau das unbedingt wollt." Da der Rebell bekanntermaßen im Augenblick lebt, kann er unter Stress die Konsequenzen seiner Handlungen und seiner Heftigkeit nicht einschätzen.

Interessante Feststellung: Wenn er die Zielscheibe von Kritik ist, geht es dem Rebellen gut: Als mache ihm das Spaß. Man teilt ihm etwas mit, was man sich wohl überlegt hat... und er setzt ein breites Lächeln auf; was seinen Gesprächspartner nur noch mehr auf die Palme bringt. Der denkt sich: „Und um dem Faß die Krone aufzusetzen, macht er sich auch noch lustig über mich!" Aber nein: Den Rebellen freut es, seine Dosis Kontakt zu bekommen: „Du bist auf mich wütend, also beschäftigst du dich mit mir." Erinnern wir uns, daß seine existentielle Frage lautet: „Bin ich akzeptabel?" (In anderen Worten: „Akzeptierst du mich so, wie ich mich verhalte?" Nicht zu verwechseln mit der existentiellen Frage des Empathikers: „Werde ich geliebt?", das heißt: „Lieben Sie mich, wie ich bin, einfach so?"

**Mißerfolgs-Mechanismus des Rebellen:
Schuld zuweisen**

Der Macher: Die Kunst, Zwietracht zu stiften

Der Mißerfolgs-Mechanismus des Machers ist die Manipulation. Er setzt sich negative Ziele: „Ich wette mit dir, daß ich ihn dazu bringe, meine Arbeit zu machen.", „Ich wette mit dir, daß ich ihn dazu bringe, das zu unterschreiben", usw. Dieses Verhalten zielt darauf ab, negative Erregung zu erfahren. Andere Mittel: Zu hohe Risiken hinsichtlich seiner Gesundheit, seiner Sicherheit, seiner Geschäfte einzugehen... oder Spannungen zwischen den Leuten aufzubauen. Der Macher liebt das „Schlagt-euch"-Spiel.

Auf jeden Fall muß irgend etwas los sein... Auf beruflicher Ebene neigt er zu Hochseilakten, mit unvorhersehbaren Konsequenzen für den Markt oder den Kunden.

Auf privater Ebene findet er es aufregend, mehrere Privatleben gleichzeitig anzugehen. Andere Tendenz des gestressten Machers: lächerlich machen, ironisieren (er hält das dann für Humor). „Ihr Diplom, wo haben Sie denn das bekommen? Das darf doch nicht wahr sein, ich glaube, ich träume! Die geben das ja jedem x-Beliebigen!" Stellen Sie sich das innere Erleben des Logikers vor, der so von seinem Macher-Chef „anerkannt" wird!

**Mißerfolgs-Mechanismus des Machers:
Manipulation**

Die Maske des Jammerers

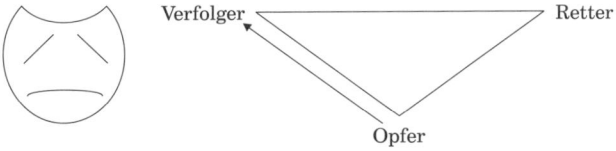

Der Empathiker und der Träumer befinden sich bei Stress zweiten Grades in der Opfer-Position und tragen die Maske des Jammerers.

Der Empathiker: „Immer trifft es mich..."

Für den Empathiker wird diese Maske veranschaulicht durch Calimero: „Wie ungerecht... man liebt mich nicht!" Sie ruft gewöhnlich drei Arten von Reaktionen hervor: Flucht („Hilfe! So ein Pech!"), Angriff („Da! Damit du weißt, warum du weinst!") oder Rettung („Aber nein, es wird schon gehen, ich werde dir helfen."), auf die Gefahr hin, daß der Retter schließlich müde wird und seinerseits in die Verfolger-Position wechselt.

Unter Stress und nachdem er alles versucht hat, lieb zu sein und geliebt zu werden, verwirren sich die Gedankengänge des Empathikers, und er interpretiert alle Informationen negativ als „Ich liebe dich nicht". Seine Suche nach Anerkennung bleibt oft völlig unverstanden oder erscheint als nicht angemessen. Er fordert nicht direkt, sondern entfaltet eine ganze Reihe von Strategien, um seine Anerkennung zu bekommen.

Das Paar Empathiker – Logiker verliert sich gelegentlich in Dialogen wie dem folgenden: „Liebst du mich?" Leicht gereizte Antwort: „Hör mal, wozu sollte ich meine Zeit verlieren, dir zu sagen, daß ich dich liebe, das ist doch klar. Es genügt, daß du weißt, wenn es einmal anders ist, lasse ich es dich wissen."

Der Mißerfolgs-Mechanismus des Empathikers funktioniert so: Er macht Fehler, bevorzugt dumme Fehler, so daß er negative Rückmeldung bekommt. Auf der zweiten Stufe fühlt sich der Empathiker traurig, deprimiert, alles ist sein Fehler, und nichts geht mehr.

Mißerfolgs-Mechanismus des Empathikers:
Dumme Fehler machen

Der Träumer: „Das Schweigen im Walde..."

Der Träumer sieht sich auf weniger auffällige Weise in der Opfer-Position. Im Stress ersten Grades tendiert er dazu, sich in sich zurückzuziehen. Auf der zweiten Stufe ist sein Mißerfolgs-Mechanismus dann passives Abwarten: Er macht gar nichts mehr. Er zieht sich völlig zurück, psychisch und/oder physisch (Kündigung zum Beispiel). Er verliert seine Konzentrationsfähigkeit und verzettelt sich zwischen mehreren Aufgaben, mit dem Gefühl, niemals genügend Zeit zu haben...

Die Maske des Empathikers kann nicht unbemerkt bleiben, die des Träumers ist wortlos. Sein Gesicht bleibt gleichmütig, er gibt noch weniger Auskunft über sein Befinden als gewöhnlich. Es scheint ihm nicht sehr gut zu gehen, aber alles bleibt sehr unauffällig...

Mißerfolgs-Mechanismus des Träumers:
Passiv abwarten

Maske	Persönlichkeitstyp	Mißerfolgs-Mechanismus
Jammerer	Empathiker	Macht dumme Fehler
	Träumer	Wartet passiv ab
Angreifer	Logiker	Über-kontrolliert
	Beharrer	Unternimmt einen Kreuzzug
Schuldzuweiser	Rebell	Beschuldigt
	Macher	Manipuliert

Tabelle 5.2 – Masken, Persönlichkeitstypen und Mißerfolgs-Mechanismen

Umgang mit den Masken zweiten Grades

Die Masken ersten Grades bestehen, wie wir gesehen haben, aus subtilen Verhaltensweisen, die meist nicht leicht auszumachen sind. Die Masken zweiten Grades hingegen sind emotional aufgeladen und von daher leicht zu identifizieren. Wenn wir wieder eine funktionierende Kommunikation herstellen wollen, müssen wir den passenden Kanal gebrauchen und positiv auf die durch die Mißerfolgs-Mechanismen ausgedrückten Bedürfnisse reagieren (siehe Tabelle 5.3 auf der nächsten Seite).

Sie sehen...	Sie wissen...,	Sie können...
jemand, der alles, was Sie sagen und tun, überprüft; der Schwierigkeiten mit dem Delegieren hat; der andere als inkompetent betrachtet und der überkontrolliert.	daß das ein Logiker unter Stress mit einer Angreifer-Maske ist.	mit ihm auf dem informativen Kanal kommunizieren, wenn Sie ihm gleichzeitig Anerkennung für seine Kompetenz geben.
jemand, der auf dem „hohen Roß" sitzt; herrisch seinen Gesprächspartner unterbricht, dem er gar nicht zuhört und der gerade zu einem Kreuzzug aufbricht.	daß das ein Beharrer unter Stress mit einer Angreifer-Maske ist.	mit ihm auf dem informativen Kanal kommunizieren, wenn Sie gleichzeitig seine Ansichten hören und respektieren, auch wenn Sie sie nicht teilen.
jemand, der seinen Fehler auf andere schiebt; der offensichtlich böswillig ist; der sich beklagt; sich langweilt; nicht weiß, was er tun soll und der andere beschuldigt.	daß das ein Rebell unter Stress mit einer Schuldzuweiser-Maske ist.	mit ihm auf dem spielerischen Kanal kommunizieren, indem Sie die Atmosphäre entspannen und mit Ihrem eigenen Ärger konstruktiv umgehen.
jemand, der nur drauf los will; der starke Sensationen sucht; der manipuliert, das heißt Spannungen zwischen den Menschen erzeugt, indem er Gerüchte in Umlauf bringt.	daß das ein Macher unter Stress mit einer Schuldzuweiser-Maske ist.	mit ihm auf dem direktiven Kanal kommunizieren. Antworten Sie gleichzeitig auf sein Bedürfnis nach Aufregung durch Herausforderung oder schaffen Sie Situationen mit hohem Stimulationsniveau.
jemand, der unbeholfen erscheint; der klammert oder jammert; der sich als Opfer darstellt und niedergedrückt wirkt, weil er das Unglück der Welt auf seinen Schultern trägt und der dumme Fehler macht.	daß das ein Empathiker unter Stress mit einer Jammerer-Maske ist.	mit ihm auf dem fürsorglichen Kanal kommunizieren. Zeigen Sie sich herzlich und verständnisvoll, vermeiden Sie jedoch die Rolle des Retters, die er Ihnen anbietet.
jemand, der abwesend ist, in Blaue starrt und passiv abwartet.	daß das ein Träumer unter Stress mit einer Jammerer-Maske ist.	mit ihm auf dem direktiven Kanal kommunizieren. Sie müssen gleichzeitig darauf achten, daß er durch seine Umgebung nicht überstimuliert wird.

Tabelle 5.3 – Mißerfolgs-Mechanismen und Interventionsstrategien

Dritter Grad der Miß-Kommunikation:
Die Maske des Verzweifelten

Die dritte Stufe der Miß-Kommunikation entspricht einem lang andauernden, schweren Stress; die Maske ist die des Verzweifelten. Der Verzweifelte hat die Befriedigung seiner physischen, affektiven oder spirituellen Bedürfnisse während einer langen Zeit entbehrt, und auch der negative affektive Gewinn, den er aus der Phase zweiten Grades ziehen konnte, hat ihn nicht befriedigt. Seine Position entspricht dem Typ: „Ich bin nichts wert, und ihr seid auch nichts wert." Er fühlt sich in die Enge getrieben, in der Falle. Dieser Verhaltenstyp ist im beruflichen Kontext ziemlich selten anzutreffen, denn Menschen in einer solchen Position verabschieden sich oft für eine gewisse Zeit aus ihrer Tätigkeit, da sie eine angemessene Zeit zum Auftanken von Energie brauchen. Alle Mißerfolgs-Mechanismen können schließlich zu diesem gleichen Punkt führen: Verlust jeglicher Hoffnung und als unmittelbare Folge: die Depression.

Auf dieser Ebene „erntet" der Betreffende die negative Endabrechnung, die in Tabelle 5.4 dargestellt ist. Alle Persönlichkeitstypen können auf die dritte Stufe geraten und die Maske des Verzweifelten tragen. Das innere Erleben variiert jedoch, vom einsamen „Wozu das alles?" des Träumers zum aggressiven „Ich habe nichts mehr zu verlieren!" des Machers.

Persönlich-keitstyp	Negative Endabrechnung
Logiker	Erschöpfung, Infarkt. Wird abgelehnt oder lehnt die anderen ab. „Sie sind alle dumm!"
Beharrer	Wird abgelehnt oder lehnt die anderen ab. „Sie glauben nicht an mich!"
Rebell	Wird abgelehnt und sinnt auf Rache. „Die werden sich noch wundern!"
Macher	Wird abgelehnt und lehnt die anderen ab, macht sie lächerlich. „Armes Würstchen, nichts in der Hose!"
Empathiker	Wird abgelehnt. „Ich wußte ja, daß sie mich nicht mögen."
Träumer	Wird abgelehnt. „Niemand hat mir gesagt, was ich tun soll."

Tabelle 5.4 Maske dritten Grades und negative Endabrechnung

Grundeinstellungen und Drama-Dreieck

Es gibt zwei weitere Hilfsmittel zur Veranschaulichung der Stufen von Miß-Kommunikation: die Grundeinstellungen und das Drama-Dreieck.

Die Grundeinstellungen

Die Grundeinstellungen wurden von Eric Berne erkannt und beschrieben.

Die Position, ich bin okay, du bist okay, +/+ ist nach ihm die gesunde Position, die beste, um gut zu leben. Zu ihr hat man in den ersten Lebensjahren Zugang oder später um den Preis harter Arbeit. Man kann sie nicht durch einen simplen Willensakt erreichen. Es existieren vier Kombinationsmöglichkeiten:

+	+
Ich bin okay	Du bist okay
+	–
Ich bin okay	Du bist nicht okay
–	+
Ich bin nicht okay	Du bist okay
–	–
Ich bin nicht okay	Du bist nicht okay

Von unserer momentanen Grundeinstellung hängt unsere Interpretation der Welt ab.

Beispiele:
Stimulus: Ich sehe jemanden, der mich lächelnd anschaut.

+/+: Ich schließe daraus Wohlwollen: Ich lächle zurück. Ich bin mir über die Bedeutung seines Lächelns nicht im klaren: ich frage verbal oder non-verbal nach.

+/–: Er sieht sowieso schon ein bißchen dümmlich aus, aber erst, wenn er lächelt ...

–/+: Was stimmt denn bei mir nicht? Warum macht er sich über mich lustig?

–/–: Um einem Typ wie mir zuzulächeln, muß man wirklich selber eine Null sein.

Stimulus: Ankunft bei einem Interessenten, der sich ungeduldig zeigt.

+/+: Dieser Mann ist ein Logiker unter Stress. Ich werde ihm versichern, daß wir es kurz machen und daß wir gleich zum Wesentlichen kommen werden.
+/–: Dieser Typ ist nicht mal fähig, sich zu beherrschen...
–/+: Es wird mir nicht gelingen. Er wird mich hinauswerfen.
–/–: (Ärgerlich.) Mit einem solchen Typ kann das ja nichts werden.

Stimulus: Treffen mit einem sehr ehrgeizigen Interessenten.
+/+: Wie stelle ich es am besten an, ihm die Gewinner-Gewinner-Position schmackhaft zu machen?
+/–: Das wird heftig. Der wird noch Augen machen.
–/+: Der Typ beeindruckt mich. Der steckt mich in die Tasche.
–/–: Ich bin vielleicht ein jämmerlicher Typ, daß ich einen solchen Job mache...

In der Position +/+ suchen wir, anders als bei den anderen Grundeinstellungen, zunächst einmal Informationen, bevor wir eine Bedeutung hinein interpretieren.

Die Beziehung +/+ ist bei weitem die effektivste. Aber da sie uns nicht selbstverständlich ist, müssen wir wachsam sein und Energie investieren, um diese Position aufrecht zu erhalten.

Den ganzen Tag hindurch können wir uns zwischen diesen vier Positionen hin- und herbewegen, je nach den Umständen, unserem Gesprächspartner und unserem Stressniveau.

Das Drama-Dreieck

Dieses von Steven Karpmann entwickelte Modell bringt drei Rollen ins Spiel, die alle negativ sind: Der Verfolger, der Retter und das Opfer bilden ein dramatisches Dreieck. Dieses Modell ist ein außerordentlich wirksames Hilfsmittel beim „Lesen" von Beziehungsmustern. In dem Moment, wo eine der drei Rollen bei einem Gesprächspartner erscheint, fordert er den oder die anderen auf, das Dreieck zu betreten, was automatisch Miß-Kommunikation bedeutet.

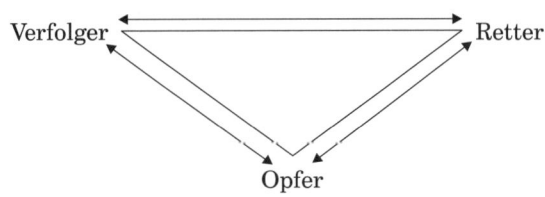

Die Rolle des Retters

Er hat eine negative Eltern-Rolle inne, denn sein Glaube ist: „Ich weiß, was gut für dich ist." Oder aber: „Ich kann machen, daß du dich gut fühlst bei dem, was du machst."

Innerhalb dieser Vorstellung befindet sich der andere in einer Abhängigkeitssituation. Damit das Dreieck funktioniert, muß der Partner die ihm angebotene Rolle akzeptieren: die des Opfers.

Die Rolle des Opfers

„Es tut mir sehr leid, ich weiß nicht, was ich tun soll..." Typischer Satz eines Opfers, das einen Retter sucht. Und der Retter antwortet: „Nun, das ist ja ganz einfach, du mußt nur dieses oder jenes tun..."

Wir sind hier in der ersten Stufe der Miß-Kommunikation, das heißt, auf dem Niveau der Antreiber, was kein größeres Problem bedeutet. Außer, daß die Autonomie des Gesprächspartner-Opfers beschnitten wird und es eben nicht angehalten wird, selber zu denken und seine eigenen Fähigkeiten zu entwickeln.

Die Rolle des Verfolgers

Schwerwiegende Probleme tauchen auf, wenn die Situation sich in die Länge zieht. Es ist möglich, daß einer der beiden Akteure der Sache überdrüssig wird und in die Position des Verfolgers wechselt. Er sagt dann zum Beispiel: „Wahrhaftig, du bist absolut inkompetent. Unfähig, selber zu denken!" Oder aber das Opfer wird zum Verfolger: „Auf jeden Fall, egal, was du sagst, es nützt nichts. Das funktioniert nicht." In dem Moment wechselt der Retter in die Position des Opfers. Er denkt sich: „Ich, ich hab' durch nur versucht zu helfen..." Wenn es einen Verfolger und ein Opfer gibt, sind die Akteure schon im zweiten Stufe der Miß-Kommunikation.

Umgang mit der Miß-Kommunikation

Wir haben gesehen, welche Strategie geeignet ist, aus der Miß-Kommunikation ersten und zweiten Grades herauszukommen. Die Anwendung dieser Strategie setzt voraus, daß wir ein gutes Energieniveau haben, das es uns erlaubt, den Aufzug zu nehmen und die passende Etage anzusteuern. Was aber tun, wenn man sich selbst unter Stress fühlt und über wenig Energie verfügt, um den Prozeß zu steuern?

Wichtig ist, sich keine Gewalt anzutun, indem man den Empathischen, den Logiker usw. spielt. Man selbst bleiben, das ist das Wesentliche.

Das ist geradezu die Basis jeglicher Kommunikation. Eine sehr wirksame Technik besteht darin, mit dem Ohr am Geschehen zu bleiben: Man stellt dann fest, ob man „festhängt" ist. Unter Stress jedenfalls ist der Aufzug blockiert. Man kann nicht mehr zwischen den Etagen spazieren fahren, um den Prozeß zu gestalten. Diese erste Feststellung erlaubt einem den Rückzug und das Verlassen des Rahmens. Man kann zum Beispiel zu seinem Gesprächspartner sagen: „Ich nehme mir ein bißchen Zeit, um zu überlegen, was hier vorgeht. Wir können später weitermachen... Paßt Ihnen das?" Eine solche Haltung hilft, daß man nicht im Morast der Miß-Kommunikation versinkt.

Bei den Grundeinstellungen haben wir gesehen, in wie hohem Maße die Position +/+ für die meisten Menschen eben nicht selbstverständlich ist und wie viel Energie man investieren muß, um sie zu halten.

Sobald wir in Stress geraten, finden wir uns alle in unserer „bevorzugten" Position wieder (gewöhnlich +/– oder –/+). Wir tendieren dann dazu, entweder unseren Gesprächspartner im Vergleich zu uns als weniger wert wahrzunehmen (+/–), oder aber uns selbst als dem Gesprächspartner unterlegen zu betrachten (–/+). In diesen Fällen haben wir nicht immer Lust, den richtigen Kanal zu benutzen. Gegenüber jemandem, der einen heftigen Mach's-mir-recht-Antreiber an den Tag legt, ist es nicht immer leicht zu sagen: „Ich mag Sie." Gegenüber einem heftigen Streng-dich-an-Antreiber ist es bequemer zu antworten: „Sie regen mich auf." als „Laß uns ein bißchen miteinander lachen!". Gegenüber einem Sei-perfekt-Antreiber hat man eher Lust, mit einem „Sie labern mich voll." dazwischen zugehen. Besser ist es in solchen Situationen, Metakommunikation einzusetzen. Die Metakommunikation ist eine Technik, die von der Schule von Palo Alto entwickelt wurde und bei der die Gesprächspartner (aus der Position +/+ heraus) über ihre Beziehung sprechen. Sie ist die Alternativ-Antwort, die man maskiertem Verhalten entgegensetzen kann. Aber auch diese Vorgehensweise ist nicht selbstverständlich. Wie sagt Paul Watzlawick: „Wir kommunizieren ohne Unterlaß, und dennoch sind wir nahezu unfähig, über die Kommunikation zu kommunizieren."

Metakommunizieren heißt zum Beispiel, folgendes Angebot zu machen: „Können wir ein paar Worte darauf verwenden, was sich zwischen uns beiden abspielt?" Wenn der andere antwortet: „Einverstanden, sprechen wir darüber", ist dies das Signal, daß er wieder in seinen denkenden Persönlichkeitsanteil zurück gewechselt ist und daß es nun möglich ist, Information auszutauschen. Im Anschluß kann das Problem etwa folgendermaßen formuliert werden: „Was mir gerade Schwierigkeiten bereitet, ist, daß Sie mir eine Menge Informationen geben, und mir fällt es schwer zu folgen." Oder aber: „Ich bin mir bewußt, daß Sie mir gegenüber viele Erwartungen haben, und ich bin momentan nicht imstande, diesen zu entsprechen." Oder: „Ich spüre, daß es für Sie gut wäre, wenn wir zunächst ein wenig miteinander Spaß haben, nicht wahr?"

Die Gesprächspartner bestätigen durch dieses vorgeschaltete Angebot, daß sie metakommunizieren können, und lassen sich gegenseitig alle Chancen, das Problem zu lösen. Außerdem stärkt diese Art Übung beträchtlich die Beziehung: Beide fühlen sich als Person berücksichtigt, und nicht mittels einer Technik mißbraucht.

Sylvia, eine Empathikerin in der Rebellen-Phase, ist gestresst: „Diese Arbeit ist so langwierig, so kompliziert..." Sie hat den Eindruck, daß sie es nie schaffen wird. Urplötzlich hat sie das Gefühl, daß „nichts mehr geht". In ihr steigt auf der Schrei aller Empathiker im Stress zweiten Grades: „Hilfe! Ich brech' zusammen!" Ihrem Vorgesetzten gegenüber kann sie nur ihr Gefühl der Unfähigkeit zeigen: „Ach je, nichts geht mehr, ich bin völlig entmutigt..." Zu allem Unglück weist Thomas gerade alle Merkmale eines Menschen in der Macher-Phase auf: Sein Gesicht versteinert, zuerst sagt er gar nichts, dann äußert er kühl: „Hast du mir nicht versichert, daß diese Arbeit bis Ende der Woche fertig ist?" Unterschwellig: „Ich wäre sehr enttäuscht, wenn es nicht so wäre..." Sylvia ihrerseits versteht glattweg: „Wenn du unfähig bist, ist das dein Problem." Zudem greift Thomas sie mit dem Zeitfaktor an, der ihr schwacher Punkt ist. Sie macht eine übermenschliche Anstrengung, um ihm zu erwidern und um ihre Position zu verteidigen. Ihre Stimme ist kraftlos, ihre Argumente sind wenig überzeugend, sie schwankt zwischen Panik und Wut. Was ihren Gesprächspartner betrifft, so sucht er unbewußt die Befriedigung seines Bedürfnisses: eine Arbeit, die vorangeht, die aufregend ist und schnell gemacht sein soll, damit er daraus seinen persönlichen und beruflichen Gewinn ziehen kann, der für ihn zählt: Ansehen und finanziellen Ertrag.

Keiner der beiden Gesprächspartner verfügt zu dem Zeitpunkt über genügend Energie, um dem anderen seinen Kanal zu offerieren und den Prozeß zu gestalten. Sie sind beide unter Stress. Andererseits könnte einer von beiden Metakommunikation vorschlagen. Um die Beziehung wieder herzustellen, kann Thomas zum Beispiel sagen: „Ich schlage dir vor, daß wir uns einen Augenblick Zeit nehmen, um über dieses Problem zu sprechen. Paßt dir das?" Im selben Moment steigt Sylvias Energieniveau wieder an. „Sehr gern", sagt sie. Ihr Blick ist lebhafter, ihr Gesicht wirkt frischer, sie hat sich in ihrem Sessel aufgerichtet. Thomas verspürt ein deutliches Vergnügen, als er diese Verhaltensänderung beobachtet.

In wenigen Minuten, in denen jeweils der andere zuhört, äußern beide ihr inneres Erleben, ihre aus Angst und Ärger gemischten Gefühle und haben einen aufmerksamen und verständnisvollen Gesprächspartner gegenüber. Ganz schnell erscheint die Arbeit Sylvia weniger langwierig und weniger kompliziert, vor allem ist sie ja auch schon weit fortgeschritten. Thomas macht sich seinen Anteil bewußt, nämlich daß er unnötig Druck auf sie macht und daß er sie bei den aufgetretenen Schwierigkeiten nicht genügend unterstützt hat. „Was brauchst du, um diese Arbeit zum Ende zu bringen?" fragt er. In wenigen Worten macht Sylvia, die wieder aufgetankt ist, zwei oder drei Vorschläge, die von Thomas akzeptiert werden, der ihr zudem versichert, welch eine wertvolle Mitarbeiterin sie ist. Was einmal mehr beweist, daß es nichts Besseres gibt, um sich zu verstehen, als miteinander zu reden.

6

Das Lebensskript

Das Lebensskript, der Lebensdrehplan ist das zentrale Konzept in Eric Bernes Transaktionsanalyse. Richard Erskine hat das Skript definiert „als die Gesamtheit der Glaubenssätze, die wir über uns selbst, über die anderen und über das Leben haben. Sie wurden gebildet in der Kindheit, und zwar gemäß der von uns getroffenen Interpretation unserer Erlebnisse."

Zum Beispiel: „Ich habe nie Glück." „Zum Schluß geht es immer schlecht aus." „Wenn ich hart arbeite, dann findet mich Papa gut." „Die anderen sind mir überlegen." usw. Man könnte eine ganze Enzyklopädie mit lauter solchen Formulierungen erstellen. Es ist wichtig zu wissen, daß eine bestimmte Zahl unserer Entscheidungen von unserem Skript diktiert werden: Entscheidungen im Beruf, in der Liebe, hinsichtlich der Lebensweise, der Zahl der Kinder wie auch etliche viel alltäglichere Verhaltensweisen. Jedes Skript enthält positiv förderliche Aspekte, genannt Erlaubnisse, wie zum Beispiel: „Ich bin wertvoll, ich kann es schaffen, ich bin okay", und hemmende Aspekte: „Ich bin unfähig, ich schaffe es nicht, das da ist für die anderen, nicht für mich…"

In Stress-Situationen aktivieren wir gewöhnlich unser „bevorzugtes" Skript. Das Problem ist: Wenn wir uns nicht auf den Weg persönlicher Weiterentwicklung begeben, sind wir uns nur selten dieser Programmierungen bewußt. Typische Sätze eines Menschen mitten in der Skriptwiederholung: „Es ist stärker als ich", „Ich kann nicht anders als…".

Wenn wir die Antreiber und die Mißerfolgs-Mechanismen identifizieren, können wird unsere Skript-Verhaltensweisen besser wahrnehmen. Die Antreiber wirken als Auslöser und haben Anteil an der

Verstärkung des Skripts. Dieses hört nicht auf, sich neu zu bilden und zu nähren, solange die psychischen Bedürfnisse nicht auf positive Art und Weise befriedigt werden.

Die Forschungen von Taibi Kahler erlauben es nun, je eines der von Eric Berne herausgefundenen Lebensskripten mit je einem Persönlichkeitstyp zusammenzubringen. Wenn jemand beruflich oder persönlich Schiffbruch erleidet, dann steht häufig am Anfang eines der folgenden Skripten: Bis, Nachdem, Niemals, Immer, Fast I oder Fast II.

Bis

Menschen, die ein Bis-Skript haben, denken: „Ich kann nicht davon profitieren, bis... Ich kann mich nicht amüsieren, bis...“ und riskieren so, die Befriedigung auf ewig hinauszuschieben.

Ihre Antreiber sind Sei-perfekt und Sei-du-perfekt. Ihr Persönlichkeitstyp: Logiker oder Beharrer.

Im Berufsleben kommt es vor, daß sie sich sagen: „Ich weiß, daß es spät ist. Ich weiß, daß meine Kinder auf mich warten, daß ich müde und nicht mehr sehr effektiv bin, aber ich kann nicht heimgehen, bis dieser Vorgang vollständig abgeschlossen ist.“ Oder aber: „Ich weiß, daß ich eine Pause machen muß, um wieder Kraft zu schöpfen und einsatzfähig zu sein, aber ich kann mich einfach nicht vom Büro losreißen.“ Oder auch am Ende eines Weiterbildungsseminars: „Das war ganz gut, aber ich kann diese Dinge nicht anwenden, bis ich sie perfekt beherrsche.“

Im Privatleben können Menschen mit einem Bis-Skript Unannehmlichkeiten bis zum Ende aushalten. „Meine Ehe ist ein Reinfall, aber ich habe mich verpflichtet, also halte ich aus.“ Im täglichen Leben errichten sie sich ebenfalls Zwänge, wie zum Beispiel: „Ich kann nicht ins Bett gehen, bis das Geschirr gespült ist.“ „Ich fahre nicht in Urlaub, bis ich die Arbeiten im Haus nicht erledigt habe.“

Verbindung zwischen Antreiber und Skript

Wie wir bereits in Kapitel 3 gesehen haben können der Logiker und der Beharrer unter der Herrschaft des Sei-perfekt-Antreibers soweit gehen, daß sie ihr Privatleben sabotieren.

Sie haben gelernt, daß erst die Arbeit kommt, dann das Spiel, falls noch Zeit bleibt. Wenn sie also nicht aufpassen, lassen sie die Arbeit peu à peu ihre Freizeit auffressen und sind nicht mehr verfügbar für ihre Familie. „Jeden Sonntag Nachmittag verpflichte ich mich dazu, mit meiner Frau spazierenzugehen", sagte ein Logiker. „Ich sehe diesen Spaziergang wie einen Zwang an, denn ich finde, ich könnte in dieser Zeit nützlichere Dinge tun. Meine Frau ist übrigens regelmäßig frustriert nach dem Spaziergang, denn sie findet, daß ich nicht genügend spreche und daß ich angespannt und beschäftigt wirke."

Einige Charakteristika des Bis-Skripts

Kann nicht abschalten, setzt seiner Arbeit keine zeitlichen Grenzen. Hält um jeden Preis durch. Wirkt manchmal aggressiv, oder zumindest barsch gegenüber dem Gesprächspartner, der ihn stört. Ist kaum verfügbar. Begreift den Fehler erst, wenn er ihn selbst erlebt hat. Beweist einen starken Willen zu vollenden, was er angefangen hat.

Nachdem

Menschen mit einem Nachdem-Skript denken öfters: „Im Moment geht alles gut, aber was kommt danach? „Das wird bös enden", „Das ist zu schön, um wahr zu sein". Sie sind der Überzeugung, daß immer irgendwo am Horizont Schwierigkeiten lauern. Sie entwickeln geradezu eine Art panischer Angst, alles sei einfach zu schön, um von Dauer zu sein. Ihre Kindheit war zum Teil geprägt von Sätzen wie: „Im Leben gibt es fette und magere Zeiten. Heute geht es dir gut, aber später kommen auch einmal magere Zeiten..."

Ihr Antreiber ist Machs-anderen-recht. Ihr Persönlichkeitstyp: Empathiker. Ihre Sätze sind häufig zweigeteilt, getrennt durch ein implizites oder explizites *aber*: „Es geht mir gut, aber nach dem Essen, das heute Abend veranstaltet wird, habe ich wahrscheinlich enorme Probleme... Ich mag solche Abende, aber ich weiß, daß ich mir von den Gesprächen bestimmt nichts merken werde."

Im Privatleben gibt das Nachdem-Skript Anlaß zu Sätzen folgender Art: „Das ist eine schöne Begegnung, aber ich kann nicht daran glauben... Ich spüre, daß das nicht von Dauer sein wird." „Im Moment geht alles gut, aber ich habe Angst, daß ich krank werde und sterbe."

„Die Kinder sind gerade im Ferienlager, aber ich befürchte, daß ihnen etwas passiert."

Im Berufsleben: „Ich kann noch soviel machen, um ihnen einen Gefallen zu tun, die anderen sind dauernd ärgerlich auf mich." „Ich habe meine Ziele erreicht, aber ich habe Glück gehabt; ich fürchte, das nächste Mal gelingt es mir nicht." „Im Moment läuft es... aber glaubst du, daß das so bleibt?"

Verbindung zwischen Antreiber und Skript

Der Empathiker, der lieb sein will, tendiert dazu, zu jedermann ja zu sagen und sich für die anderen aufzuopfern. Zum Beispiel macht er allen Versprechungen und kann seine Verpflichtungen nicht einhalten. Was er erntet (negativer Ertrag): die anderen sind frustriert und ärgerlich. Er fühlt sich zurückgewiesen, als Opfer und unverstanden: Es war zu schön, als daß es andauern hätte können!

Einige Charakteristika des Nachdem-Skripts

Rechnet mit der Katastrophe. Tendenz zu Pessimismus, Ängstlichkeit und Mutlosigkeit. Angst vor morgen. Entscheidungshemmung.

Niemals

Menschen, die ein Niemals-Skript haben, sagen sich: „Was ich will, das schaffe ich nicht.", „Ich verzettle mich.", „Ich werde es niemals schaffen." Sie haben den Sei-stark-Antreiber. Ihr Persönlichkeitstyp: Träumer.

Sie tendieren dazu, viele Sachen anzufangen, ohne sie jemals zu beenden. Wenn sie der Kommunikation kein Ende setzen, konstruieren sie ihre Sätze abgehackt: „Es kam vor, daß ich... und dann... übrigens, ich weiß nicht, ob du dich daran erinnerst... Bernhardt sagt, daß...".

Im Privatleben sagt ein Mensch mit einem Niemals-Skript zum Beispiel: „Ich schaffe es nicht, Freunde zu haben", „Ich möchte heiraten und eine Familie gründen, aber ich finde einfach nicht den Menschen, der zu mir paßt".

Im Berufsleben: „Ich habe zu wenig Zeit, ich bin zu langsam", „An mich denkt man natürlich nicht bei einer Beförderung".

Verbindung zwischen Antreiber und Skript

Der Träumer im Stress ersten Grades zeigt einen Sei-stark-Antreiber. Er zieht sich zurück, wird passiv und schafft es nicht zu bekommen, was er will. Beispiel: Thea fand bei einer organisierten Reise viele Freunde. Am Schluß versprachen sich alle, sich wiederzusehen. Und wirklich wurde Thea zwei- oder dreimal zu diesen Treffen eingeladen. Aber da sie sich nicht wohl fühlte, wies sie die Einladung jedesmal zurück. Seit mehr als sechs Monaten hat niemand mehr angerufen... Thea leidet von neuem darunter, „keine Freunde zu haben".

Einige Charakteristika des Niemals-Skripts. Häufiges Unzufriedenheitsgefühl. Lebt sozusagen auf einer unterbrochenen Linie: kann einfach keine klare Linie durchhalten, es gibt ständig Unterbrechungen... Vermittelt oft den Eindruck von Unklarheit und Verwirrung. Zögerlichkeit. Apathie. Beweist eine passive Über-Klarsichtigkeit: nimmt die Sachen sehr gut wahr, aber macht nichts daraus.

Immer

Menschen mit einem Immer-Skript denken: „Das geht nicht. Was ich auch mache, ich sitze immer in der Klemme." So jemand sagt zum Beispiel: „Wenn ich jetzt Geld in die Parkuhr tue, versäume ich einen wichtigen Teil des Films. Wenn ich's nicht mache, bekomme ich sicherlich einen Strafzettel."

Sie haben den Streng-dich-an- oder den Sei-du-stark-Antreiber. Ihr Persönlichkeitstyp: Rebell oder Macher.

Im Privatleben sagt sich ein Rebell beispielsweise: „Wenn ich im Urlaub nach Griechenland fahre, erhole ich mich, aber ich sehe meine besten Freunde einen Monat lang nicht mehr. Wenn ich bleibe, profitiere ich nicht wirklich von meinen Ferien und meiner Freiheit... Ich weiß nicht, was ich tun soll. Ich fühle mich in der Zwickmühle." Resultat: Entscheidungsunfähigkeit, bis die Flugzeuge schließlich alle ausgebucht sind! Oder aber: „Ich habe Samstag Abend zwei Einladungen. Aber ich kann mich nicht entscheiden.", „Ich möchte heiraten, aber ich möchte meine Freiheit nicht verlieren."

Ein Macher kauft sich prächtige Kleidung, mit Kreditkarte. Er denkt sich: „Ich muß mir einfach super Klamotten kaufen, denn wenn ich es nicht mache, kann ich mich bei meinen Kunden nicht sehen lassen. Aber diesen Monat habe ich keine Provision kassiert. Ich bin in der Falle: Wenn ich mir diese Kleidung leiste, sperrt man mir meine Kreditkarte. Wenn ich sie nicht kaufe, kann ich keine Geschäfte machen... Was ich auch tue, ich bin in der Falle." Er kann keine andere Vorstellung entwickeln, wie er sein Problem lösen könnte.

Im Berufsleben: „Wenn ich diese Beförderung annehme, muß ich umziehen. Ich will aber nicht aus dem Haus heraus, aber wenn ich ablehne, verliere ich den Job." Anderes Beispiel: „Wenn ich diesen Auftrag Peter übergebe, ist Paul frustriert, aber wenn ich ihn Paul gebe, ist Peter frustriert."

Verbindung zwischen Antreiber und Skript

Mike mit seinem Sei-du-stark-Antreiber hat einen Horror vor abhängigen Leuten. Das Leben als Junggeselle hat für ihn keinen Reiz mehr. Er wünscht sich eine „super Ehe". Das Problem? Sobald er eine Frau verführt hat, hat er keine Lust mehr, sich noch irgendwie weiter auf sie einzulassen. Er hat Angst, daß er mit einer Frau als „zusätzlicher Last" dasteht. „Mir reicht's vom Zölibat, aber ich kann mich nicht entscheiden. Ich bin in der Falle."

Einige Charakteristika des Immer-Skripts

„Alles und nichts", dieses und jenes zu wollen, führt zu nichts. Ziemliche Launenhaftigkeit. Unentschlossen, oder er entscheidet, legt los und bereut seine Wahl. Kann nicht verzichten. Erscheinungsbild Dauerfrustration oder Opportunismus. Die Karten müssen überprüft werden: Es gibt eine Menge Wege, aber niemals ist es der richtige.

Fast I

Menschen mit dem Fast-I-Skript, einem sekundären Skript, das mit einem Phasenwechsel zusammenhängt, sind fast erfolgreich, aber eben nicht ganz: „Ach, wenn doch nur..." Sie haben den Streng-dich-an- und den Mach's-anderen-recht-Antreiber. Ihr Persönlichkeitstyp: Empathiker in der Rebellenphase oder Rebell in der Empathiker-Phase.

Wenn man ihnen eine Arbeit bis zum 20. gibt, ist sie wahrscheinlich erst am 21. fertig. Wenn sie beschließen, 5 Kilometer zu laufen, hören sie oft bei 4 Kilometern auf. Oder sie beschließen, bei einer Fortbildung mitzumachen, und hören vor der Abschlußprüfung auf. Sie sind jederzeit bereit aufzuhören, ohne fertig zu sein. Da ist immer jene Winzigkeit, die das Ganze in sich zusammenstürzen läßt. Jene Winzigkeit, die sie sich selbst in den Weg gelegt haben, unbewußt natürlich.

Im Privatleben gibt es Anekdoten folgender Art: „Ich habe beschlossen, eine Diät zu machen, um fünf Kilo loszuwerden. Ich habe vier runter bekommen, alles ging gut... ein super Essen mit Freunden, und peng! – alles geht von vorne los."

„Ich hatte es satt mit den Geldproblemen. Also stellte ich mir einen prächtigen Haushaltsplan auf, ich notierte jeden Abend meine Ausgaben. Mein Defizit hat sich dadurch erheblich verbessert. Da bot sich mir eine geniale Gelegenheit zu einem Wochenende mit Freunden. Und boing..."

„Ich habe vergessen, mein Drittel Provision zu zahlen... und die Geldstrafe beträgt 10%."

Im Berufsleben kann es zum Beispiel vorkommen, daß sie sich zwei Minuten vor der Unterzeichnung eines sorgfältig vorbereiteten Vertrages streiten. Oder daß sie einen hervorragenden Bericht abliefern, aber daß sie den Schluß einfach hingepfuscht haben. Oder daß sie zu Hause die Folien für diese so gut vorbereitete Konferenz vergessen...

Die Sätze von Menschen mit Fast-I-Skript bestehen häufig aus einer Reihe von positiven Elementen, die ein negatives Element beschließt, das alles Vorhergehende zunichte macht: „Es ist wirklich super hier. Jeder hat seinen Platz, die Chefs sind nett, man kann Tischtennis spielen und im Hallenbad baden, aber die Kundschaft ist dermaßen nichts..."

Einige Charakteristika des Fast-I-Skripts
Vierter bei den Olympischen Spielen. Die „Unvollendete". Die Ameise, die sich anstrengt, aber mit dem Aufhören nicht aufhört. „Er hat Pech", sagt man von ihm mitunter.

Fast II
Menschen mit dem Fast-II-Skript, einem sekundären Skript, das mit einem Phasenwechsel zusammenhängt, empfinden ein Gefühl der Leere, des Zusammenbruchs nach der Durchführung eines Projekts. Dieses Gefühl kann sie, ohne offenbaren Grund, zu einem Stellungs-

wechsel veranlassen. Im Privaten haben sie das Gefühl, zu bekommen was sie wünschen (Fast II ist ein Skript, das sozialen Erfolg betrifft), aber seltsamerweise und gleichzeitig, sind sie trotzdem nicht glücklich.

Sie haben die Antreiber Mach's-anderen-recht und Sei-perfekt. Ihr Persönlichkeitstyp: Logiker oder Beharrer in der Empathiker-Phase oder Empathiker in der Logiker- oder Beharrer-Phase.

Beispiel für privates Fast-II-Skript: „Ich habe alles, um glücklich zu sein, und doch...", „Dieses Auto war mein Traum... und jetzt, am Steuer, spüre ich überhaupt nichts."

Auf beruflicher Ebene sagt zum Beispiel der Chef zu seiner Führungsmannschaft: „Dieses Jahr haben wir unsere Ziele erreicht. Aber lassen wir uns nicht täuschen, wir haben von einer außergewöhnlichen Konjunktur profitiert, die so schnell nicht wiederkommen wird." (Antwort des Logikers in der Rebellenphase: „Ach ja? Die Konjunktur war das? Und wir spielen da überhaupt keine Rolle...?")

Wenn Menschen mit Fast-II-Skript nicht genau auf ihre Bedürfnisse achten, fühlen sie sich schnell deprimiert bzw. brechen sie nach Beendigung einer Arbeit zusammen, ohne persönliche Kontakte und ohne Lebensfreude.

Einige Merkmale des Fast-II-Skripts

Symptom der „Erfolgsangst". Ein Mensch, der alles mehrfach überprüft. Spielverderber. Sein Zwang: immer mehr, immer höher. Kann, was er hat, nicht genießen. Hat vergessen, was Lebenslust ist.

Die Intensität des Skripts

Jeder Mensch kann sein Skript unter Stress in verschiedenen Intensitätsgraden erleben (siehe Tabelle 6.1).

Wenn man sich seiner Skript-Verhaltensweisen bewußt ist, kann man Energie für ein glücklicheres Leben freisetzen, erreicht man mehr Effektivität in der eigenen Lebensführung und hat man befriedigendere Beziehungen mit seiner Umgebung. Desgleichen kann man sie leichter bei anderen identifizieren und dementsprechend handeln.

Skript	„Harte" Version	„Weiche Version"
Bis	Der Logiker, der nach der Ruhestandsversetzung an Herzinfarkt stirbt.	Der Leitende Angestellte, der ein leichtes Unbehagen verspürt, wenn er die Tür zum Büro schließt, weil er das vorgesehene Programm nicht erfüllt hat.
Nachdem	Die Mutter, die ihr Kind überbehütet, weil sie Angst hat, es könne ihm etwas passieren, und die in Angst lebt, wenn es nicht da ist.	Der Manager, der einen leichten Adrenalinschub verspürt, nachdem er einem Mitarbeiter eine Gehaltserhöhung abgeschlagen hat.
Niemals	„Mein Leben war ein Reinfall."	„Ich konnte niemals schwimmen lernen."
Immer	Lebensende im Gefängnis.	Ausflüchte, Entscheidungsschwierigkeiten.
Fast I	Entlassung wegen „ständigen Zuspätkommens".	Sich vornehmen, zum Geburtstag zu gratulieren, den Termin vergessen und am nächsten Tag anrufen.
Fast II	Ins „gelobte Land" gelangen und in Depression verfallen.	Ein Kompliment oder ein Dankeschön ablehnen, mit den Worten: „Das ist doch gar nichts, das ist doch ganz normal."

Tabelle 6.1 – Intensität des Skripts

Zur Erläuterung zeigt Tabelle 6.2 mögliche Skript-Verhaltensweisen im Berufsleben und angemessene Reaktionen des Managers.

Skript	Anzeichen	Reaktion des Managers
Bis	Der Mitarbeiter, Logiker oder Beharrer, klebt an seinen Vorgängen, verliert sich in Kleinigkeiten und überkontrolliert. Kann sich nicht zurückziehen, bis sein Vorgang perfekt abgeschlossen ist.	Er gibt Informationen zur Befriedigung der Bedürfnisse, ermuntert zum Lesen oder zur Teilnahme an Stress- und Zeit-Management-Seminaren.
Danach	Der Mitarbeiter, Empathiker, möchte es jedem recht machen und kann nicht Nein sagen. Provoziert Frustration und Zurückweisung.	Ermuntert seinen Mitarbeiter zu Ich-Stärke und zum Setzen von Grenzen und schlägt ihm als Zielsetzung vor, sich seiner Fähigkeiten bewußt zu werden und den Umgang mit dem Nein zu üben.
Niemals	Der Mitarbeiter, Träumer, findet nicht die Zeit, seine Aufgabe zu beenden, läßt sie liegen und fängt eine neue an; er hat die Vorstellung, nicht aufhören zu können.	Ermuntert den Mitarbeiter, eine Aufgabe zu beenden, bevor er die nächste angeht.
Immer	Der Mitarbeiter, Rebell oder Macher, erlebt sich in der Zwickmühle, kann keine Prioritäten mehr setzen und wird intolerant gegenüber Frustrationen.	Gibt Informationen zur Entscheidungsfindung und über Stressabläufe. Weist ihn, sobald dieser sich in der Zwickmühle wähnt, darauf hin, daß es an der Zeit ist, sich nur um sich selbst zu kümmern und alle anstehenden Arbeiten liegenzulassen, oder aber darauf, daß momentan nicht der richtige Zeitpunkt ist, Entscheidungen zu treffen.
Fast I	Der Mitarbeiter tendiert dazu, vor dem Ziel aufzugeben.	Unterstützt den Mitarbeiter auf der Zielgeraden.
Fast II	Der Mitarbeiter erscheint deprimiert, nachdem er das gesteckte Ziel erreicht hat.	Schlägt vor, den Erfolg zu feiern.

Tabelle 6.2 – Auf Skript-Verhaltensweisen reagieren

7

Das Persönlichkeitsinventar

Wenn wir die Persönlichkeitstypen kennen, können wir bereits unsere eigenen Haupttendenzen und die der uns umgebenden Personen herausfinden. Aber einfache Beobachtung genügt nicht, die Gesamtstruktur eines Menschen zu bestimmen. Es kann nützlich sein, sein Persönlichkeitsinventar (Persönlichkeitsinventar) zu erstellen. Mit dessen Hilfe lassen sich bestimmen:

- die Persönlichkeitsstruktur
- das auf jeder Etage des Gebäudes verfügbare Energiepotential
- die aktuelle Phase
- die vorhersehbaren Reaktionen unter leichtem und starkem Stress
- die bevorzugten Kommunikationskanäle

Es informiert gleichfalls über das Spektrum möglicher Interaktionen, das heißt über die Fähigkeit der betreffenden Person, effektiv mit den anderen Persönlichkeitstypen zu kommunizieren, und zwar entsprechend dem auf jeder Etage verfügbaren Energiepotential (das Spektrum zeigt den relativen Zeitraum an, während dessen die Person imstande ist, sich mit jemandem auszutauschen, der die korrespondierende Persönlichkeit aufweist), über Mißerfolgs-Mechanismen und über den Managementstil.

Das Persönlichkeitsinventar nimmt einen mehr und mehr geschätzten Platz unter den Auswahlverfahren ein. Mit ihm kann man vorhersagen, welche Umgebung für den Selbstausdruck und die Effektivität einer Persönlichkeit schädlich oder günstig ist. Außerdem erlaubt es, Teams entsprechend dem Interaktionsspektrum der einzelnen Mitglieder zusammenzustellen.

Im persönlichen Bereich erleichtert es, sich der eigenen Stärken und Möglichkeiten und der Verhaltensweisen bewußt zu werden, die erlernt werden sollten, um die eigenen psychischen Bedürfnisse zu befriedigen. Es gibt präzise Anhaltspunkte, um Stress gegenzusteuern.

Im folgenden als Beispiel das Persönlichkeitsinventar von Jean Dupont mit Analyse.

Persönlichkeitsprofil

Name: Jean Dupont
Kommentar: Gérard Collignon
Persönlichkeitstyp: Beharrer

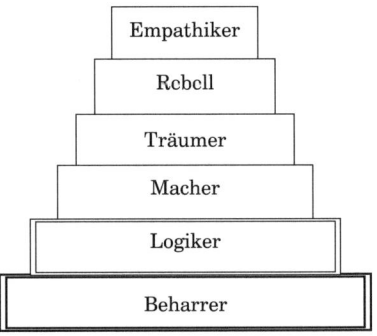

Empathiker
Rebell
Träumer
Macher
Logiker
Beharrer

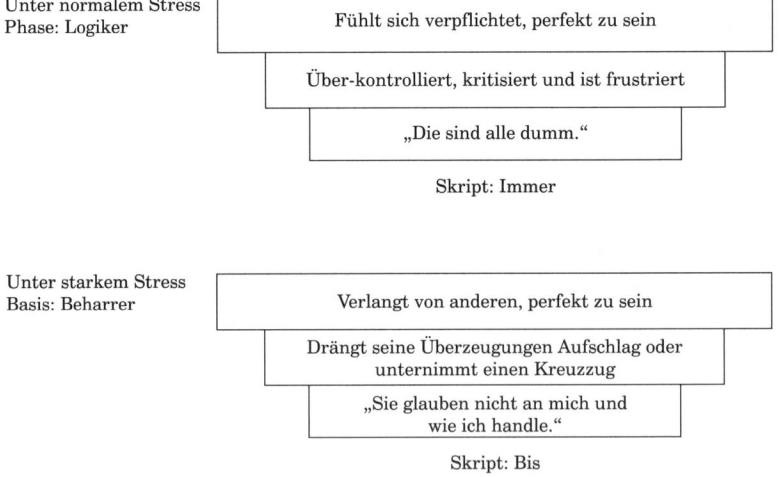

Unter normalem Stress
Phase: Logiker

Fühlt sich verpflichtet, perfekt zu sein

Über-kontrolliert, kritisiert und ist frustriert

„Die sind alle dumm.“

Skript: Immer

Unter starkem Stress
Basis: Beharrer

Verlangt von anderen, perfekt zu sein

Drängt seine Überzeugungen Aufschlag oder unternimmt einen Kreuzzug

„Sie glauben nicht an mich und wie ich handle.“

Skript: Bis

132

Persönlichkeitsinventar

Anteile	Punkte	Anteile	Punkte
1. Managementstile		6. Wahrnehmungs-„Türen"	
Demokratisch	100	Meinungen	100
Autokratisch	59	Gedanken	92
Laisser-faire	38	Handlungen	57
Wohlwollend	36	Inaktion	43
		Reaktionen	36
2. Persönlichkeitsanteile		Gefühle	34
Datenverarbeiter	100		
Direktiver	58	7. Interaktionsspektrum	
Emotionaler	37	Logiker	90
Unterstützer	35	Beharrer	88
		Macher	58
3. Kommunikationskanäle		Träumer	52
Informativ	100	Rebellen	37
Direktiv	52	Empathiker	36
Spielerisch	34		
Fürsorglich	32	8. Antreiber	
		Sei du perfekt	100
4. Psychische Bedürfnisse		Sei perfekt	93
Anerkennung für Arbeit/		Sei du stark	57
Überzeugungen	100	Sei stark	51
Strukturierung der Zeit	89	Streng' dich an	36
Aufregung	54	Sei lieb	35
Einsamkeit	48		
Kontakt	33	9. Skript	
Anerkennung als Person/		Bis	100
Geborgenheit	31	Immer	56
		Niemals	50
5. Bevorzugte Umgebung		Fast II	34
Zurückgezogen aktiv	100		
Engagiert passiv	56	10. Mißerfolgs-Mechanismen	
Zurückgezogen passiv	50	Unternimmt Kreuzzug	100
Engagiert aktiv	33	Überkontrolliert	88
		Manipuliert	52
		Wartet passiv ab	46
		Weist Schuld zu	31
		Macht dumme Fehler	30

Jean Dupont ist von der Basis her Beharrer, der eine Phase als Logiker erlebt hat und sich momentan in der Macher-Phase befindet. Die folgenden Phasen sind der Reihenfolge nach: Träumer, Rebell, Empathiker.

Die Stärken von Jean Dupont sind zuerst einmal die Stärken des Beharrers, das heißt: er ist aufopferungsbereit, ein guter Beobachter und gewissenhaft. Aktuell entwickelt er die Charakteristika des Machers und somit auch dessen Stärken: Überzeugungskraft, Anpassungsfähigkeit und Charme.

Unter normalem Druck bevorzugt er, als Manager wie als Mitarbeiter, den demokratischen Management-Stil.

Gleichzeitig entwickelt er auch den autokratischen Stil des Machers. Die Stile „laisser-faire" und „wohlwollend" werden von ihm relativ wenig angewandt, denn die Punkte liegen bei 38 bzw. 36.

Persönlichkeitsanteile: Jean Dupont bevorzugt Kommunikation von Datenverarbeiter zu Datenverarbeiter, basierend auf einem Austausch von Informationen. Er tendiert jedoch auch zum Gebrauch des Direktiven, der Anweisungen im Imperativ erteilt. Der Emotionale und der Unterstützer sind von ihm wenig gebrauchte Persönlichkeitsanteile.

Jean Dupont kommuniziert bevorzugt über den informativen Kanal, der seinerseits auf Informationsaustausch beruht. Ziemlich häufig wird er auch den direktiven Kanal verwenden, denn dessen Punktzahl liegt bei 55. Der spielerische und der fürsorgliche Kanal hingegen werden wenig benutzt werden.

Psychische Bedürfnisse: Diese Komponente zeigt uns die aktuellen Motivationsquellen von Jean Dupont an. Seine Basis-Bedürfnisse sind, für seine Arbeit und für seine Überzeugungen Anerkennung zu finden (Bedürfnisse des Beharrers). Aktuell ist das motivierendste Bedürfnis das nach Aufregung, was bedeutet, daß er privat wie beruflich kräftige Stimulationsquellen finden muß. Nachdem die folgende Phase die des Träumers ist, kann Jean Dupont dann wahrscheinlich die Fähigkeit zu Introspektion und zu vertiefter Situationsanalyse entwickeln. Diese Phase zeigt uns auch das Bedürfnis nach Einsamkeit an. Die Bedürfnisse nach Kontakt und nach Anerkennung als Person sind im Moment wenig motivierend für ihn.

Bevorzugtes Umfeld: Jean Dupont fühlt sich wohler und funktioniert effektiver in einem Umfeld, das ihm erlaubt, alleine oder zusammen mit einer anderen Person zu arbeiten. Er beweist auch eine gut entwickelte Fähigkeit, sich an unterschiedliche Gruppen anzupassen, aber kann dort nicht über einen längeren Zeitraum arbeiten.

Jean Dupont kommuniziert hauptsächlich ausgehend von seinen Meinungen (100 Punkte für diese Art der Wahrnehmung) und bevorzugt im Prinzip die Handlung. Also werden seine Botschaften häufig Meinungen enthalten, die auf Handlungen ausgerichtet sind. Die drei anderen möglichen Informationen über Inaktion, Reaktionen und Emotionen sind kaum zu bemerken. Er ist diesen Wahrnehmungen gegenüber also wenig offen.

Das Interaktionsspektrum zeigt uns seine relative Fähigkeit an, mit den einzelnen Persönlichkeitstypen zu kommunizieren und sie zu führen.

Man kann feststellen, daß ihm das natürlich leichter fällt mit den Logikern und den Beharrern, die 90 bzw. 88 Punkte haben. Die niedrigeren Punktzahlen sind folgendermaßen zu interpretieren: Sie bezeichnen die relative prozentuale Zeitdauer, während der er mit den betreffenden Persönlichkeitstypen kommunizieren kann. Man kann sehen, je niedriger die Punktzahl ist, desto mehr Energie braucht Jean Dupont, um die Kommunikation oder ein zufriedenstellendes Management aufrechtzuerhalten (Macher 58, Träumer 52, Rebell 37 und Empathiker 36). Schwierigkeiten sind also möglich mit den Rebellen und den Empathikern.

Stress-Verhalten: Unter leichtem Stress erwartet Jean Dupont tendenziell von seiner Umgebung und seinen Mitarbeitern, daß sie Verantwortung übernehmen und sich selbst zu helfen wissen. Er muß also wachsam darauf achten, daß er seinem Team die notwendige Unterstützung zukommen läßt.

Unter starkem Stress präsentiert er das Stress-Verhalten des Beharrers, indem er von den anderen Perfektion verlangt. Er sieht dann im Prinzip nur noch das, was nicht läuft.

Unter leichtem Stress läuft er Gefahr, das Immer-Skript auszuleben, in dem sich das Individuum wie in der Zwickmühle befindlich sieht und wo es Schwierigkeiten hat, Entscheidungen zu treffen. Sein Mißerfolgs-Mechanismus unter leichtem Stress ist eine Tendenz zur Manipulation, also die Möglichkeit negativer Aufregung, indem er Spannungen und Konflikte erzeugt oder zu große Risiken eingeht, und zwar beruflich wie auch privat.

Unter starkem Stress versucht er, den anderen seinen Standpunkt aufzudrängen, kann nicht mehr zuhören, analysieren und begreifen und beweist Mißtrauen und exzessive Rigidität. Er ist jemand, der dann extrem sensibel gegenüber negativen Feedbacks wird.

Zweiter Teil

Anwendung der Konzepte der Process Communication

8

Process Communication: Management nach Maß

„Man muß heutzutage davon ausgehen,
daß jedes Firmenproblem
ein Problem
menschlicher Beziehungen ist."

MERYEM LE SAGET

Zahlreiche Kommunikationsprobleme sind die Folge von Druck, der auf den Manager einwirkt. Diese Probleme, ob sie aus seiner Stellung innerhalb der Firmenhierarchie herrühren oder von außen kommen, und ebenso die schädlichen Folgen, die sich daraus ergeben, könnten vermieden werden, wenn der Manager lernen würde, sich selbst und die mit dem Persönlichkeitstyp jedes seiner Mitarbeiter verbundene Dynamik besser zu verstehen.

Ein Großteil der Manager sind von der Basis Beharrer (etwa 70% der Teilnehmer unserer Seminare). Wie wir bereits hervorgehoben haben, bezieht der Manager vom Typ Beharrer seine Motivation daraus, angehört zu werden und seine Botschaft zu übermitteln. Er muß häufig erst lernen zuzuhören. Diese Fähigkeit zuzuhören ist, wenn wir Michel Crozier glauben wollen, die conditio sine qua non für den Erfolg eines neuen Managements.

Process Communication stellt für die Firma ein Verfahren dar, das leicht zugänglich und schnell anwendbar ist. Ihre Effektivität beruht großteils darauf, daß die Methode auf allen Ebenen der Hierarchie und bei allen Arten von Aktivitäten angewandt werden kann, wodurch sie sich hervorragend dazu eignet, eine gemeinsame Sprache zu schaffen. Zudem gestattet sie, einen der wesentlichen Aspekte der Arbeit in einer Firma anzusprechen: die Motivation der Menschen.

Obwohl die Methode ausgesprochen einfach ist, fordert ihre Anwendung Engagement auf der höchsten Ebene der Firma und eine wirklichen Einbeziehung der Manager. Aus diesem Grund wendet sie sich in erster Linie an letztere und bietet eine ganze Reihe von Hilfsmitteln an, die sie auf ihrem Lernweg und bei der Erprobung des Modells begleiten können: Abgrenzung der Management-Stile, Aktionsplan des Managers, Supervisionsgruppen. Dieses Kapitel ist dazu bestimmt, ihnen als Anhaltspunkt auf dem Weg der Veränderung zu dienen.

Die Management-Stile

> *„Ein guter Führer zu sein,*
> *erfordert, sich selbst gut zu kennen,*
> *seinen eigenen Stil klar zu umreißen*
> *und sich zu bemühen, diesen zu erweitern*
> *und zu nuancieren."*

MERYEM LE SAGET

Die Persönlichkeitstypen und die Kommunikationskanäle haben einen offensichtlichen Einfluß auf die Management-Stile. In der Process Communication kennt man vier Stile; jeder davon hat seine Vor- und Nachteile.

Autokratischer Stil

Der schwarze Kreis symbolisiert den Führer, die weißen Kreise stellen seine Mitarbeiter dar.

Der Manager gibt Anweisungen und erwartet, daß die Mitarbeiter sie ausführen. Er gebraucht den direktiven Kanal und sagt zum Beispiel: „Fassen Sie mir diesen Bericht zusammen.", „Definieren Sie mir Ihre Ziele für unsere Zusammenkunft.", „Sagen Sie mir, was...", usw. Es handelt sich um einen Stil, der, wie wir beim direktiven Kanal gesehen haben, auf den denkenden Teil des Individuums zielt. Er hat den Vorteil, daß er zeitsparend und sehr direkt ist. Er zeigt völlig klar, wer der Führer ist. Er hat den – beträchtlichen – Nachteil, daß er den meisten Mitarbeitern mißfällt, so daß er bei ihnen Rebellion oder Über-Anpassung hervorruft. Er ist wenig ermutigend für den Fluß von Informationen. Und doch ist er außerordentlich nützlich in brenzligen Situationen. Bei Feueralarm zum Beispiel konsultiert man nicht vorher alle Mitarbeiter, um eine Entscheidung über die beste Gegenstrategie herbeizuführen... Wir könnten von einem „gehobenen Befehlston" sprechen. „Gehoben", weil man beim Militär erwartet, daß der Angesprochene den Befehl ausführt, während man beim autokratischen Stil von ihm verlangt zu denken, bevor er eine Anweisung durchführt.

Dieser Stil paßt zu Träumern, die ausdrückliche Anweisungen nötig haben, und zu Machern, denn er ist knapp und kommt ihrem Bedürfnis nach Aktion entgegen. Letztere gebrauchen ihn selbst sehr gern, was erklärt, warum sie des öfteren Managementprobleme haben. Tatsächlich muß dieser Stil bei allen anderen Persönlichkeitstypen gemieden werden. Der Empathiker sagt sich sonst: „Warum redet er so mit mir? Was habe ich ihm denn getan?" Logiker und Beharrer: „Ich weiß selber, was ich zu tun habe. Ich kann selber denken." Der Rebell wird sich unverzüglich festgenagelt fühlen ... und wird rebellieren. Der autokratische Stil ist also bei 85% der Bevölkerung zu vermeiden. Und doch ist er bis heute in Unternehmen weit verbreitet und in Gebrauch.

Erschwerender Umstand: Es handelt sich in der Regel um einen negativen autokratischen Stil, also um eine Maske. Wenn jemand barsch sagt: „Sie machen das jetzt. Punktum.", benutzt er bereits eine Angreifer-Maske, und nicht einen positiven autokratischen Stil. Während des Trainings in Process Communications-Seminaren tendieren die Manager ebenfalls dazu, ihn auf aggressive Art zu spielen. Der Gebrauch des positiven autokratischen Stils ist häufig ihre Schwachstelle, was ihre Schwierigkeit erklärt, Träumer und Macher zu managen.

Demokratischer Stil

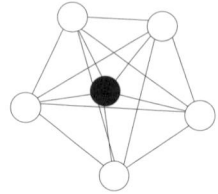

Der Führer glaubt fest daran, daß es vorrangig ist, daß jeder im Team seine Meinung, seine Anregungen und seine Wünsche ausdrücken kann. Er macht dann eine Synthese, aufgrund derer er seine Entscheidung ausarbeitet. Er stellt also die Ansichten jedes einzelnen in Rechnung.

Der immense Vorteil dieses Stils ist, daß er die Intelligenz des Unternehmens mobilisiert. Die Individuen fühlen sich mit ihren Gedanken und Ideen anerkannt. Sein Nachteil ist, daß er die Mitarbeiter eher entmutigt, deren Schwerpunkt das Handeln ist. Er kann auch sehr Zeit intensiv sein, da er viele Absprachen und Meetings braucht. Letzter Nachteil: Er kann Frustrationen schaffen, wenn der Manager nicht auf die Bedürfnisse nach Anerkennung achtet, zum Beispiel die des Beharrers, der seine Überzeugung standfest verteidigt hat und dessen Vorschlag nicht beachtet wird.

Dennoch funktioniert dieser Stil gut bei den Beharrern und den Logikern, und auch, allerdings in geringerem Maße, bei den Empathikern, den Rebellen und den Träumern. Er ist zu vermeiden bei den Machern, denn er ist zu wenig stimulierend. Die Macher sind solche, die sich bei den Sitzungen langweilen und mit den Fingern auf dem Tisch trommeln und sich denken: „Was ist denn das für ein Blabla... und wenn wir jetzt mal zur Sache gingen?"

Wohlwollender Stil

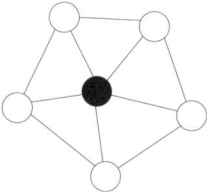

Der Führer ist der Überzeugung, das Wichtigste sei zunächst einmal ein gut eingespieltes Team mit einer angenehmen Atmosphäre. Sein Ideal ähnelt dem einer Familie: die Firma läuft, weil sie ein bißchen wie eine große Familie ist. Jeder fühlt sich darin wohl.

Dieses Management ist wohltuend für Menschen, die als Individuum berücksichtigt werden wollen. Aber der Großteil der Mitarbeiter, und vor allem die Beharrer und die Logiker, fühlen sich dabei nicht wohl. Sie betrachten es häufig als ein Überbleibsel patriarchalischen Stils (der in Wirklichkeit kein empathischer Stil ist, sondern den man eher bei den Beharrern früherer Zeiten trifft), oder geradezu als ein Eindringen in ihre Privatsphäre, und das um so mehr, als der Manager, natürlich ein Empathiker, nicht immer klare Grenzen zwischen privatem und beruflichem Tagesplan zieht. So kann es vorkommen, daß er Wochenendtreffen anregt, die die Ehegatten und die Kinder einschließen, usw. Andererseits ist dieser Stil ausgesprochen effektiv bei 30% der Bevölkerung, das heißt bei den Empathikern.

Laisser-faire-Stil

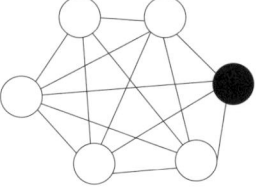

Der Führer läßt jedem weitestgehende Autonomie. Der große Vorteil dieses Stils: Er appelliert an die kreativen Fähigkeiten und ist besonders geeignet für Brainstorming.

Er funktioniert ebenfalls gut, wenn jeder der Mitarbeiter bereits seinen persönlichen Stil entwickelt hat. Sein größter Nachteil: Für zahlreiche Mitarbeiter fehlt es diesem Stil an Struktur. Er verursacht eventuell eine große Energieverschwendung, wenn jeder, auf sich alleine gestellt, ein wenig hier und dort vor sich hin wurstelt. Er paßt besonders zu kreativen Rebellen. Dennoch, zwar brauchen die Rebellen einen Laisser-faire-Stil, aber sie brauchen auch Grenzen. Er paßt nicht zu den Träumern; sie nämlich ergreifen keine Initiative und geraten beim Laisser-faire-Stil in Gefahr, daß sie eben überhaupt nichts tun.

Individuelles Management

Jeder der Stile ist bei einem oder zwei Persönlichkeitstypen angemessen - und bei anderen zu vermeiden (siehe Tabelle 8.1). Es gibt keinen idealen Stil, und die Manager wissen das sehr wohl. In der Process Communication spricht man also von individuellem Management. Bei diesem Management-Stil benutzt der Manager die unterschiedlichen Persönlichkeitsanteile, um den jeweils zur Person passenden Stil zu übernehmen: demokratisch bei den Logikern und den Beharrern, autokratisch bei den Träumern und den Machern, laisser-faire bei den Rebellen und wohlwollend bei den Empathikern.

Persönlichkeitstyp	Einzusetzender Management-Stil	Zu vermeidender Management-Stil
Empathiker	Wohlwollend	Autokratisch
Logiker	Demokratisch	Autokratisch
Beharrer	Demokratisch	Autokratisch
Rebell	Laisser-faire	Autokratisch
Träumer	Autokratisch	Laisser-faire
Macher	Autokratisch	Demokratisch

Tabelle 8.1 – Management-Stile

Rita: „Ah ja, welch schöner Wahlspruch: Laßt die Rebellen machen und sorgt für die Empathiker..."

Bernhardt (die Stirne runzelnd): „Aber wenn ich bei jedem anders reagiere, dann werden die das doch seltsam finden..."

Eva: „Du hast Angst, daß du nicht mehr natürlich bist und deine Spontaneität verlierst. Man hört das auch von Eltern, denen man vorschlägt, ihr Verhalten ans Temperament ihrer einzelnen Kinder anzupassen. Und doch mußt du zugeben, daß du dich intuitiv nicht bei allen Mitarbeitern gleich verhältst."

Rita (lacht schallend): „Ja, Gott sei dank..."

Ludwig (spricht schnell): „Die Kenntnis der Management-Stile erlaubt dir, diese Vorgehensweise zu verfeinern. Wenn jeder sich in seinen psychischen Bedürfnissen anerkannt fühlt, wenn der an ihn gerichtete Kommunikationsstil zu ihm paßt, dann ist er nicht frustriert, wenn er feststellt, daß man mit seinem Nachbarn einen anderen Stil gebraucht. Da kann man nämlich hören: 'Ich schätze die Beziehung zu meinem Manager. Ich finde, daß er mich versteht. Es ist sicher, daß ich es nicht ertrüge, wenn er mich wie ein Ding behandeln würde...'"

Mike: „Eure Geschichte, das ist Jacke wie Hose, einfach Manipulation..."

Eva: „Nicht, wenn du alle informierst."

Rita: „Mir kommen die Tränen..."

Eva: „Doch, wenn ich's dir sage... Wenn der Manager sein Team darüber informiert, was er gerade gelernt hat, kann er sie einladen mitzumachen."

Bernhardt (steht auf und wendet sich an Rita): „Gut, das ist noch nicht alles, aber ich brauche deinen Entwurf heute abend. Ohne Fehler."

Rita: „Äh... ich glaube, du hast dich im Stil geirrt!" (Allgemeines Gelächter.)

Das individuelle Management ist der beste Garant für die Motivation jedes einzelnen. Er verlangt von den Managern, daß sie sich an die Persönlichkeit jedes einzelnen Mitarbeiters anpassen, was sie ja schon bisher mit mehr oder weniger Erfolg getan haben. Dennoch stellt dieses Vorgehen nicht selten auch für sie eine tiefe Veränderung dar. Im Falle von Miß-Kommunikation besteht der gewohnte Reflex in der Mehrzahl der Fälle darin, zu verlangen, daß der andere sich ändert... Die Manager sind keine Ausnahme von dieser Regel. Wie auch immer ihre Anpassungsfähigkeit ausgeprägt ist, häufig erwarten sie von den Mitarbeitern, daß zuerst diese ihr Verhalten verändern sollen. „In meinem Team macht man das so...", hört man mitunter. Unterschwellig: „Richtet euch danach, wie das bei mir funktioniert."

Im Falle von Beziehungsproblemen erweist sich die 50/50-Regel ganz klar als besser geeignet, um wieder zu effektiver Zusammenarbeit zu kommen. Unabhängig vom Anlaß und von der Größe des Problems hat jeder Beteiligte 50% Verantwortung für das Problem. Gewöhnlich ruft diese 50/50-Regel, die aus Studien der Schule von Palo Alto hervorging, seitens der Teilnehmer unserer Seminare lebhafte Reaktionen hervor. Jeder hat ganz natürlich die Tendenz, zuerst das Verhalten des anderen in Frage zu stellen. Aber es ist nützlicher für einen selbst und für die persönliche Effektivität, sich die Frage zu stellen: „Was ist mein Anteil daran? Inwiefern bin ich verantwortlich für dieses Problem?" Sobald ein Mensch sich seiner partiellen Verantwortung für ein Problem bewußt wird und beschließt, sein Verhalten zu ändern, ändert sich sofort als Reaktion die Situation, und es wird dann einfacher zu metakommunizieren.

„Die Fähigkeit, zufriedenstellend zu metakommunizieren", sagt Paul Watzlawick, „ist nicht nur die Grundlage guter Kommunikation. Sie ist auch eng verknüpft mit dem weitläufigen Problem, sich seiner und der anderen bewußt zu sein."

Und doch kann auch die Verhaltensänderungen eines Akteurs als Reaktion ebenfalls ein Problem nach sich ziehen. Das ist zum Beispiel bei der Ehegattin der Fall, der ihr Mann im Bewußtsein, daß sie eine Empathikerin ist, Blumen mitgebracht hat, was er schon ewig nicht mehr getan hat. Anstelle von Dankbezeugungen muß er sich sagen lassen: „Solltest du dir vielleicht zufälligerweise etwas vorzuwerfen haben?"

Um die Metapher eines Seminarteilnehmers aufzugreifen: „Bevor man abbiegt, setzt man erst einmal den Blinker." Es ist in der Tat wesentlich, daß der Manager, nachdem ihm sein Verhalten bewußt geworden ist und falls er beschlossen hat, es zu ändern, sich die Zeit nimmt zu erklären, was er kapiert hat. Zum Beispiel kommuniziert ein Manager seit vielen Jahren mit seiner empathischen Mitarbeiterin nur auf der Ebene von Instruktionen. Als er vom Seminar zurückkommt, macht er sich daran, ihren Bedürfnissen als Empathikerin gerecht zu werden, indem er ihr sagt, wie sehr er sie schätzt. Er läuft dabei Gefahr, eine Mißtrauensreaktion auszulösen: „Was steckt denn da dahinter? Warum sagt er mir so was?" Man erreicht so nur noch stärkeres Mißtrauen... auf beiden Seiten, denn der Manager sagt sich: „Alle diese Theorien, die man lernt, alles Blabla, das funktioniert nicht im echten Leben..."

Wenn wir nicht über die notwendige Information verfügen, können wir die äußeren Ereignisse nicht zutreffend interpretieren. Ein echter Dialog mit den Mitarbeitern führt im Gegenzug zu mehr Vertrauen, der Hauptvoraussetzung für eine effektive Organisation.

Ludwig (vertraulich zu Rita): „Ich verstehe, was meine Frau mir vorwirft: Der Ausdruck von Gefühlen ist mir genauso fremd wie das Berliner Leben einem Bergbauern aus Tirol. Ich verstehe

auch, warum meine Sekretärin ihre Versetzung eingereicht hat..."
Rita: „Erklär's ihr, dann geht's schon besser. Und hör' auf, mich zum Kaffee einzuladen, weil ich angeblich Rebellin bin und Pausen gern mag, das schadet deiner Gesundheit!"

Der persönliche Entwicklungsplan des Managers

Der Chef muß zur Seele des Unternehmens werden.
Er muß fähig sein, den Untergebenen Vertrauen zu schenken,
ihnen zu helfen, ihre Aufgabe zu erleichtern und
ihnen zu erlauben, daß sie,
bei dieser Aufgabe, ihre Persönlichkeit stärken.
So wird es ihm gelingen, die Ressourcen zu mobilisieren,
die bisher in der Bürokratie verloren gingen.

MICHEL CROZIER

Die Anwendung der Process Communication ist für den Manager meist eine Entscheidung zur Veränderung, in deren Folge er dann sein neues Wissen praktiziert. Es kann sein, daß er in seinen Entwicklungsmöglichkeiten durch Druck seitens der Firma eingeschränkt wird, vor allem, wenn er die Methode als einzelner anwendet. Idealerweise wäre die Umsetzung das Resultat einer gemeinsamen Entscheidung, die von der Firmenspitze aus in die Tat umgesetzt wird. Auf jeden Fall ist die Ausbildung und das Training der Process Communication Anlaß zu einem Aktionsplan, mit dem der Manager, seine eigenen Stärken und Schwächen feststellt.

Stellen wir uns vor, ein Manager sei wenig vertraut mit dem Laisser-faire-Stil. Natürlich hat er Schwierigkeiten mit den Rebellen. Er betrachtet es nämlich als wesentlich, daß die Dinge strukturiert, klar, präzise und nachprüfbar sind (und selbstverständlich ist es wichtig, daß sie das sind). Seine Vorgehensweise muß also darin bestehen, daß er, auf seine Weise, die Charakteristika des Laisser-faire-Stils entwickelt, um darin allmählich eine gewisse Sicherheit zu erlangen und um die Rebellen zu managen, ohne sie negativ „festzunageln".

Dieses Verfahren verlangt von ihm Zeit und Aufmerksamkeit gegenüber seinen eigenen Verhaltensgewohnheiten. Den Gebrauch des Laisser-faire-Stils zu erlernen, kann für jemanden, der an autokratisches Funktionieren gewöhnt ist, einiges an Unsicherheiten hervorrufen. Aus diesem Grund wird die „persönliche Entwicklung des Managers" mehr und mehr unerläßlich, auf daß wir, wie Meryem Le Saget meint: „mehr wir selbst werden, um uns effektiv und offen auf die

148

wichtigen Aufgaben ringsum einzulassen." In dieser Hinsicht sind viele Firmen mißtrauisch. Sie befürchten das „Dampfkessel"-Syndrom und haben Angst vor dem, „was passiert, wenn man den Deckel wegnimmt". Es kann sich jedoch nicht darum handeln, irgend jemanden zu destabilisieren, sondern in einen Entwicklungsprozeß zur Bereicherung der Verhaltenspalette des Managers einzutreten.

Mike: „Was'n das, diese Geschichten von persönlicher Entwicklung? Wir sind doch hier nicht bei den Psychos."

Eva (zuckt die Achseln): „Du bringst da etwas durcheinander. Im Unterschied zur Psychotherapie, die darauf zielt, Wachstumsknoten der Vergangenheit zu lösen, um gewisse Potentiale zu befreien, greift die persönliche Entwicklung im Hier-und-Jetzt. Es kommt häufig vor, daß Menschen ein Potential haben, das sie wenig nutzen. Es ist, wenn du willst, wie wenn sie ein Haus mit sechs Wohnungen hätten. Sie sind alle sehr schön, auch wenn die in den oberen Etagen nicht so groß sind. Schade, daß sie die längste Zeit im Erdgeschoß und im 1. Stock leben. Sie müßten halt wissen, daß sie von oben eine unverbaubare Aussicht auf die ganze Stadt haben..."

Mike (schaut gelangweilt): „Jaja..."

Thea: „Wenn ich richtig verstehe, heißt 'sich persönlich entwikkeln', seinen Lebensraum in Anspruch nehmen. Aber da gibt es auch noch einen Paradigmenwechsel, ohne den gar nichts geht..."

Rita: „Wie bitte?"

Thea: „Ja, einen Wechsel der Grundüberzeugung. Einverstanden sein, sich selbst zu ändern, statt zu versuchen, den anderen zu ändern, und daran glauben, daß die Gewinner-Gewinner-Beziehung wirklich die effektivste ist... Ganz einfach, weil es viel leichter ist, auf sein eigenes Verhalten einzuwirken als auf das des anderen und ihn lieber durch exemplarisches Beispiel zur Veränderung anzuregen als durch gute Ratschläge."

Bernhardt: „Ich würde noch hinzufügen, je mehr man begreift, desto mehr kann man die Notwendigkeit der eigenen Veränderung akzeptieren. Es ist viel leichter, mit einem Beharrer unter Stress umzugehen, wenn man ihn als solchen identifizieren konnte, als wenn man von ihm die Vorstellung beibehält, er sei ganz einfach ein Tyrann. Nicht wahr, Rita?"

Rita: „Ja, Herr General." (Sie wendet sich an die anderen.) „Ich habe eine gute Neuigkeit für euch. Die meisten Tyrannen sind in echt gar keine Tyrannen. Hinter ihrem fürchterlichen Verhalten verbergen sich Bedürfnisse. Nur bei Bernhardt gibt es da noch einige Zweifel..."

Die weitere Begleitung des Manager bei seiner persönlichen Entwicklung kann nach den Process Communication-Seminaren in einer Supervisionsgruppe erfolgen.

Die Supervisionsgruppe

In der Supervisionsgruppe reflektiert der Manager seine Praxis und lernt, seine Effizienz als Manager ausgehend von seinem neuen Bezugsrahmen zu entwickeln. Die Supervisionsgruppe ist eine Hilfe zur Veränderung und erleichtert die Integration der Methode. Denn bei der Process Communication passiert das gleiche wie beim Tennis. Viele haben diesen Sport zunächst als Autodidakten gelernt. Bis sie sich eines Tages sagten: „Ich habe ein gutes Niveau erreicht, aber jetzt geht es nicht weiter." Und sie beschlossen, einen Lehrgang zu machen. Das erste, was sie gleich darauf feststellen, ist, daß sie weniger gut spielen als zuvor. Das heißt, bevor die Technik integriert und ihre Anwendung selbstverständlich ist, findet ein Rückschritt statt. Genauso haben Manager nach einem Seminar den Eindruck, ihre Natürlichkeit in der Kommunikation zu verlieren und weniger leistungsfähig zu werden, ähnlich wie jene Kinder, die das Wohnzimmer auf allen Vieren in 12 Sekunden durchquerten und die 5 Minuten dazu brauchen, sobald sie sich aufrichten, noch dazu mit mehrmaligem unerwartetem Umfallen während des Wegs.

Die Supervision ermöglicht die Begleitung während dieser Integrationsphase. Sie startet zwei oder vier Monate nach dem Seminar und findet alle 14 Tage oder monatlich statt. Sie erlaubt jedem einzelnen, seine Fähigkeit, sich in seinen Stockwerken zu bewegen, zu entwickeln, die Persönlichkeitstypen seiner Mitarbeiter zu identifizieren, die auftretenden Managementprobleme zu lösen und seine Schwierigkeiten in der Beziehung zu den Vorgesetzten zur Sprache zu bringen. Im Anschluß an die Basisausbildung optimiert die Supervisionsgruppe die Aneignung dieses Lehrstoffs durch persönliche Begleitung und Erfahrungsaustausch mit anderen Teilnehmern.

Entscheidungen fällen

Henry Mintzberg hat die Aktivitäten des Managers in drei Kategorien eingeteilt: zwischenmenschliche Beziehungen, Informationsübermittlung und Entscheidungen. Wir haben bereits gesehen, wie die Steuerung des Managementprozesses mit Hilfe der Process Communication die Effektivität des Managers und die Qualität der zwischenmenschlichen Beziehungen verbessern kann.

Entscheidungen treffen zu müssen, bewirkt angesichts der Größe der Herausforderungen immer häufiger innere Konflikte, die die Entscheidungsfähigkeit des Managers behindern können. Je größer der Stress, desto weniger leicht fällt es ihm, in heiterer Gelassenheit zu entscheiden. Immer wenn der Manager innere Widersprüche hinsichtlich der zu treffenden Entscheidung spürt, kann ihm die Übung „Hausbesitzerrunde" wertvolle Hilfe leisten. Bei dieser Übung geht es darum, daß man jedem Teil in sich das Wort erteilt und ihn anhört, was er in Bezug auf die anstehende Entscheidung denkt, fühlt und will. Ideal ist es dabei, zuerst seine Basis zu befragen, dann die folgende Phase und so weiter bis zum sechsten Stock, indem man sich folgende Fragen stellt:

Logiker: „Über welche objektiven Informationen verfüge ich, um dieses Problem zu lösen?"
Beharrer: „Welches sind meine Wertvorstellungen bei der Lösung?"
Rebell: „Welche originellen Ideen habe ich, um dieses Problem zu lösen?"
Empathiker: „Was fühle ich angesichts dieses Problems?"
Träumer: „Welche genauere Analyse kann ich davon machen?"
Macher: „Was will ich jetzt gleich tun, um es zu lösen?"

Beispiel:

Einem Unternehmensberater, dessen Geschäft einigermaßen gut läuft, bietet sich die Gelegenheit zu Begründung einer Gemeinschaftspraxis. Die Entscheidung ist von Wichtigkeit, es handelt sich um eine geschäftliche „Ehe" mit 50% Beteiligung der beiden Partner. Alle in seiner Umgebung raten ihm davon ab. Hubert merkt ganz zu Recht, daß auch nach einigen Wochen die Dinge für ihn noch nicht ganz klar sind. Obwohl er sich in der Macher-Phase befindet, also gewohnt ist loszulegen, zögert er. Wir schlagen ihm vor, die „Hausbesitzerrunde" zu machen. Huberts Gebäude: Empathiker (Basis) – Macher (Phase) – Rebell – Logiker – Beharrer – Träumer. Seine Runde ergibt folgende Resultate :

Empathiker: „Was ich spüre, ist, daß ich nicht mehr alleine sein möchte. Mit diesem eventuellen Partner geht es mir gut, es gibt keine Rivalität und keinen negativen Wettbewerb. Ich fühle mich sicher. Andererseits habe ich Angst davor, teilen und meine Handlungsweisen ändern zu müssen."

Macher: „Was ich machen will, ist Business, im Sinne von Entwicklung, Vernetzung, usw. Das ist die Gelegenheit für mich, in Kürze meinen Umsatz zu verdoppeln oder zu verdreifachen."

Rebell: „Wir sind zwei starke, unabhängige Persönlichkeiten. Für ihn hat Gefühl im Business nichts zu suchen, aber ich, ich kann ohne Gefühle keine Ehe eingehen... (Erinnerung an den Empathiker). Ein Superding wäre: Wir gründen jeder unseren Laden und machen in Synergie. Genau, voller Spaß, Energie, und keine Nachteile. Genial."

Logiker: „Die Informationen, über die ich verfüge, sind folgende: Ich bin gewohnt an eine umfassende Entscheidungsautonomie; mein Markt ist momentan schwierig, einen Partner mit einem hohen Gehalt zu haben, kann meine Firma platzen lassen; die Option zweier paralleler Strukturen erlaubt, sich Zeit zu lassen, und mit einem geringeren Risiko."

Beharrer: „Was ich glaube, ist, daß für mich eine gute Zusammenarbeit auf gutem gefühlsmäßigem Einverständnis beruht. Ich weiß, daß ich immer den Beziehungsaspekt höher einschätze. Ich kann mir Business nicht anders vorstellen."

Träumer: „Im Sinne einer gründlichen Analyse denke ich, daß es wichtig ist, die zwei, drei Alarmsignale, die ich auf der Beziehungsebene bekam, nicht zu vernachlässigen. Es ist ganz wichtig, daß ich mich auf nichts einlasse, wo ich eine Bremse meinerseits spüre, vor allem bei einer so wichtigen Angelegenheit."

Am Ende dieser Übung wirkt Huberts Gesicht entspannt, und er lächelt. Er hat den Eindruck, daß er besser weiß, was er jetzt will, daß er klarer sieht, was für ihn psychologisch auf dem Spiel steht, und daß ihm die äußere Realität besser bewußt ist. Die Idee des Rebellen-Anteils gefällt ihm gut, und er beschließt, sie seinem Partner vorzuschlagen.

Anderes Beispiel:

Paul ist Firmenchef. Er ist ein sehr aktives Mitglied einer bedeutenden Vereinigung von Führungskräften. Man bittet ihn, anläßlich eines Kongresses, dessen Organisation weitgehend er übernommen hat, über seine eigene Lebenserfahrung zu berichten. Und zwar im „Informations-Blatt", das am Tag der Veranstaltung verteilt werden soll. Pauls Gebäude ist wie folgt: Macher (Basis) – Beharrer (Phase) – Logiker – Empathiker – Träumer – Rebell. Dieses Ansinnen ruft bei ihm einen Konflikt hervor zwischen dem Wunsch nach Aktion des Machers und den Prinzipien des Beharrers. Hier ist seine „Hausbesitzerrunde":
Macher: „Das ist ein aufregendes Projekt! Es würde mir gefallen zu sagen: 'Schaut, was ich gemacht habe, wie ich die guten Gelegenheiten ergriffen habe.'"
Beharrer: „Die Vorstellung, etwas in Bezug auf meine Überzeugungen zu übermitteln, gefällt mir nicht schlecht, aber ich mache mir wirklich Gedanken hinsichtlich des Stils: 'Stelle dich nicht vorne hin, was zählt, ist, was du geschaffen hast. Werte muß man nicht bereden, sie sprechen für sich... Menschen mit ausgeprägter Ethik können schweigen...'"
Logiker: „Es fehlt mir an Informationen: Hat man so etwas schon einmal gemacht? Wie wird es aufgenommen?"
Empathiker: „Was ich spüre, ist zum einen ein Gefühl der Angst und zum anderen wieder so etwas wie: 'Mach' dich nicht wichtig, zeige dich nicht.'"
Träumer: „Ich brauche Zeit, um diesen Artikel vorzubereiten, damit er auch Elemente enthält, die meine Erfahrung reflektie-

ren. Im Sinne einer Analyse des Problems ist es klar, daß ich einen Konflikt erlebe zwischen der Lust, Anerkennung zu finden, und meinen Werten, nämlich der Überzeugung, daß Schweigen Vertrauenswürdigkeit garantiert."
Rebell: „Das könnte ganz toll sein, die Geschichte meiner Firma zu erzählen, von der Einzigartigkeit dieses Abenteuers, von seiner innovativen Seite..."

Auch in diesem Fall ist Paul am Ausgang der Übung entspannt. Er ist erstaunt über den Reichtum unterschiedlicher Gesichtspunkte und wird sich des inneren Konflikts zwischen seinem Hang zur Aktion und der Zurückhaltung, die ihn sein Vater gelehrt hat, bewußt. Er gönnt sich eine Bedenkpause, bevor er entscheidet.

Bei diesem Beispiel ist interessant, ein wie machtvolles Gegengewicht der vom Vater ausgehende Beharrer gegenüber dem Macher in ihm bildet. Manchmal wird Paul von seiner Umgebung wie jemand mit einer doppelten Persönlichkeit gesehen. Er zeigt gleichzeitig eine draufgängerische Seite, mit einem hohen Energiepegel und auf der Suche nach Herausforderungen, und eine unergründliche, zurückgezogene Seite, die auf Ruhm verzichtet, was beim Basis-Macher selten ist.

Im folgenden ein anderes Beispiel für ungleiche Rollen auf den unterschiedlichen Etagen der Persönlichkeit, erzählt von einer Psychotherapeutin:

Ich habe einen Klienten mit zwei Seiten: Beharrer und Macher. Er hat ein sehr starkes negativ-kritisches Eltern-Ich, dem er durch seinen Beharrer Ausdruck verleiht, der sich die Zeit damit vertreibt, den Macher zu „kastrieren", indem er ihm vorhält: „Nein, nein, du schaffst es nicht, du tust ja nichts, du arbeitest nicht genügend, streng' dich mehr an." Und mit einem Schlag hat er sich völlig daran gehindert, als Macher zu handeln. Im Laufe der Zeit hat er begonnen, sich zu akzeptieren und positive Energie in seinen Beharrer zu investieren. Im Moment wird für ihn gerade alles anders, denn er hat sich voll in ein Projekt gestürzt. Ich glaube, jetzt kann er sich auf seinen Beharrer stützen, damit der Macher nicht zu schnell zu weit geht.

Die Übung der „Hausbesitzerrunde" läßt wertvolle Informationen über das innere Erleben sammeln. Sie bewirkt ein Gefühl von Entspannung und Abstand. Der Betreffende kann gegebenenfalls Unstimmigkeiten und die Existenz von Konflikten zwischen verschiedenen Teilen seiner selbst identifizieren und auf mehr Integration hinarbeiten. Zum Beispiel kann er sich bewußt werden, daß es einen Konflikt gibt zwischen dem empathischen Teil (Vorliebe für Gesellschaft und für herzliche und entspannte Umgebung) und dem Anteil Logiker (zuallererst die Arbeit erledigen). Was er empfindet, wenn er erst einmal allen das Wort erteilt hat, ist, daß Frieden einkehrt, wie wenn in einer Familie jeder sich zu einem vorgegebenen Punkt äußern konnte. Diese Methode ist natürlich auch außerhalb des Berufs anwendbar, in allen Bereichen des Privatlebens, wo eine anstehende Entscheidung Widerstände beim Individuum mobilisiert.

Die Leitung von Teams

Die Anwendung der Process Communication für die Leitung von Teams erfordert eine gründliche Vorgehensweise, die dem Verantwortlichen dabei hilft, den Persönlichkeitstyp jedes einzelnen Mitarbeiters zu identifizieren, sowie die Funktion und die Umgebung, die am besten zu ihm passen. Anschließend wird sie durch die Übung alltäglicher Verhaltensmuster, die die Befriedigung psychischer Bedürfnisse zum Ziel haben, in die Praxis umgesetzt. Wie wir schon betont haben, wird die tägliche Anwendung der Process Communication in hohem Maße erleichtert, wenn die Mitarbeiter hinreichend informiert sind.

Bernhardt: „In diesem Zusammenhang habe ich mich manchmal gefragt, ob die Process Communication nicht Gefahr läuft, zur Manipulation der Mitarbeiter mißbraucht zu werden…?"
Eva: „Die Vorstellung der Manipulation folgt aus der Vorstellung, den anderen dominieren zu wollen. Aber wer sich dominiert fühlt, investiert viel weniger positive Energie in die Firma – wie auch in sich selbst. Die Gewinner-Gewinner-Beziehung erweist sich als weitaus effektiver. Sie besagt: 'Sie sind wertvoll, und ich bin wertvoll' beziehungsweise 'Sie sind okay, und ich bin okay.' Anstelle der Haltung: 'Das Gelernte anwenden, um meine Mitarbei-

ter zu manipulieren' – hält man sich lieber an Folgendes: 'Wir wissen beide, was bei unserem Arbeits- und Beziehungsmodus wichtig ist, und wir können über das, was geschieht, metakommunizieren.' Ideal wäre es, wenn alle an diesem Seminar teilnehmen würden. Aber das ist nicht immer möglich. Auf der anderen Seite, wenn der Manager, der von einem Seminar zurückkommt, sich die Zeit nimmt, um zu erklären und auszutauschen, was er gelernt und erfahren hat und was ihm zu verändern nützlich erscheint, dann gibt es kein Manipulationsrisiko mehr, und man spricht dann von der 'Gestaltung' der Beziehung."

Thea: „Es geht darum, immer Gewinner-Gewinner-Beziehungen herzustellen. Aber die +/+-Beziehung ist nicht selbstverständlich. Das ist genau das, was Professor Laborit beschreibt: Im täglichen Leben stellen sich ständig Gewinner-Verlierer-Beziehungen ein. Das entspricht +/– Relationen. Viel Energie wird verschwendet, um den anderen zu besiegen, um mehr Macht zu bekommen, mehr Vorteile... +/+, das muß man lernen..."

Ludwig: „Da liegt das ganze Problem: lernen... und sich Zeit nehmen!"

Rita: „Also ich sage, wenn der Manager sie sich nicht da nimmt, verliert er sie woanders..."

Thea: „Im Sumpf des Stress'..."

Rita: „Mir kommen die Tränen... In der Serie 'Komische Sachen' habe ich mir den Spaß gemacht festzuhalten, wie jeder von uns sein hauptsächliches psychisches Bedürfnis verrät. Zum Beispiel, ich weiß nicht, ob ihr es bemerkt habt, aber Ludwig, großer Logiker vor dem Herrn, hat manchmal die Gewohnheit, darauf hinzuweisen, wieviel Zeit er über einer Akte verbracht hat: 'Wißt ihr, ich habe bis 3 Uhr am Morgen gearbeitet...' Ein unbewußter Versuch, Anerkennung für seine Arbeit zu bekommen, oder? Während unserer kleinen Feten, wo jeder, o Wunder, in seine Rebellen-Etage steigt, habt ihr gesehen, wie Thea die Jalousien runterläßt? Sie wirkt dann ganz abwesend, schaut irgendwohin, so ungefähr wie: 'Ich bin nicht da, laßt mich im mich zurückziehen...' Wenn Eva sich in Stücke reißt, um zu ihrer Umgebung lieb zu sein, und systematisch lächelt, wenn ihr Blick sich mit einem anderen kreuzt, was sucht sie da? Wahrscheinlich, um ihrer selbst willen anerkannt zu werden..."

Eva: „Also, also..."

Bernhardt: „Gar nicht blöd, das Ganze..."

Rita: „Bernhardt, danke für dieses Kompliment... Ich würde sogar sagen, daß es intelligent ist. Hast du dich gehört, wie du drei Viertel deiner Hausansprachen angefangen hast? 'Meine Damen und Herren, im Ernst...' Ist das etwa kein Beharrer auf der Suche nach Anerkennung? Was Mike betrifft, unseren allseits geliebten Macher, habe ich festgestellt, daß er in Sitzungen ganz schnell dabei ist, mit den Fingern auf dem Tisch herumzutrommeln, Zeichen, daß er vor Ungeduld zappelt, endlich action zu machen."

Ludwig: „Es fehlt einer..."

Rita: „Wer?"

Ludwig: „Du!"

Rita: „Ach ja..."

Ludwig: „Hast du dich beim Meeting am Montag gesehen? Wo man beschließt, mehr als dreißig Minuten zu arbeiten, ohne Witze zu machen? Gewöhnlich fängst du an, auf dem Stuhl herumzuwetzen, du schaust in der Gegend herum... Meiner Meinung nach denkst du gerade an die neue Ausstattung deines Bades."

Bernhardt: „Oder daran, wie man seine Kreativität total daneben einsetzen kann..."

Es bedarf manchmal nur wenig, um einem Mitarbeiter zu signalisieren, daß er in seinen Bedürfnissen „(an)-erkannt" ist. Der adäquate Ton und ein passendes Wort eröffnen bereits die Bedingungen für eine klare und positive Kommunikation. Stellen wir uns den Chef des Teams Sofia's & Cie vor, der gerade ins Büro kommt:

„Guten Morgen, Ludwig, ich beglückwünsche Sie zu Ihrem Bericht! Können Sie mir bis morgen abend drei Leitgedanken daraus zusammenstellen? Guten Morgen, Bernhardt, ich würde gerne Ihre Meinung erfahren, wie wir unsere Service-Abteilung am besten reorganisieren könnten. Morgen, Rita, also wie ist sie denn verlaufen, diese Bowling-Partie gestern abend? Was würden Sie dazu sagen, die Animation für unsere neueste Software zu entwerfen? Hey, Mike, finden Sie uns bis morgen drei neue Kunden, und dann feiern wir das gehörig! Einen schönen guten Morgen,

Eva, wie geht es Ihnen? Ich habe gerade vom Examenserfolg Ihres Sohnes gehört, würden Sie ihm bitte meine aufrichtigen Glückwünsche überbringen? Ich wäre sehr froh, wenn Sie dieses Projekt übernehmen würden, das mir so sehr am Herzen liegt, nämlich betreffend die Verbesserung unseres Kundenservices. Guten Morgen, Thea, übernehmen Sie, bitte, die Analyse unserer hauptsächlichen Ursachen für Störungen im betrieblichen Ablauf, so, wie wir es gestern definiert haben."

Dieses Beispiel motivationsorientierter Strategie des Managers von Sofia's & Co erinnert uns an Martin Bubers Begriff der „realen Humanität": „Die Grundlage des Zusammenlebens des Menschen mit dem Menschen ist zwiefach und gleichzeitig einzig: das Bedürfnis, das jeder Mensch in sich trägt, Bestätigung zu finden für das, was er ist, und für das, was er durch andere Menschen werden kann, und gleichzeitig die angeborene Fähigkeit des Menschen, auf dieses Bedürfnis seiner menschlichen Gefährten zu antworten. Daß diese Fähigkeit in unvorstellbarem Maße brach liegt, macht die Schwäche und den in der Tat problematischen Charakter des menschlichen Geschlechts aus. Reale Humanität gibt es nur da, wo diese Fähigkeit sich entfalten kann."

Der Logiker wird bei dem Beispiel auch bemerkt haben, daß die Interaktion mit einem Empathiker doppelt so lange dauert wie mit den anderen Mitarbeitern. Es wäre jedoch unangebracht, daraus zu schließen, daß der Umgang mit einem Empathiker zeitraubender ist als mit einem anderen Persönlichkeitstyp.

Die Übertragung

Der Manager ist naturgemäß eine Übertragungsfigur, das heißt, daß er für zahlreiche Mitarbeiter eine Elternfigur darstellt. Unbewußt werden viele Dinge aus der Vergangenheit zwischen Mitarbeiter und Manager aufs Neue „durchgespielt". Der andere ist nicht mehr der andere, sondern das, was er repräsentiert: dies nennt man Übertragung.

So kann beispielsweise Alfred nicht verstehen, warum er gegenüber Menschen, die er nicht kennt, positive oder negative Gefühle empfindet. Wahrscheinlich spielt sich unbewußt etwas ab, und diese Menschen erinnern ihn an andere, die er in der Vergangenheit gekannt hat und für die er diese Gefühle empfand. Stellen wir uns vor, daß die Beziehung mit seinem Vater sehr konfliktreich war. Wenn sein Manager eine bestimmte Anzahl von Charakteristika seines Vaters auf sich vereinigt, ist es wahrscheinlich, daß Alfred unter Stress dazu tendiert, dieses Skript zu wiederholen. Es ist möglich, daß er ihm sagt: „Ich fühle mich sehr beeindruckt von Ihnen" oder „Ich fühle mich Ihnen gegenüber immer im Unrecht". In diesem Augenblick projiziert er auf seinen Vorgesetzten eine als repressiv erlebte Vaterfigur.

Die Übertragung ist einer der Aspekte der Beziehung, dessen Existenz und Wichtigkeit für jeden Verantwortlichen interessant zu kennen ist. Der Gebrauch eines unangemessenen Kanals kann diesen Übertragungsmechanismus auslösen. Dabei handelt es sich für den Manager nicht darum, dieses Phänomen zu behandeln, sondern auf die Qualität der Beziehung und der Kommunikation zu achten, um sein Auftreten zu vermeiden.

Übertragung und Masken

Die Masken, vor allem die zweiten Grades, sind manchmal Folge von Übertragungen. Als Kind hat Alfred eine Verfolger-Maske seitens seines Vaters integriert. Wenn sein Manager mit ihm einen direktiven Kanal gebraucht, nimmt er möglicherweise nicht diesen Kanal wahr, sondern die väterliche Verfolger-Maske, die als konditionierter Reflex seine eigene Maske zweiten Grades auslöst. Sie verrät sich durch archaische Reaktionen etwa folgender Art: „Ich bin unfähig" oder: „Soll er nur rennen, mich erwischt er nicht". Je mehr der Manager über Informationen verfügt, um Verhaltensweisen zu verstehen, je mehr er weiß, welches die Bedürfnisse sind, um so leichter ist es für ihn, sich anzupassen, anstatt zu denken: „Was hat er denn jetzt schon wieder?"

Niemand erwartet von einem Manager, daß er den Psychologen spielt. Das ist nicht seine Aufgabe, aber er kann andererseits den Prozeß steuern, um diese Art von Phänomen zu vermeiden. Wenn zwei Menschen klaren Kopfes kommunizieren, kann keine Übertragung entstehen, denn sie befinden sich im Hier-und-Jetzt, und nicht im Früher-und-Anderswo.

Nehmen wir den Fall, jemand überträgt auf seinen Vorgesetzten eine repressive Vaterfigur und legt eine Jammerer- oder Schuldzuweiser-Maske an. Wenn der Manager als Angreifer antwortet, reproduziert er das Kindheitsskript seines Gesprächspartners und... die Schlinge ist geknüpft, den der Angreifer hat die unbewußte Bestätigung, daß es „immer wieder gleich" ist. Wenn hingegen der Manager dem Betreffenden angemessen antwortet, sei es fürsorglich, sei es spielerisch, erfährt das vergangene Skript keine Unterstützung, und die Person erfährt eine neue, andere Realität. Leider provozieren Masken ihrerseits Masken, und damit häufig die Eskalation.

Andreas leitet ein Versicherungsbüro in einer kleinen Provinzstadt. Den wichtigsten Teil seiner Zeit verbringt er mit Kunden. Er hat erst vor kurzem seiner Sekretärin gekündigt, einer Empathikerin, die ihre Aufgabe nicht mehr schaffte. Kurz nach dieser Kündigung nahm Andreas an einem Process Communication-Seminar teil und entdeckte, daß er Logiker in der Macher-Phase war. Da begreift er, daß ein Teil der mit seiner Sekretärin aufgetretenen Schwierigkeiten mit seiner Phase zusammenhing. Er wird sich bewußt, daß er im allgemeinen von ihr erwartete, sie müsse es alleine schaffen, und daß er sie bei den neuen Aufgaben, die mit der rasanten Entwicklung seines Büros verbunden waren, nicht genügend unterstützte. Hinsichtlich der Neueinstellung einer Assistentin beschließt er, keine Empathikerin zu nehmen (er weiß, daß es ihm schwerfällt, sie zu unterstützen), und auch keine Rebellin (er ist sich nun bewußt, daß sein autoritärer Führungsstil sie allzu leicht „blockiert"). Er stellt also eine Mitarbeiterin ein, die Beharrer in der Logiker-Phase ist und sehr autonom wirkt. Einige Monate später zeigt diese mitunter Reaktionen einer Rebellin unter Stress, die er nicht versteht, und beide haben mit der Zeit ernsthafte Beziehungsprobleme. Andreas schlägt seiner Mitarbeiterin vor, ebenfalls an einem Process Communication-Seminar teilzunehmen.

Sie kommt ganz begeistert zurück: „Ich habe etwas für mich ganz Wichtiges über den Übertragungsvorgang erfahren", erklärt sie ihm. „Ich bin mir bewußt geworden, daß jedesmal, wenn Sie den 'harten Macher' zeigen, ich Widerstand entwickle und negativ reagiere. Mein älterer Bruder ist nämlich ein Macher. Früher, zu Hause, war er immer der Schönste, der Beste und der Liebling meines Vaters. Ich lehnte mich gegen diese Bevorzugung auf. Ich

160

weiß jetzt: Wenn sie sich gleich wie mein Bruder verhalten, neige ich dazu, sehr stark zu reagieren... wie früher."
Andreas versteht jetzt die tiefere Bedeutung ihrer Beziehungsschwierigkeiten und drückt seiner Mitarbeiterin sein Verständnis aus. Sie beschließen gemeinsam, zu metakommunizieren, wenn diese Situation wieder auftritt. Er begreift seinerseits, wie sensibel er gegenüber der Aggressivität einer Frau ist, was auch bei ihm mit einem Übertragungsvorgang zusammenhängt.

Die „Rabattmarken"

Eric Berne hat die Konzeption der psychologischen „Rabattmarken" entwickelt, in Anspielung auf die Marken, die so mancher von uns früher als Kind beim Händler bekam. Wir gingen hin zum Einkaufen, und entsprechend unserer Einkäufe gab er uns Marken. Je mehr wir kauften, um so mehr Marken gab er uns. Wir gingen nach Hause und klebten diese Marken in ein Heftchen. Wenn das Heftchen voll war, lösten wir es ganz glücklich gegen ein Geschenk ein. Je größer die Markensammlung war, desto größer war auch das Geschenk.

Die Analogie mit der Markensammlung ist leicht herzustellen, wenn nämlich Menschen „kassieren", ohne ein Wort zu sagen: „Sie kleben Rabattmarken".

„Na gut, du hast mir das angetan. Das macht nichts, ich werde mich beizeiten daran erinnern..."
„Ich bin der Spezialist, und man hat mich nicht zu Rate gezogen. Klar, ich weiß, was das bedeutet."
„Ich habe heuer keine Gehaltserhöhung bekommen. Das werden sie mir büßen..."

Diese Reaktionen entsprechen der Vergrößerung der Rabattmarken-Sammlung. Wenn die betreffende Person der Meinung ist, daß ihre Sammlung komplett ist, gibt ihr dies das Recht auf ein „angemessenes psychologisches Geschenk":

„Ich hatte völlig recht, ihm zu kündigen, nach allem, was er angerichtet hat!"

„Wenn das so ist, dann gehe ich eine Woche in den Krankenstand."

„Unter diesen Bedingungen ist es mir ein Vergnügen, ihm einige Steine in den Weg zu legen."

Die Rabattmarken gehören zu den großen Störungen in Beziehungen. Je größer die Sammlung zweier Individuen, desto „vergifteter" die Beziehung und um so mehr befinden sie sich im Zustand der Miß-Kommunikation. Je mehr sich diese Miß-Kommunikation ausweitet, desto reichhaltiger wird die Rabattmarken-Sammlung, und so weiter. Die Beziehung ist in einem Teufelskreis gefangen.

Die Strategie des Managers besteht darin, die Teammitglieder aufzufordern, Rabattmarken auszutauschen. Wie ist dabei vorzugehen? Es geht nicht darum, alte Rechnungen zu begleichen – was darauf hinausliefe, die Anzahl der Marken zu vergrößern –, sondern vielmehr darum, eine Beziehung herzustellen, wo der einzelne mit seinen Bedürfnissen gehört und verstanden wird. Man kann zum Beispiel lernen zu sagen: „Ich war frustriert, daß du diese Aufgabe einem anderen anvertraut hast" oder: „Ja, das habe ich bei dieser Sache gefühlt." Wenn der Gesprächspartner bei diesen Bemerkungen Gesprächsbereitschaft und Verständnis zeigt, resultiert daraus Erleichterung, aber auch eine Stärkung der Beziehung, die ein Klima des Vertrauens entstehen läßt: „Ich weiß jetzt, daß es tatsächlich möglich ist zu sagen, was nicht läuft, ohne daß ich vor Vergeltungsmaßnahmen Angst haben muß", schloß am Ende eines Gruppenseminars ein Mitarbeiter, der eine ansehnliche Rabattmarken-Sammlung hatte.

Und doch: Rabattmarken zurückzugeben ist ebenso wenig selbstverständlich wie aus der Position +/+ heraus zu kommunizieren. Das Vorgehen erfordert den festen Willen dazu und die Überwindung einiger zäher Widerstände, die Bereitschaft zu lernen und ein Training, zum Beispiel in Seminaren. Die Dinge zur Sprache zu bringen, stellt für viele eine schwierige und ungewohnte Aufgabe dar: „Ich kann es nicht irgendwie positiv ausdrücken, wenn etwas nicht funktioniert", und verlangt häufig eine Begleitung. Diese neue Herangehensweise erlaubt uns, zunehmend die Angst vor dem „Dampfkessel"-Syndrom zu verlieren und uns klar zu werden, in wie hohem Maße diese Vorgehensweise Energie freisetzt (die Rabattmarken-Sammlung frißt enorm viel Energie). Die Arbeit eines Teams mit einem Supervisor zeigt den Unterschied zwischen einer gegenseitigen, mit Masken verzierten Schuldaufrechnung oder einem „erwachsenen" Austausch der Marken. In der Folge kann das Team regelmäßige Austausch-Sitzungen einplanen. Es erlebt sich dann nicht mehr wie einen Korb voller Flöhe, sondern wie eine Gruppe von Menschen, die zusammen arbeiten und zur Sprache bringen, was sie empfinden. Dieses Vorgehen verursacht stets sehr positive Auswirkungen hinsichtlich der Beziehungsqualität einer Gruppe und damit ihrer Effektivität, vorausgesetzt natürlich, der Prozeß wird positiv gestaltet.

Die Team-Entwicklung

Ein weiterer Einsatzbereich bei der Anwendung der Process Communication in Unternehmen ist die Team-Entwicklung. Sie bildet natürlich das effektivste Mittel, daß alle gleichermaßen informiert sind, und liefert gleichzeitig interessante Fakten über die Struktur der Gruppe und über ihre Leistungsfähigkeit. Sie erlaubt eine Intervention auf mehreren Ebenen:

- Bessere Kenntnis seiner selbst, der psychischen Bedürfnisse und der Techniken zum Umgang mit Stress.
- Bessere Kenntnis der anderen Gruppenmitglieder.
- Erlernen einer gemeinsamen Sprache für die tägliche Kommunikation und den Umgang mit Konflikten.
- Erstellung des Gruppenprofils und eines Aktions- und Entwicklungsplans unter Berücksichtigung ihrer Stärken und Schwächen.

Das Gesamtprojekt erfordert eine Fortbildung der Gruppe zusammen mit ihrem Vorgesetzten. Grundlage ist das Persönlichkeitsinventar jedes einzelnen Teilnehmers.

Während der Fortbildung erfährt das Team drei grundlegende Konzepte zum Verständnis seines Funktionierens, seiner teaminternen Kommunikation und der Prozesse, die seine Konflikte verursachen. Diese Konzepte sind: das Gruppenprofil, die Dynamik der Konflikte und das Interaktionsmuster.

Rita: „Wie bitte?"

Ludwig: „Das Interaktionsmuster. Das Schema der Interaktionen innerhalb des Teams, wenn dir das besser gefällt. Jedes Teammitglied trägt dort die Persönlichkeitstypen ein, für die es mindestens 60% seiner Energie zur freien Verfügung hat, das heißt diejenigen, die es leicht zur Kommunikation mobilisieren kann." (Siehe Abb. und Tabelle 8.2)

Rita: „Also kurz, seine Basis und eventuell seine Phase..."

Ludwig (leicht gereizt): „Nein. Alle Typen, für die er 60% seiner Energie verfügbar hat. Das kann bei den drei oder vier unteren Etagen seines Gebäudes der Fall sein. Wenn erst jeder seine Typen auf einer Tafel eingetragen hat, gemäß einem bestimmten Farbcode pro Typ, ist es leicht, eventuelle Beziehungsschwierigkeiten zu visualisieren."

Eva: „Nehmen wir an, jemand benutzt seine Energie am leichtesten beim Empathiker und beim Rebellen und ist Tag für Tag mit einem Mitarbeiter zusammen, der sich hauptsächlich in den Etagen Träumer und Macher bewegt. Es ist anzunehmen, daß sie einige Schwierigkeiten haben, sich zu verstehen. Allein die Tatsache, daß man aus der Beschreibung der Interaktionsmuster Nutzen zieht, läßt die möglichen Spannungen nicht wirksam werden und erlaubt, über die Beziehung zu sprechen. Der eine sagt zum Beispiel: 'Wirklich, ich hätte gerne einen engeren Kontakt mit dir...' Und der andere: 'Daran hätte ich nie gedacht. Mein Reflex ist, daß ich gerne loslegen möchte.' Der Gebrauch der Process Communication dient also als Vermittlung und läßt jegliches Werturteil beiseite."

Thea: „Man könnte sagen, daß das Interaktionsmuster erlaubt, die vorgegebenen Kräfte im Team zu verstehen und einen neuen Blickwinkel gegenüber den 'Beziehungsknoten' zu gewinnen, die jedem System inhärent sind."

Das Interaktionsmuster erlaubt auch zu überlegen, wie die psychischen Bedürfnisse der Teammitglieder befriedigt werden können.

Nehmen wir als Beispiel ein Team, das sich aus Logikern und Beharrern zusammensetzt und aus einem Rebellen in der Träumer-Phase. Wahrscheinlich fühlt sich dieser dort so wohl wie ein Elefant in einem Porzellanladen und hat Schwierigkeiten in der Zusammenarbeit mit seinen Kollegen. Im Rahmen des Seminars denkt das gesamte Team über diese Situation nach, um seine Effektivität, ausgehend von dieser Besonderheit, zu steigern. Voraussetzung ist, Unterschiede zu akzeptieren. Nun, das wird einfacher, wenn man sie erst einmal begriffen hat (vor allem für die Logiker und die Beharrer, die begreifen müssen...).

Zur Erläuterung nehmen wir uns das Team vor, das aus Franz, Annie, Hans-Peter, Claudia und Toni besteht. In der Abbildung 8.1 ist ihre Persönlichkeitsstruktur als Diagramm dargestellt, mit der Basis links und mit grau unterlegter aktueller Phase. Aufgrund der Profile jedes einzelnen kann das Team sein Interaktionsmuster darstellen (siehe Abb. 8.2).

Die Analyse der individuellen Profile zeigt, daß Franz, Annie, Claudia und Toni problemlos von ihrem Logiker- und Beharrer-Anteil aus miteinander kommunizieren können. Hans-Peter, der den Rebellen-Anteil nur mit Franz teilt, wird ein hohes Energieniveau aufbringen müssen, um dem vorherrschenden Funktionsmodus seines Teams gerecht zu werden (akzeptiert sie seine Vorliebe für andauernde Scherze und nimmt sie seine Kreativität in Anspruch?). Claudias Macher-Seite trifft in diesem Team wahrscheinlich auf wenig Echo.

Das Team verfügt jetzt über die Elemente, die zur Ausarbeitung seiner Persönlichkeitsstruktur notwendig sind. Letztere entspricht dem arithmetischen Mittel der Komponenten jedes Mitglieds. Das Modell, das man so erhält, hat den Vorteil, daß es einfach und handhabbar ist. Siehe Tabelle 8.3.

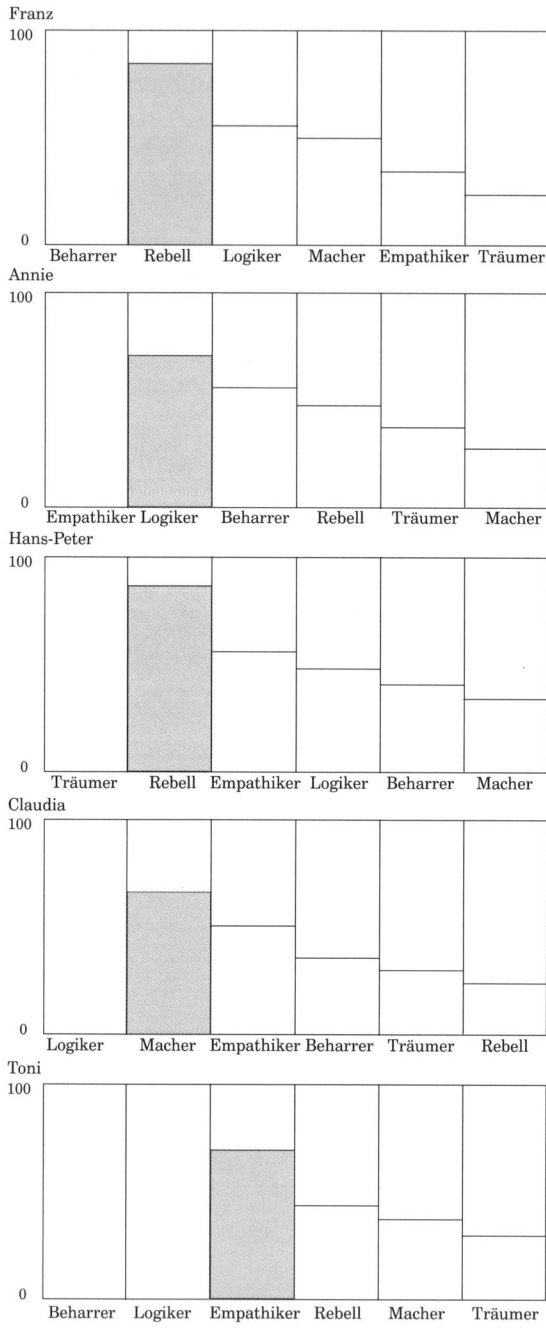

Franz

100						
0	Beharrer	Rebell	Logiker	Macher	Empathiker	Träumer

Annie

100						
0	Empathiker	Logiker	Beharrer	Rebell	Träumer	Macher

Hans-Peter

100						
0	Träumer	Rebell	Empathiker	Logiker	Beharrer	Macher

Claudia

100						
0	Logiker	Macher	Empathiker	Beharrer	Träumer	Rebell

Toni

100						
0	Beharrer	Logiker	Empathiker	Rebell	Macher	Träumer

166

	Beharrer	Rebell	Logiker	Macher	Empathiker	Träumer
Franz	100	80	55	40	35	25
Annie	50	45	75	20	100	30
Hans-Peter	45	85	50	40	55	100
Claudia	45	20	100	65	50	30
Toni	100	40	100	35	75	30
Gesamt	340	270	380	200	315	215
Durchschnitt	68	54	76	40	63	43

Tabelle 8.2 – Erstellung des Interaktionsmusters aufgrund der individuellen Profile

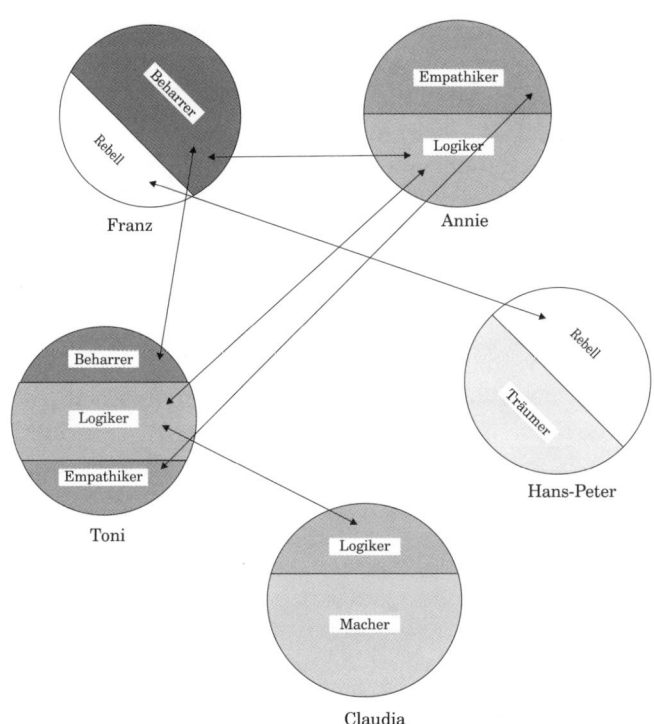

Abbildung 8.2 Das Interaktionsmuster innerhalb der Gruppe

| 76 | | | | | |
| Logiker | Beharrer | Empathiker | Rebell | Träumer | Macher |

Tabelle 8.3 – Das Gruppenprofil

Rita: „Wir, wir sind das ideale Team. Die Champions! 100% bei
jedem Typ garantiert. Wie kommt es, daß wir nicht schon längst
an der Regierung sind?"
Ludwig: „Ideal, fragt sich, für wen...?"
Bernhardt: „Wenn ich recht verstanden habe, ist die Struktur von
Führungsteams häufig die folgende: Beharrer – Logiker – Empathiker – Rebell – Träumer – Macher. Sie verfügen über viel Energie auf den beiden ersten Etagen und über wenig auf den zwei
oder drei letzten. Ihre Stärken: Professionalität des Logikers,
Sinn für Führung, Organisation, Planung, moralisches Niveau
und Einsatzbereitschaft des Beharrers. Ihre Schwächen: wenig
Bereitschaft zuzuhören (auch ein Beharrer-Syndrom), Bedürfnis
nach Sicherheit und Übergenauigkeit (Tendenz der Logiker), nur
bedingte Berücksichtigung der Menschen (Mangel an Empathikern), wenig Kreativität, Anpassungsschwierigkeiten und Mangel
an Grundlagenanalyse – aus Mangel an Zeit, natürlich."
Eva: „Aus diesem Profil können sie einen Aktionsplan ableiten.
Sich über die Entwicklungsarbeit bewußt werden, die es noch zu
leisten gilt, um die Ressourcen optimal auszuschöpfen. Es geht
zum Beispiel darum, daß sie Aktionen erarbeiten, die die Verbesserung ihrer Schwächen zum Ziel haben."

Bei einem unserer letzten Seminare entsprach die Zusammensetzung
eines Führungsteams obigem Profil. Die verschiedenen Basen und
Phasen waren wie folgt: Beharrer – Empathiker, Beharrer – Macher,

Logiker – Beharrer, Beharrer – Rebell, Logiker – Empathiker, Beharrer – Logiker. Reaktion der Teilnehmer: „Dieses Profil hat uns sehr nachdenklich gemacht. Unser Team kann Probleme analysieren und Schlüsse daraus ziehen, aber in der Aktion ist es schwächer. Diesem Aspekt gegenüber müssen wir sehr aufmerksam sein. Um so mehr, als das einzige Mitglied, das stark auf Aktion ausgerichtet ist, ein Macher ist, der seinerseits viel zu schnell vorgeht. Wir müssen Regeln und Überwachungsmechanismen einführen, die eine bessere Verteilung unserer Kräfte garantieren."

Wie für die Management-Stile, so bedeutet die Integration der Process Communication durch ein Team einen substantiellen Zeitgewinn. Manchmal hört man Manager sagen: „In meinem Unternehmen werden 40% der Energie mit Kommunikationsproblemen verbraucht." Und man hört die Mitarbeiter hinzufügen: „O je, wenn es nur 40% wären..."

Hier ist nicht von Magie die Rede. Die Konkurrenzkämpfe verschwinden nicht von einem Tag auf den andern. Nur, die Kontrahenten verfügen über ein Mittel, um auf gesunde Weise mit ihnen umzugehen, falls sie dazu entschlossen sind. Der Vorgesetzte muß dafür garantieren, daß das Vorgehen über einen längeren Zeitraum durchgeführt wird. Sein eigenes Engagement autorisiert die anderen Veränderungen. Desgleichen versteht es sich von selbst, daß, je mehr ein Führungsteam darauf achtet, auf die psychischen Bedürfnisse seiner Mitglieder einzugehen, auch diese wiederum um so mehr imstande sind, dieselbe Behandlung ihren Teams zukommen zu lassen.

Die Miß-Kommunikation ist also die größte Gefahr, die einem Team droht. Sie führt zu Frustration, zu Unbehagen, zu Energieverlust und zu Konfliktsituationen. Erfolg oder Mißerfolg eines Teams hängen großteils von den Mitteln ab, über das es verfügt, um die Qualität seiner Beziehungen zu optimieren. Je einfacher diese Mittel sind, je besser auf den Einzelnen anwendbar und je genauer allen bekannt, um so sicherer ihre Erfolgsgarantie.

Einer der unmittelbaren Vorteile der Fortbildung in Process Communication für ein Team ist, daß es die Wichtigkeit der Meta-Kommunikation entdeckt. Eine der von den Teilnehmern am meisten geschätzten Übungen besteht darin, daß jeder einzelne äußert, was er am Verhalten eines Kollegen schätzt und nicht schätzt. Häufige

Schlußfolgerung nach solchen Feedback-Sitzungen: „Man arbeitet seit zehn Jahren zusammen, und man kannte sich nicht!"

Die übliche Zurückhaltung zu sagen, was man denkt und was man fühlt, resultiert einerseits aus der häufig ausdrücklichen Befürchtung, „daß das auf mich zurückfällt", und andererseits aus dem kulturellen Druck, der auf diesem Gebiet höchste Vorsicht gebietet.

Und doch ist diese Art Übung wesentlich hinsichtlich der Information, wie jedes Individuum wahrgenommen wird, welches seine (oft verkannten) Stärken sind und welche Eigenschaften (auch sie häufig verkannt oder sogar übertrieben) verbesserungsbedürftig sind. Die Übung hilft den Teilnehmern zu einem hohen Energieniveau und zu großem Vertrauen in sich selbst und bewirkt einen deutlich festeren Gruppenzusammenhalt. Es ist ganz klar, daß die Rolle des Leiters bei dieser Art Erfahrung ganz wesentlich ist. Er muß ein Klima der Akzeptanz, des Wohlwollens und der Authentizität garantieren.

Die Seminare zur Team-Entwicklung liefern gleichzeitig Hilfestellung für den Einzelnen wie auch Hinweise für die Gruppe. Außerdem fördern sie das Entstehen einer gemeinsamen Sprache. Bei einem Konflikt kann ein nicht betroffenes Mitglied die Alarmglocke läuten und zum Beispiel sagen: „Können wir einen Augenblick darüber sprechen, was gerade geschieht?" und die anderen dazu auffordern, die Situation mit Hilfe der Process Communication zu entschlüsseln.

Die Dynamik der Konflikte in einem Team

Wenn die psychischen Bedürfnisse in einem Team nicht befriedigt werden, folgen daraus vorhersehbare konfliktträchtige Probleme, die in der Tat nichts anderes sind als ein Versuch der Betreffenden, ihre Bedürfnisse zu befriedigen, allerdings in negativer Weise. Der größte Teil der Konflikte zwischen den Mitgliedern wird dadurch verursacht, daß eine Person nicht bekommt, was sie sich wünscht.

Der Grad des Konfliktes zeigt uns an, in wie hohem Maße sie den Stress erlebt, der ihre Arbeit beeinträchtigt. Der Schaden für das Team ist direkt proportional. Die Grade des Konflikts, die direkt aus den Graden an Stress der betreffenden Person resultieren, zeigen uns auch die Strategie an, wie zu intervenieren ist und wie der Gruppe geholfen werden kann, diesen Konflikt zu lösen. Wie eine Kette nur so stark ist wie ihr schwächstes Glied, so hat auch ein Team nur die Effektivität seines am meisten gestressten Mitglieds.

Im Konfliktfall geht es also zuallererst darum, die Natur des Konfliktes zu identifizieren und seine Bedeutung zu entschlüsseln, indem man den vorliegenden negativen Mechanismus analysiert und die angemessene Antwort darauf anbietet. Diese besteht darin, das zugrunde liegende psychische Bedürfnis zu befriedigen und durch den angemessenen Kommunikationskanal wieder eine positive Kommunikation herzustellen.

Welches sind nun die drei vorhersehbaren Konfliktstufen für jeden Persönlichkeitstyp?

Konfliktverhalten des Empathikers in der Gruppe

Der Empathiker denkt auf der ersten Stufe der Miß-Kommunikation, die Gruppe werde ihn akzeptieren, wenn er zu ihr lieb ist. Er fängt also an, Antworten zu geben, die für die Arbeit belanglos sind, mit dem Ziel, akzeptiert und geschätzt zu werden.

Auf der zweiten Stufe setzt der Empathiker die Maske des Jammerers auf und macht Fehler, die bei der Gruppe Kritik provozieren.

Wenn er bis zur dritten Stufe weitermacht, wird er von der Gruppe zurückgewiesen und schließlich ausgeschlossen; er denkt, daß man ihn nicht mag, und bestätigt sich so diese Grundüberzeugung.

1. Stufe	Sei lieb	Ich tu doch alles Mögliche, um lieb zu euch zu sein.
2. Stufe	Jammerer	Ich bin ein Idiot, ich habe nichts kapiert.
3. Stufe	Verzweiflung	Es ist zu schlimm, ich bin am Ende, ich kann nicht mehr.

Tabelle 8.4 – Konfliktverhalten des Empathikers in der Gruppe

Konfliktverhalten des Logikers in der Gruppe

Der Logiker unter Stress ersten Grades denkt, die Gruppe werde ihn akzeptieren, wenn er perfekt ist. Daher wird er übergenau, denkt für die anderen mit und kann nur schlecht delegieren, denn er ist überzeugt, daß er es besser, schneller und effektiver kann als ein anderer.

Falls er in Stress zweiten Grades gerät, setzt er eine Angreifer-Maske auf, und sein Verhalten ist charakterisiert durch das Auftreten von Frustrationen, Wutanfällen und Kritik. Er überkontrolliert und fühlt sich durch die Mitglieder frustriert, die seine Vorstellungen nicht akzeptieren. Er attackiert verbal die Mitarbeiter, die „nicht überlegen", und kritisiert die Gruppenmitglieder hinsichtlich ihrer Zeiteinteilung, ihres gesunden Menschenverstandes, ihres Verantwortungsgefühls, ihres Ordnungssinns oder ihrer Arbeit überhaupt.

Falls er sich in Miß-Kommunikation dritten Grades begibt, baut der Logiker für sich die Überzeugung auf, daß es sinnlos ist, mit Leuten zusammen zu bleiben, die keine Probleme lösen können. Er weist die Gruppe und ihre Mitglieder zurück, unter dem Vorwand, daß sie nicht denken können.

1. Stufe	Sei perfekt	Ich mach's lieber selber, das ist sicherer!
2. Stufe	Angreifer	Lassen Sie mich sehen, wie weit Sie sind. Machen Sie's so. Sind Sie nicht gescheit, oder was?
3. Stufe	Verzweiflung	Also wirklich, nichts als Unfähigkeit. Ach, wenn ich nur nicht hier sein müßte! Hier gibt es niemanden, auf den ich mich verlassen kann.

Tabelle 8.5 – Konfliktverhalten des Logikers in der Gruppe

Konfliktverhalten des Beharrers in der Gruppe

Auf der ersten Stufe der Miß-Kommunikation hat der Beharrer die Einschätzung, daß die anderen perfekt sein müssen, wenn sie zur gleichen Gruppe wie er gehören wollen. Er erwartet von ihnen das gleiche Maß an Hingebung, Loyalität und Arbeitseinsatz, wie er selbst liefert, konzentriert sich auf das, was nicht funktioniert, und sieht nicht mehr, was gut läuft.

Auf der zweiten Stufe legt er eine Angreifer-Maske an und empfindet Frustration, Rigidität und Ärger. Er fühlt sich von den Gruppenmitgliedern unverstanden, die seine Meinung, für die er einen Kreuzzug unternimmt, nicht akzeptieren.

Er neigt dann also dazu, verbal jeden anzugreifen, der sich für seine Vorstellung ungenügend engagiert. Er zeigt sich kritisch und mißtrauisch gegenüber denen, die nicht an die „Sache" glauben.

Auf der dritten Stufe schließlich empfindet der Beharrer ein tiefes Gefühl der Frustration: „Wenn ihr nicht für mich seid, seid ihr gegen mich." Überzeugt, daß die anderen nicht loyal sind oder daß ihm niemand vertraut, verläßt er die Gruppe.

1. Stufe	Sei du perfekt	Ihre Schlußfolgerung ist völlig irrig. Sie liegen falsch. Vielleicht ist die Idee gar nicht so schlecht.
2. Stufe	Angreifer	Beweisen Sie mir unverzüglich, was Sie da behaupten. Die Firma zählt also für Sie nicht, oder? Ich habe Ihnen schon hundertmal gesagt, Sie müssen höhere Anforderungen stellen, ich rede doch deutsch, oder?
3. Stufe	Verzweiflung	Sie haben sich alle gegen mich verbündet!

Tabelle 8.6 – Konfliktverhalten des Beharrers in der Gruppe

Konfliktverhalten des Träumers in der Gruppe

Auf der ersten Stufe der Miß-Kommunikation ist der Träumer überzeugt, die Gruppe werde ihn akzeptieren, wenn er stark ist. Er wird sich also schützen, indem er sich möglichst wenig in die Gruppe integriert und sich sehr passiv verhält.

Auf der zweiten Stufe setzt er die Maske des Jammerers auf und fühlt sich irgendwie unbehaglich und nicht am richtigen Platz. Das charakteristische Verhalten dieser Stufe ist, daß der Träumer mehrere Projekte anfängt, ohne sie zu Ende zu bringen.

Schließlich, überzeugt, daß man ihn links liegen läßt und ihn nicht will (seine existentielle Frage ist: „Bin ich gewollt?"), richtet er es sich so ein, daß er sich in einen Winkel zurückzieht und von der Gruppe völlig ignoriert wird: „Niemand hat mir gesagt, was ich tun soll!"

1. Stufe	Sei stark	Die Leute machen mir zu viel Lärm, ich lasse die Jalousien herunter.
2. Stufe	Jammerer	Ich fühle mich ganz weit weg von dem Ganzen. Ich fühle mich nicht wohl, ich weiß nicht, wie ich tun soll. Ich habe nicht genügend Zeit.
3. Stufe	Verzweiflung	Ich bin ganz alleine. Niemand redet mehr mit mir. Ich weiß nicht mehr, was ich tun soll.

Tabelle 8.7 – Konfliktverhalten des Träumers in der Gruppe

Konfliktverhalten des Rebellen in der Gruppe

Wenn er in die Miß-Kommunikation hineingerät, ist der Rebell überzeugt, die Gruppe werde ihn nur akzeptieren, wenn er sich noch mehr anstrengt. Er wird also nach außen zeigen, daß er nicht begreift, und wird die Gruppenmitglieder auffordern, an seiner Stelle zu handeln oder zu denken: „Ich verstehe nicht, was ihr von mir wollt", oder aber: „Ich kann es nicht."

Der Rebell auf der zweiten Stufe der Miß-Kommunikation spielt in der Gruppe den Unruhestifter, blamiert andere, beklagt sich, ist pingelig, klagt die anderen an und weigert sich, zu seinen Fehlern zu stehen. Kurz, er ist der typische Störenfried.

Wenn man ihn auf die dritte Stufe der Miß-Kommunikation abgleiten läßt, lehnt der Rebell alles ab und widerspricht allem, mit einem Touch von Rachsucht, was dazu führt, daß er von den Gruppenmitgliedern völlig ausgeschlossen wird und daß er, im Haß und auf Vergeltung sinnend, mit ihnen bricht: „Das werdet ihr mir büßen!"

1. Stufe	Streng' dich an	Ich schaff' es nicht. Das ist zu schwer, ich begreif' es nicht! Ich weiß nicht, wie ich es tun soll!
2. Stufe	Schuldzuweiser	Was, Ihr Bericht? Das ist doch nicht mein Fehler, wenn er nicht fertig ist. Mir reicht's, immer haben Sie's auf mich abgesehen!
3. Stufe	Verzweiflung	Das werdet ihr mir büßen!

Tabelle 8.8 – Konfliktverhalten des Rebellen in der Gruppe

Konfliktverhalten des Machers in der Gruppe

Der Antreiber des Machers läßt ihn zur Einschätzung kommen, daß die Gruppenmitglieder stark sein müssen, wenn sie zum selben Team gehören wollen wie er. Er erwartet also von jedem, daß er sich selbst hilft, und unterstützt seine Mitarbeiter nicht.

Auf der zweiten Stufe der Miß-Kommunikation erlebt er sich in die Enge getrieben und möchte es den anderen heimzahlen. Er spürt dann eine Mischung aus Wut und Rachsucht. Er neigt zur Manipulation und dazu, die Gruppenmitglieder gegeneinander aufzuwiegeln, und ganz allgemein zu einer Haltung, die glauben oder wissen lassen soll, daß er etwas Besonderes ist und daß er einen Anspruch auf einen speziellen Status hat.

Auf der dritten Stufe der Miß-Kommunikation schließlich reagiert er dann mit Verachtung und betrachtet die anderen als unfähig. Er verläßt die Gruppe und deren Mitglieder, bevor sie ihn entlassen können.

1. Stufe	Sei du stark	Hier gilt: Jeder für sich! Das ist nicht mein Problem! Schau selber, wie du zurande kommst!
2. Stufe	Schuldzuweiser	Wenn du heuer keine Gehaltserhöhung bekommen hast, dann nur wegen Bernhardt. Weißt du überhaupt, mit wem du sprichst? Du bist wirklich das Letzte!
3. Stufe	Verzweiflung	Euerem Laden geb' ich keine sechs Monate, bis er im Arsch ist. Lauter Flaschen, hier drinnen!

Tabelle 8.9 – Konfliktverhalten des Machers in der Gruppe

Tabelle 8.10 auf der folgenden Seite zeigt das Verhalten der verschiedenen Persönlichkeitstypen gemäß dem Grad der Miß-Kommunikation.

Tabelle 8.10 – Die Persönlichkeitstypen und ihre drei Konfliktstufen

Persönlichkeits-typ	1. Stufe	2. Stufe	3. Stufe
Empathiker	Fühlt sich gezwungen, lieb zu sein. Gibt Antworten ohne Belang für die Arbeit oder betreibt Über-Anpassung.	Macht dumme Fehler. Wird zum Gespött seiner Kollegen.	Wird abgelehnt: „Ich wußte ja, daß sie mich nicht mögen."
Logiker	Fühlt sich gezwungen, perfekt zu sein. Kann schlecht delegieren: „Ich kann es besser und schneller als die anderen."	Über-kontrolliert.	Lehnt die Gruppe ab: „Sie sind dumm."
Beharrer	Erwartet von den anderen Perfektion. Konzentriert sich auf das, was nicht funktioniert.	Unternimmt einen Kreuzzug. Wird mißtrauisch und argwöhnisch. Versucht, seinen Standpunkt durchzusetzen.	Verläßt das Team: „Niemand vertraut mir."
Träumer	Fühlt sich gezwungen, stark zu sein, und zieht sich zurück. Wird zu passiv.	Wartet passiv ab. Fühlt sich unter Zeitdruck. Schafft die Fertigstellung seiner Arbeit nicht.	Wird durch das Team ignoriert: „Niemand sagt mir, was ich tun muß."
Rebell	Fühlt sich gezwungen, sich anzustrengen. Begreift nichts mehr. Möchte, daß die anderen an seiner Stelle handeln oder denken.	Blamiert die anderen. Weist die Verantwortlichkeit zurück: „Daran bin nicht ich schuld."	Wird abgelehnt und sinnt auf Rache.
Macher	Erwartet von den andern, daß sie stark sind. Unterstützt seine Kollegen nicht, wenn sie Schwierigkeiten haben: „Hier gilt: Jeder für sich!"	Manipuliert. Schafft Spannungen im Team. Nimmt folgende Haltung an: „Ich bin etwas Besonderes."	Verläßt die anderen, bevor sie ihn entlassen können.

9

Die Process Communication im Verkauf

Noch mehr als beim Management ist die Qualität der Beziehung grundlegend für erfolgreichen Verkauf. Der Manager kann eine verfahrene Beziehung verbessern; der Verkäufer aber darf sich keinen Fehler erlauben, denn der in seiner Beziehung zum Verkäufer frustrierte Kunde ist selten geneigt, ihm eine zweite Chance zu geben.

Wo die Qualität der Produkte, ihr Preis, ihre Zuverlässigkeit mehr und mehr denen der Konkurrenz ähneln, hängt der Erfolg oder Mißerfolg von Verhandlungen natürlich zu einem großen Teil von der Qualität der Beziehung zwischen dem Verkäufer und dem Interessenten oder Kunden ab. Wenn er es erstens versteht, sich an seinen Kunden anzupassen, einen guten Kontakt herzustellen, zuzuhören und die Bedürfnisse des Kunden in Betracht zu ziehen, das Angebot zu machen, das die Nachfrage befriedigt, und seine Einwände gelassen und geschickt zu verarbeiten; wenn er es zweitens versteht, zum richtigen Zeitpunkt und indem das Ganze solide in einer Gewinner-Gewinner-Position verankert ist, zum Abschluß zu kommen – dann hat der Verkäufer die besten Chancen, sein Ziel zu erreichen.

All diese positiven Eigenschaften vereinen sich selten bei einem einzigen Menschen. Sie können jedoch entwickelt werden, vor allem mit der Hilfe, die der Verkäufer in der Kenntnis und Anwendung der Process Communication findet. Dieses Vorgehen bietet zwei wesentliche Vorteile:

- Es erlaubt dem Verkäufer, die Beziehung mit dem Kunden entsprechend dessen Motivationsquellen zu gestalten und den passenden Kommunikationskanal zu verwenden.

- Es bringt ihm bei, auf sein eigenes Energieniveau zu achten, indem er nämlich seine eigenen psychischen Bedürfnisse und Stress-Signale kennt.

Denn wenn er mit positiver Energie aufgeladen ist, verfügt der Verkäufer über all seine Anpassungsfähigkeit und erlangt noch mehr Geschick bei der Gestaltung der Beziehungen.

Die allgemeine Strategie beim Verkauf ist die gleiche wie im Management. Es handelt sich zu Beginn darum, den Persönlichkeitstyp des potentiellen Kunden kennenzulernen und dann die drei Verkaufsmotivatoren einzusetzen: die psychischen Bedürfnisse, die Kommunikationskanäle und die Wahrnehmungs-„Türen" des Kunden.

Zahlreiche Verhaltensweisen beim Kaufvorgang können für den Kunden Stress bedeuten, aus welchen Gründen auch immer. Wir werden später sehen, wie der Kunde diesen Stress in Abhängigkeit von seinem Persönlichkeitstyp zeigt und was die angemessenen Antworten des Verkäufers sind.

Da schließlich der Verkaufsvorgang häufig auch Stress für zahlreiche Verkäufer bedeutet, werden wir sehen, wie jeder einzelne ihn zeigt und wie er damit umgehen kann. Im Process Communication-Seminar begreift der Verkäufer, indem er seine eigene Persönlichkeitsstruktur entdeckt, aus welchen Gründen er sich mit bestimmten Kunden wie selbstverständlich auf gleicher Wellenlänge befindet, während das Verkaufsgespräch mit anderen Kunden von vornherein wie eine verlorene Schlacht wirkt.

Wenn er zum Beispiel Beharrer in der Logiker-Phase ist (zahlreiche Verkäufer im technischen Bereich haben, da sie gewöhnlich primär Techniker sind, dieses Profil), erscheint ihm natürlich der Verkaufsprozeß mit Beharrern und Logikern am einfachsten. Wenn auf der anderen Seite der Empathiker und der Rebell die beiden Persönlichkeitstypen sind, die in seinem Gebäude ganz oben angesiedelt sind und für die er wenig Energie zur Verfügung hat, dann weiß er, in wie hohem Maße Verkaufsgespräche mit Kunden, die diese Charakteristika aufweisen, stresserzeugend und kräfteraubend sind, und daß sie öfters im Mißerfolg enden.

Ein Verkaufschef in einem Provinzautohaus, der sich in Process Communication fortgebildet hatte, hatte beobachtet, daß die Dauer des Verkaufsgesprächs durchschnittlich zwei- bis dreimal höher war, wenn der Kunde die gleichen Charakteristika aufwies wie der Verkäufer, und daß das Verhältnis Kunde/abgeschlossene Verkäufe im selben Verhältnis variierte. Die Untersuchung, die dieser Verkaufschef unternahm, basierte auf Gesprächen mit seinen Verkäufern, während derer er sie bat, die Kunden des Tages zu beschreiben. Aufgrund dieser Beschreibungen entstand die Diagnose.

Die Beschreibung, die die Verkäufer von ihren Kunden gaben, war aufschlußreich, denn je ausführlicher sie die positiven und ihren eigenen ähnlichen Charakteristika beschrieben, desto stärker war auch der Hinweis darauf, daß sie sich mit ihren Kunden auf gleicher Wellenlänge fühlten und umgekehrt.

Rita (Rebellin): „Das ist ja witzig, das alles. Stellt euch vor: Ich habe wegen einem Problem den Installateur gerufen, und er hat mir einen Wasserenthärter empfohlen. Er hat mir einen Vertreter vorbeigeschickt. Der ist gleich voll drauflos gegangen: 'Aber mein Fräulein', hat er gesagt, 'ich verstehe nicht, warum Ihnen Ihr Installateur nicht vorgeschrieben hat, einen Wasserenthärter einzubauen', worauf ich ihm postwendend geantwortet habe: 'Mein Herr, wenn man mir vorschreiben will, etwas zu tun, habe ich alles, bloß keine Lust, das zu tun.'"

Mike (Macher): „He, da muß ich an eine eigene Geschichte denken. Ich wollte ein anderes Auto haben und ich hatte mich über die Konditionen informiert, die man mir in Frankfurt bieten konnte. Ich ging zum lokalen Verkäufer. Er hatte einen Wagen auf Lager, der mir sehr gut gefiel. Ich sagte zum Verkäufer: 'In Frankfurt gibt man mir 7%, ziehen Sie da mit?' Und er hat mir geantwortet: 'Mein Herr, hier zieht man mit niemandem mit.' Er hielt mir eine Negativ-Beharrer-Rede, das hat mich angemacht, und ich habe die Beziehung als Herausforderung aufgefaßt: 'Du bietest mir Widerstand, das gefällt mir, wir werden schon sehen, wer gewinnt.' Natürlich war ich nahe daran, ihm die Tür vor der Nase zuzuschlagen und zu gehen."

Eva (Empathikerin): „Ich, als ich meinen Wagen gekauft habe, da hat mir der Verkäufer, sehr charmant, vorgeschlagen, daß er ihn mir nach Hause liefert. Am Tag der Auslieferung hat er zu mir gesagt: 'Ich werde Sie in einem Monat wieder anrufen, um zu hören, ob Sie zufrieden sind.' Und er hat es auch wirklich getan.

Diese Aufmerksamkeit hat mir sehr wohl getan. Und wenn ich ein neues Auto brauche, gehe ich wieder zu ihm."

Rita: „Da hast du ja Schwein gehabt. Ich, ich habe einen netten kleinen Wagen gekauft. Der Verkäufer hat mir gesagt, ich soll nach dem Wegfahren gleich tanken, und mir ging das Benzin aus, bevor ich überhaupt zur nächsten Tankstelle kam."

Thea (Träumerin): „Sehr interessant, was ihr da erzählt. Als ich mein Auto wechseln mußte, fühlte ich mich geradezu angegriffen durch einen Verkäufer, der die ganze Zeit Witze machte. Ich bin dann unentschlossen und unbehaglich wieder weggegangen. Ich habe einen anderen Verkäufer außerhalb der Stadt aufgesucht, und ich bin auf einen Verkäufer getroffen, der viel ruhiger war, ich habe mich wohl gefühlt, und bei ihm hatte ich Lust, meinen Wagen zu kaufen."

Ludwig (Logiker): „Eure Geschichten zeigen wieder einmal, wie verschieden wir sind. Ich für meinen Teil habe nie einen Wagen gekauft, ohne vorher die Runde bei allen Verkäufern gemacht zu haben, und ich habe meine Entscheidung immer zu Hause getroffen, nachdem ich alle mitgebrachten Informationen studiert und verglichen hatte. Ich habe mich nie von einem Verkäufer beeinflussen lassen."

Bernhardt (Beharrer): „Was mich betrifft, ich kaufe seit 25 Jahren immer einen Wagen der gleichen Marke, und das, ich habe Glück, beim gleichen Verkäufer...

Die Einschätzung der Kunden

Alle Verkäufer wissen, daß die ersten Sekunden des ersten Zusammentreffens eine enorme Bedeutung für den guten Ablauf der Geschäftsbeziehung haben. Aber diese Beziehung wird sich mit einem Empathiker oder einem Logiker oder einem Macher... als Kunden nicht auf dieselbe Weise ergeben. Also beobachtet der Verkäufer, der in die Process Communication eingeweiht ist, zunächst, was geschieht, damit er sich an das, was ihn sein Gesprächspartner zeigt, anpassen kann. Er merkt sich zum Beispiel, ob er Ungeduld zeigt, ob er sich häufiger gestört fühlt, ob er hauptsächlich Fragen stellt, um Informationen zu bekommen (Logiker); ob er von sich und seinen Wertvorstellungen sprechen will, von dem, was er geleistet hat, von der Geschichte der Firma (Beharrer); Ist es jemand, der zuerst Kontakt mit dem Verkäufer herstellt, indem er sich um sein Wohlbefinden kümmert, einen Kaffee vorschlägt, fragt, ob die Reise gut verlaufen ist (Empathiker)? Oder versucht er eher, witzig zu sein (Rebell)? Sucht er die Herausforderung und tritt unverzüglich in einen Wettbewerb (Macher)? Oder spricht er im Gegenteil wenig und tritt wenig in Kontakt (Träumer)?

Kurz, der Verkäufer merkt sich die ersten Signale, die der potentielle Kunde zeigt und die ihm einen Hinweis auf seine wahrscheinliche Phase geben. Diese wenigen Sekunden der Beobachtung bringen ihm wertvolle Hinweise für seine Diagnose. Wir präsentieren im Folgenden die groben Tendenzen jedes Persönlichkeitstyps, im Hinblick darauf, wie jeder einzelne in Beziehung tritt und welches seine hauptsächlichen Motivationsquellen sind.

Der Kunde:
Erste Kontakte und psychische Bedürfnisse

Der Empathiker: „Wirklich ein aufmerksamer Mensch"

Der Empathiker kommt lächelnd auf den Verkäufer zu, schüttelt ihm herzlich die Hand, erkundigt sich nach Neuigkeiten, sucht persönliche Informationen: „Sind Sie verheiratet, haben Sie Kinder?" Oder aber er redet mit ihm über sein eigenes Privatleben und hört sehr genau zu, was ihm der Verkäufer erzählt (vor allem, wenn dieser herzlich ist). Manchmal wertet er sich auch selber ab: „Wissen Sie, ich verstehe nichts davon", oder wirkt ganz beeindruckt von dem, was ihm der Verkäufer alles sagt.

Die Empathiker unter den Kunden arbeiten lieber mit jemandem zusammen, der sie als Mensch anerkennt und der eine persönliche und herzliche Beziehung herstellen kann. Der Versuch, sie zu brüskieren, ist das sicherste Mittel, sie in Verwirrung zu stürzen, was für den Verkäufer auf keinen Fall eine gute Sache ist. Sie lassen sich gerne mit ihrem Vornamen ansprechen und schätzen aufrichtige Komplimente und gemeinsames Essen in angenehmer Umgebung. Bei passender Gelegenheit sind auch Geschenke willkommen, die die Sinne ansprechen (Kaffee, Tee, Schokolade, Erfrischungsgetränke, Blumen, feine Weine, auch eine gute Zigarre...).

Psychische Bedürfnisse:
Anerkennung als Person – sinnliche Reize

Der Logiker: „Er ist ein echter Profi"

Der Logiker geht gewöhnlich ohne Umschweife aufs Ziel los, weiß, was er sucht, verfügt häufig über gute Kenntnisse hinsichtlich der auf dem Markt angebotenen Produkte und sucht Informationen. Ernsthaft im Kontaktverhalten, sucht er die Professionalität des Verkäufers einzuschätzen. Er nimmt häufig Bezug auf seinen Beruf, seine Kompetenzen und seine Firma und sucht keine Beziehungen persönlicher Natur.

Die Logiker unter den Kunden verhandeln gerne mit jemandem, der weiß, wovon er spricht, der seine Unterlagen gut vorbereitet hat und der mit Fakten und nützlichen Hinweisen bestückt auftritt. Wenn man ihnen alle notwendigen Informationen in Rekordzeit liefert, ist das die Grundlage für ein gutes Arbeitsbündnis. Sie schätzen es, wenn ihre Arbeit und ihre beruflichen Erfolge Anerkennung finden.

Sie wollen selber entscheiden und haben es gern, wenn sie um ihre Vorstellungen gebeten werden.

Psychische Bedürfnisse: Anerkennung für
Leistung und Strukturierung der Zeit

Der Beharrer: „Das ist jemand, dem ich vertrauen kann"

Der Beharrer beobachtet aufmerksam, blickt in die Augen des Gegenübers, scheint den Verkäufer zu taxieren und kann einen mißtrauischen oder zumindest wenig offenen Eindruck erwecken. Er sucht nach Anhaltspunkten für Zuverlässigkeit, Dauerhaftigkeit, mögliche Investitionen, Sicherheit usw. Er lächelt nicht und äußert von Anbeginn an Urteile über das Produkt oder die angebotenen Dienste. Er sucht einzuschätzen, ob er dem Verkäufer vertrauen kann, denn ein Geschäft macht er nur mit jemandem, in den er Vertrauen hat und mit dem sich ein Verhältnis gegenseitigen Respekts eingestellt hat. Er legt Wert darauf, absolut redlich und professionell informiert zu werden. Jegliche unvermittelte Konfrontation mit dem, was richtig, passend oder angemessen sei, ist weniger ratsam. Die Beharrer brauchen Zeit... die Zeit, ihr Vertrauen zu gewähren.

Psychisches Bedürfnis:
Anerkennung für Überzeugungen

Der Träumer: „Ich werde darüber nachdenken!"

Der Träumer ist eher zurückhaltend, er scheint manchmal nicht zu wissen, was er sagen soll. Er sucht keine langen Gespräche und antwortet mit einigen wenigen Worten auf die Fragen, die ihm der Verkäufer stellt. Er ist wenig im Kontakt und erscheint mitunter unentschlossen, ja sogar wenig interessiert.

Er hat es am liebsten, wenn er möglichst schnell wieder alleine ist, und hat keine besondere Lust, sich mit dem Verkäufer zu unterhalten oder gar eine freundschaftliche Beziehung herzustellen. Letzterer muß sich darauf einstellen, direkt und klar zu sein und möglicherweise die Initiative zu ergreifen. Er kann ohne weiteres Anregungen oder Meinungen anbieten, aber möglichst kurz und konkret, und vor allem ohne Witze oder gar Versuche, eine persönliche Beziehung herzustellen.

Das kleine nette Bistro zum Beispiel ist für Verhandlungen mit dem Träumer ungeeignet.

Psychische Bedürfnisse:
Einsamkeit und Anweisungen

Der Macher: „Und was verdiene ich dabei?"

Der Macher geht gerade aufs Ziel los und fordert den anderen heraus: „Bei Ihrem Konkurrenten gibt man mir 10%, ziehen Sie mit?" Er interessiert sich mehr für die äußere Erscheinung als für die technischen Informationen. Ungeduldig, wie er ist, verlangt er sein Produkt oder seine Dienstleistung unverzüglich. Er sucht die Sache bis zum Ende auszuhandeln, zögert auch nicht, mit Herausforderungen zu spielen, wendet gerne die „kalte Dusche" an und ist ein glühender

Anhänger von Ultimaten: „Einverstanden? Oder wir lassen es!" Die Macher unter den Kunden sind gewöhnlich Aktionisten: „Was ist daran neu? Wieviel kann das auf die Schnelle einbringen?" Wenn sie sich erst einmal zum Kauf entschließen, dann wollen sie häufig unverzüglich zum Abschluß kommen und die Lieferung des Produkts ohne Lieferfrist. Sie machen gerne gute Geschäfte und tendieren dazu, kurzfristig zu disponieren, mit Blick auf das Wesentliche. Sie verhandeln am liebsten mit jemandem, der sie stimuliert, ihnen einmalige Gelegenheiten anbietet und ihren Sinn für Herausforderungen teilt. Man kann mit den Machern gerade aufs Ziel los gehen, ohne daß sie das verletzt; Details und blumenreiche Komplimente würden sie eher langweilen.

Psychisches Bedürfnis: Aufregung

Der Rebell: „Sie sind ja vielleicht witzig!"

Der Rebell möchte gerne eine angenehme Zeit verbringen und Witze machen. Er hat einen Horror vor Leuten, die sich ernst nehmen. Er sucht mit dem Verkäufer eine Kumpel-Beziehung herzustellen. Gern duzt er sich und unterhält sich über die netten Kleinigkeiten des Alltags. Er sucht weniger technische Informationen (außer er ist ein Freak), als vielmehr Originalität, technische Spielereien und das coole Gefühl in der Beziehung mit dem Verkäufer. Wenn er erst einmal einen „Kumpel" gefunden hat, geht er nicht mehr zur Konkurrenz. Der Kunde in der Rebellen-Phase bevorzugt Verhandlungen mit Gesellschaften und Menschen, die „witzig" sind. Wenn man direkt zur Sache kommt, riskiert man, daß ihm das langweilig und demotivierend erscheint. Er erwartet vom Verkäufer einen positiven und lebendigen Kontakt und schätzt es, eingeladen zu werden.

Man kann ihn spontan anrufen, anläßlich einer Idee, eines Produktes oder einer neuen Dienstleistung. Wahrscheinlich entscheidet er sich schnell. Der Versuch, ihn wo hinzuziehen, wo er nicht hin will, wäre ein fataler Fehler. Er entdeckt sofort alles, was irgendwie einer Manipulation ähneln könnte.

Psychisches Bedürfnis: Kontakt

Die Kunst des Verkaufens beherrschen

Wenn der Verkäufer die Phase seines potentiellen Kunden identifiziert, weiß er, welche psychischen Bedürfnisse dieser in der Beziehung zu befriedigen sucht. Die Kunst des Verkaufens besteht darin, die Balance der Beziehung zwischen zwei oder mehreren Menschen zu handhaben, und dabei gleichzeitig das immer mögliche Abgleiten in die Manipulation zu vermeiden. In diesem Zusammenhang im Folgenden ein Beispiel für den Gebrauch des Modells, zitiert nach einem Mitarbeiter einer Gesellschaft, die Kantinen beliefert. Er erklärt den Unterschied, den er zwischen der Manipulation und der +/+-Position sieht, folgendermaßen:

„Wir Geschäftsleute sind große Manipulateure, das ist ja bekannt. Und doch werden unsere Kunden nicht wirklich manipuliert, wir haben sehr gute Beziehungen mit ihnen, so transparent wie möglich. Das macht heute den Unterschied zu unseren Konkurrenten aus. Wir haben sogar einige von unseren Kunden auf Process Communication-Seminare geschickt. Sobald sie die Methoden kennen, nach denen wir arbeiten, können wir beide nur Gewinner sein."

Wenn man von Anbeginn an auf die vom Kunden gezeigten psychischen Bedürfnisse zu antworten weiß, garantiert dies dessen Öffnung und Motivation.

Der Kunde: Seine Kommunikationskanäle

Nachdem der Verkäufer die Phase seines Klienten identifiziert und das vorherrschende psychische Bedürfnis in der Beziehung zur Kenntnis genommen hat, wird er, um mit ihm zu kommunizieren und auf sein Bedürfnis zu reagieren, seinen bevorzugten Kommunikationskanal verwenden. Er hat dann beste Chancen, daß sich der Kunde mit ihm in Übereinstimmung fühlt.

Wenn andererseits der Verkäufer seinem Kunden einen unpassenden Kommunikationskanal anbietet, besteht das Risiko, daß dieser eine Maske aufsetzt und in Miß-Kommunikation abgleitet.

Die Tabelle 9.1 gibt Beispiele für Sätze und Antworten, die mit dem jeweiligen Kommunikationskanal verbunden sind:

Kunde	Kommuni- kations- Kanal	Verkäufer
Empathiker	Fürsorglich	„Es ist mir ein Vergnügen, Ihnen Auskünfte zu geben, wenn ich Ihnen nützlich sein kann." „Ich bin mir bewußt, daß diese Informationen Ihnen ein wenig trocken erscheinen mögen... Würde Ihnen eine Tasse Kaffee guttun?" „Ich verstehe, daß es manchmal schwierig ist, sich zu entscheiden, nehmen Sie sich Zeit, ich stehe zu Ihrer Verfügung."
Logiker	Informativ	„Wir können Ihnen dieses Produkt in drei Tagen liefern." „Die technischen Merkmale sind folgende..." „Wir haben eine komplette Aufstellung unserer Leistungen..."
Beharrer	Informativ	„Unser Haus hat fünfundzwanzig Jahre Erfahrung." „Unsere Hauptkunden sind..." „Welche Anforderungen stellen Sie an dieses Produkt?"
Träumer	Direktiv	„Geben Sie uns Ihre Anweisungen, wir werden sie genau ausführen." „Sagen Sie mir, was Sie unter... verstehen." „Geben Sie mir 48 Stunden, und ich rufe Sie wieder an."
Macher	Direktiv	„Wir lieben die Herausforderungen." „Beschreiben Sie das Produkt, das Sie suchen." „Schauen Sie sich diese Farben an, die sieht man von weitem, nicht?" „Sagen Sie mir, ob Sie dieses außergewöhnliche Angebot interessiert."
Rebell	Spielerisch	„Es ist nett, mit Ihnen zu diskutieren..." „Was ich am meisten an dem Produkt mag, ist... Und Sie?" „Das ist für die Kunden, die auf dem Laufenden sind! Was halten Sie davon?"

Tabelle 9.1 – Den adäquaten Kommunikationskanal benutzen

Der Kunde: seine Wahrnehmungs-„Türen"

Wir haben gesehen, daß jeder Persönlichkeitstyp dazu tendiert, von der Welt (und also auch vom Verkäufer und seinen Produkten) mittels einer bevorzugten Wahrnehmungs-„Tür" geistig Besitz zu ergreifen. Der Beharrer nimmt die Welt über seine Meinungen wahr, der Logiker über das Denken und die Tatsachen, der Empathiker über seine Gefühle, der Rebell in Reaktion auf seine Empfindungen (er mag oder er mag nicht), der Macher über die Aktion. Der Träumer seinerseits muß zur Aktion aufgefordert werden (er ergreift keine Initiative).

Wir können die Wahrnehmungs-„Türen" des Kunden über die Wörter und Ausdrücke, die er bei der Kommunikation verwendet, bestimmen. Sie zu benützen, bedeutet, zusammen mit den psychischen Bedürfnissen und den Kommunikationskanälen, eine wesentliche Motivationsquelle. Mit dem Kunden hingegen in einer Sprache zu sprechen, die er nicht versteht, führt geradewegs zum Scheitern der Verhandlungen.

Die Tabelle 9.2 gibt Beispiele für Wörter, die die bevorzugte Wahrnehmungs-„Tür" jedes einzelnen Typs verraten. Auf die Wahrnehmungs-„Tür" des Kunden zu achten, ist unter anderem eine wertvolle Hilfe bei der Einschätzung des Persönlichkeitstyps des Kunden.

Kunde	Wahrnehmungs-„Tür"	Wörter und Ausdrücke
Empathiker	Gefühle	Fühlen, spüren, berührt sein, sensibel, herzlich, harmonisch, sanft, Kontakt, fröhlich, traurig, Lust, gern mögen, nahe, befürchten, erschrecken, verlocken...
Beharrer	Meinungen	Wollen, glauben, Vertrauen, Zuverlässigkeit, Investition, Treue, Qualität, Mut, beurteilen, gut, schlecht, passend, adäquat, inadäquat, richtig, falsch, sicher, Sie haben recht...
Logiker	Denken	Denken, rechnen, begreifen, kennen, versuchen, Informationen, Tatsachen, Maßnahmen, Charakteristika, Gegebenheiten, abschätzen, abwägen, Fristen, Kosten, Garantie, vergleichen, Ziele...
Träumer	Inaktion	Warten, zuhören, begreifen, überdenken, sich vorstellen, denken, unentschlossen, ruhig, still, Friede, Zeit, Einsamkeit...
Rebell	Reaktion	Super, ich mag, ich mag nicht, Lust, witzig, nett, Spaß haben, Spielerei, originell, aktuell, in... und die ganze Palette von lautmalenden Wörtern
Macher	Aktion	Zupacken, zielgerichtet, Herausforderungen, sofort, ungeniert, auffallend, einzigartig, Bedingungen, Mode, in, Erträge, aufregen, wetten?, fähig, Macker...

Tabelle 9.2 – Die Sprache verrät die Wahrnehmungs-„Tür"

Der Kunde unter Stress

Wenn die psychischen Bedürfnisse des Kunden nicht befriedigt werden oder wenn der Kommunikationskanal unangemessen ist, gerät der Kunde unter Stress und zeigt ein Antreiber-Verhalten.

Im Folgenden für jeden Persönlichkeitstyp einige Beispiele für die Erscheinungsform des Antreibers und für die Antwort des Verkäufers auf dem passenden Kommunikationskanal.

Empathiker
Sei lieb!

Beobachtbares Verhalten:
- Überanpassung
- Selbstzweifel

Beispiele:
Kunde: „Ich sage jetzt vielleicht etwas Dummes, aber wozu dient dieser Knopf?"
Verkäufer (in verständnisvollem und ermutigendem Ton): „Sie können mich alles fragen, was Sie interessiert. Dieser Knopf dient zu…"
Kunde: „Könnten Sie so nett sein, mir den Unterschied zwischen diesen beiden Modellen zu erklären?"
Verkäufer (antwortet mit einem warmherzigen Lächeln): „Mit dem größten Vergnügen! Dieses Modell dient zu…"
Kunde: „Ich weiß nicht, was ich nehmen soll, ich kann mich nicht entscheiden."
Verkäufer (beruhigender Tonfall): „Lassen Sie sich ruhig Zeit, ich verstehe Sie, ich bin da, um Ihnen zu helfen."

Logiker
Sei perfekt!

Beobachtbares Verhalten:
- Übergenauigkeit
- evtl. Pingeligkeit

Beispiele:
Kunde: „Ich bin nicht sicher, ob ich alle Informationen über dieses Produkt habe."
Verkäufer: „Ich stehe Ihnen zur Beantwortung Ihrer Fragen zur Verfügung."
Kunde: „Welches ist der genaue Betrag der monatlichen Zahlungen und ihre Dauer?"
Verkäufer: „Bei einem 12-Monats-Kredit belaufen sich die monatlichen Zahlungen inklusive Versicherung auf…"
Kunde: „Ich habe nur wenig Zeit zur Verfügung."
Verkäufer: „Sie können beruhigt sein, ich werde es kurz machen."

Beharrer
Sei du perfekt!

Beobachtbares Verhalten:
- komplizierte Fragen
- evtl. strenges und elternhaftes Auftreten

Beispiele:
Kunde: „Zeigen Sie mir genau die wesentlichen Vorteile dieses Modells."
Verkäufer: „Sie können sich auf mich verlassen. Dieses Modell hat als herausragendes Merkmal..."
Und am Ende: „Habe ich Ihre Frage beantwortet?"
Die Beharrer antworten dann häufig „Zum Teil.", weil sie die Antwort als „ungenügend perfekt" beurteilen. In dem Moment kann der Verkäufer ein neues Angebot auf dem informativen Kanal machen: „Würden Sie mir bitte die Punkte präzisieren, die ich weiter ausführen soll?"
Kunde: „Was ist denn das für eine Manie, überall englische Wörter zu verwenden? Wir sind schließlich in Deutschland, oder?"
Verkäufer: „Ich verstehe Ihre Verärgerung. Möchten Sie, daß ich Ihnen die technischen Gründe erläutere, die für diese Wortwahl verantwortlich sind?"
Kunde: „Ich möchte die Merkmale Ihres Produkts kennenlernen und die wesentlichen Vorteile, die es gegenüber dem entsprechenden Produkt der Konkurrenz aufweist. Und welche Garantie geben Sie mir?"
Verkäufer: „Ich kann Ihren Wunsch nach Genauigkeit gut verstehen. Zu Beginn werde ich Ihnen die Merkmale unseres Produktes vorstellen."

Träumer
Sei stark!

Beobachtbares Verhalten:
- wenig Interaktion
- Rückzugstendenz

Beispiele:
Kunde: „Ich möchte Informationen zur Lieferung..."

Verkäufer: „Ihr Auftrag wird binnen einer Woche ausgeführt, ohne daß Sie sich um etwas kümmern müssen. Wenn Sie einverstanden sind, genügt es, hier zu unterschreiben."
Kunde: „Ich weiß nicht, wie ich mich entscheiden soll."
Verkäufer: „In Ihrem Fall empfehle ich Ihnen dieses Modell."
Kunde: „Dieses Verfahren scheint mir kompliziert."
Verkäufer: „Seien Sie beruhigt, wir kümmern uns um alles."

Macher
Sei du stark!

Beobachtbares Verhalten:
• provoziert Konkurrenz
• taxiert das Leistungsvermögen des Verkäufers

Beispiele:
Kunde: „Wieviel lassen Sie mir da nach?"
Verkäufer: „Für Sie gibt es die besten Konditionen, ganz klar!"
(Mit einem leichten, komplicenhaften Augenzwinkern, unterschwellig: Wir verstehen uns.)
Kunde: „Und wieviel bringt mir das Ganze ein?"
Verkäufer (direkt und anregend): „Damit verdienen Sie…"
Kunde: „Ihr Ding da, ich bin sicher, daß man es wo anders billiger kriegt."
Verkäufer: „Von wegen! Ich wette mit Ihnen, daß nein."
Oder auch: „Unmöglich, mit diesem Preis da ist das schon ein super Geschäft!"

Rebell
Streng' dich an!

Beobachtbares Verhalten:
• „versteht" nicht
• bringt den Verkäufer ins Schleudern

Beispiele:
Kunde: „Ich hab' überhaupt nichts kapiert, was Sie mir erklärt haben."
Verkäufer (mit einem Augenzwinkern und einem Lächeln): „Ich habe Ihnen wohl zu viel Infos gegeben. Was möchten Sie gerne wissen?"

Kunde (angestrengter Tonfall): „Ich möchte gerne wissen, die...
den... hmm, Unterschied zwischen, zwischen... diesen Produkten."

Verkäufer (mit komplicenhaftem Lächeln): „Ich werd' Ihnen das
zeigen, es ist ganz einfach, einverstanden?"

Kunde: „Wah, ich find' das nicht gerade genial."

Verkäufer (spielerisch): „Ach ja? Und was wäre das für Sie, etwas
Geniales?"

Der Verkäufer unter Stress

Die Wirksamkeit der Process Communication beim Verkaufen besteht
nicht nur darin, daß sie dem Verkäufer erlaubt, sich an den Kunden
gemäß seinem Persönlichkeitstyp zu wenden und im Falle des Scheiterns die Stress-Signale zu identifizieren und dagegen Abhilfe zu
schaffen, sondern auch, mit seinem eigenen Stress angemessen umzugehen.

Unter Spannung läuft er nämlich Gefahr, negative Verhaltensweisen zu inszenieren, die ihn möglicherweise versagen lassen. Welches
sind also die Reaktionen des gestressten Verkäufers? Jeder Typ hat
seine kleinen Manien.

Unter Stress gerät der Verkäufer vom Typ Logiker unter den Einfluß des Antreibers Sei-perfekt! Er fühlt sich zur Perfektion gezwungen, was bedeutet, daß er dann zu Über-Detaillierung und Über-
Information tendiert. Wenn er auf einen Logiker oder Beharrer als
Kunden trifft, sagt sich der Kunde: „Da ist jemand, der sich in seinem
Beruf gut auskennt." Wenn er allerdings mit einem Empathiker-
Kunden in Verhandlung steht, denkt sich Letzterer möglicherweise:
„Dieser Mann ist ja eine richtige Mausefalle, dem kaufe ich lieber
nichts ab." Und der Rebellen-Kunde: „Der labert mich voll, dieser Typ.
Was is'n das überhaupt für'n Ding? Ich kapier' gar nix!" Der Macher-
Kunde: „Wenn sein Produkt genau so wenig aufregend ist wie er,
lohnt es sich nicht, daß ich es ihm abkaufe." Der Träumer-Kunde fühlt
sich wohl ein bißchen überfahren durch diese Über-Information und
möchte viel knappere Erklärungen.

Der Verkäufer vom Typ Rebell unter dem Einfluß des Antreibers
Streng-dich-an wird Schwierigkeiten haben, die wesentlichen Informationen einfach und knapp zu erteilen. Von den meisten Persönlich-

keitstypen wird er wohl als wenig klar wahrgenommen, und sein Kunde wird Schwierigkeiten haben, den besonderen Vorteil des Produkts zu erfassen.

Der Verkäufer vom Typ Beharrer unter dem Einfluß des Antreibers Sei-du-perfekt wird eher dazu tendieren, eine dominante Position einzunehmen. Konsequenterweise besteht die Gefahr, daß sich der Kunde in die unterlegene Position manövriert fühlt. Möglicherweise kauft er aus Unterwerfung und fühlt sich dann nicht wohl dabei, oder aber er rebelliert und sagt sich: „Ich habe keine Lust, einem autoritären Vater irgend etwas abzukaufen. Er ist ja wirklich nicht lustig, dieser Typ."

Der Verkäufer vom Typ Empathiker wird unter Stress dazu neigen, daß er besonders nett sein will und sich über-anpaßt. Er macht dann zu viel, auf die Gefahr hin, daß sein Kunde ihn als aufdringlich oder zu nachgiebig empfindet. Es kommt auch vor, daß es für ihn schwierig ist, im Vertrag klare Grenzen zu setzen, oder daß er seine Interessen und die der Firma gegenüber seinem Kunden nicht genügend wahrnimmt. Manchmal verliert er sein Ziel aus dem Blick und verstrickt sich in die Beziehung mit dem Kunden.

Der Verkäufer vom Typ Macher zeigt unter Stress und bei einem Antreiber-Verhalten nach dem Muster Sei-du-stark zwei Arten von Charakteristika. Er kann eine sozusagen Cowboy-mäßige Seite zeigen, wo er das Blaue vom Himmel verspricht. Zu Beginn stellt er eine auf Wertschätzung basierende Beziehung her. Er versteht es, seinen Charme einzusetzen, aber wenn der Kunde ihm nicht gefällt, läßt er ihn gegebenenfalls mit dem Informationsmaterial alleine weitermachen. Später dann, wenn er das Geschäft erst einmal ins Rollen gebracht hat, neigt er dazu, den Kunden im Stich zu lassen, er interessiert sich nicht für die Nachbetreuung, die für ihn bar jeder Aufregung ist, was für den Kunden häufig frustrierend ist, der sich dann sagt: „Ich habe mich einfangen lassen! Ein zweites Mal kriegt er mich nicht!"

Der Verkäufer vom Typ Träumer hat unter Stress die Tendenz, sich nicht genügend auf die Beziehung einzulassen. Daraus ergeben sich dann negative Konsequenzen mit Kunden, für die die Qualität der Beziehung eine wichtige Motivationsquelle darstellt. Im übrigen fühlen sich wenige Träumer zum Verkauf hingezogen, der sie ja zu häufigen Kontakten mit ihren Kunden verpflichtet.

Im immer anspruchsvolleren Kontext, den das Verkaufen darstellt, ist der richtige Umgang mit dem eigenen Stress ein Trumpf. Je mehr sich der Verkäufer seines gewohnten Verhaltens bewußt ist, desto leichter kann er es korrigieren.

Zum Beispiel kann der Verkäufer vom Typ Logiker darauf achten, daß er Über-Information vermeidet und nur die Informationen gibt, die der Kunde braucht. Das Gegenteil ist der Fall für den Macher, für den die Weitergabe von Informationen langweilig ist. Er ist einer, der sagt: „Sie finden alles im Katalog." Er muß also darauf achten, daß er den Kunden bei der Entdeckung des Produkts begleitet. Für den Verkäufer vom Typ Rebell wird es darum gehen, daß er Informationen gibt, daß er strukturiert vorgeht und daß er keine Schritte im Verkaufsprozeß überspringt. Was den Beharrer betrifft, so kann dieser darauf achten, daß er nicht zu streng oder miesepetrig erscheint, oder eine sanftere Gangart einschlagen. Der Verkäufer vom Typ Empathiker schließlich wird lernen müssen, positive Grenzen zu setzen, ohne sich schlecht zu fühlen, um sich nicht von Kunden überfahren zu lassen, die zu viel wollen. Der Verkäufer vom Typ Träumer seinerseits wird wachsam sein, daß er eine solide Beziehung mit dem Kunden herstellt.

Bei der Interpretation der Tabelle 9.3 auf der nächsten Seite sind natürlich die Persönlichkeitsstruktur des Verkäufers, seine Erfahrung und alles, was ihn zu einer einzigartigen Person macht, zu berücksichtigen.

Die Trümpfe des Verkäufers, seine Schwachpunkte und die Phasen des Verkaufs

Die Ausbildung zahlreicher Verkäufer in Process Communication erlaubte uns, die Stärken und die verbesserungswürdigen Punkte herauszuarbeiten, die man häufig beim einzelnen Persönlichkeitstyp wiederfindet (Siehe Tabelle 9.3). Wir stellten außerdem eine signifikante Korrelation fest, zwischen den Phasen des Verkaufs, die vom Verkäufer als leicht beschrieben wurden, und umgekehrt denen, bei denen er Schwierigkeiten erfahren kann.

Tabelle 9.3 – Der Verkäufer

Typ	Stärken	Verbesserungswürdig	Plus-Phasen des Verkaufs	Minus-Phasen des Verkaufs
Empathiker	Qualität des Kontakts. Bereitwilligkeit. Fähigkeit zuzuhören.	Selbstbewußtsein. Fähigkeit, Nein zu sagen, ohne sich dabei unwohl zu fühlen.	Kontakt.	Abschluß (könnte sich damit zufrieden geben, mit dem Kunden zusammen eine nette Zeit zu verbringen).
Logiker	Organisation, Methode, Gesprächsvorbereitung, Strukturierung.	Flexibilität. Empathie.	Kenntnisse. Sammeln von Informationen. Synthese.	Kontakt (mit Nicht-Logikern).
Beharrer	Festigkeit. Methode. Zuverlässigkeit. Analyse.	Entspannung. Spielerischer Umgang.	Überzeugen.	Kontakt (kann zu „elternhaft" erscheinen).
Macher	Anpassungsfähigkeit Charme. Hat immer einen Vorschlag parat.	Empathie. Unterstützung. Nachbetreuung.	Kontakt. Abschluß.	Sammeln von Informationen. Analyse der Bedürfnisse. (Tendiert öfter dazu, Lösungen aufzudrängen. Wirkt manchmal wie ein Cowboy.)
Rebell	Entspannung. Kreativität.	Festigkeit. Organisation.	Kontakt. Jede Lösung, die seine Kreativität anspricht.	Abschluß. Für ihn kann es sehr mühsam sein, zum Abschluß zu kommen.
Träumer	Fähigkeit zuzuhören. Vorstellungskraft. Gelassenheit	Einlassen auf die Beziehung mit dem Kunden.	Kenntnisse.	Kontakt. Ist gewöhnlich kein „Beziehungsmensch".

Beim Verkaufen gewinnen

Nachdem der Verkäufer den Persönlichkeitstyp des Kunden festgestellt und dessen Energieniveau in Betracht gezogen hat, wobei er gleichzeitig auf seine eigenen Stress-Signale und auf die des Kunden horcht, kommuniziert er, nach einer Trainingsphase, mit Letzterem, indem er den passenden Kommunikationskanal verwendet, auf sein psychisches Bedürfnis eingeht und seine bevorzugten Wahrnehmungs-„Türen" verwendet.

Typ	Bedürfnis	Wahrneh-mungs-„Tür"	Kanal
Empathiker	Persönliche Aufmerksamkeit. „Ich interessiere mich für Sie als Person."	Gefühle	Fürsorglich
Logiker	Anerkennung der Leistung. Strukturierung der Zeit. „Ich gebe Ihnen die Fakten und die Informationen, die Sie brauchen, und Sie entscheiden."	Denken	Informativ
Beharrer	Respekt vor seinen Überzeugungen. Anerkennung seiner Leistung. „Sie können uns Vertrauen schenken, wie auch unseren Produkten und unseren Dienstleistungen."	Meinungen	Informativ
Träumer	Einsamkeit. Anweisungen. „Sagen Sie mir, was Sie wollen, und ich mache den Rest."	Inaktion	Direktiv
Rebell	Kontakt. Spiel. „Es ist lustig, mit Ihnen zu arbeiten."	Reaktion	Spielerisch
Macher	Aufregung. „Ich bin da, um Ihnen zu geben, was Sie wollen, und zwar zum besten Preis."	Aktion	Direktiv

Tabelle 9.4 – Sich an den Persönlichkeitstyp des Kunden anpassen

10

Process Communication...

oder wie sage ich am besten:

„Ich mag dich!"

„Alles, was näher bringt,
ist wesentlich."

JEAN MAULIN

Die Teilnehmer am Process Communication-Seminar erproben häufig das Modell zunächst... zu Hause. Sie testen die Kanäle, erklären die Persönlichkeitstypen und die Dynamik der psychischen Bedürfnisse ihrem Ehegatten und ihren Kindern. Dieses gemeinsame Gespräch gibt häufig Anlaß für fröhliche Augenblicke spontaner Meta-Kommunikation, deren Effekte sich als sehr wohltuend für die allgemeine Atmosphäre erweisen.

Die Phänomene der Miß-Kommunikation tauchen auch im Eheleben und in der Eltern-Kind-Beziehung auf, wie überall. Sie verursachen schwierige Situationen: „Ich verstehe meinen Sohn nicht mehr", „Ich kann mit meiner Frau nicht mehr reden..." Wenn man eine bestimmte Zahl an problematischen Verhaltensweisen entschlüsseln kann und ihren verborgenen Sinn zu erkennen weiß, kann man auch hier die passende Antwort zum Tragen bringen und Stress-Phänomene vermeiden. Die Berücksichtigung der Dynamik der psychischen Bedürfnisse zum Beispiel erleichtert das Verständnis und die Lösung der meisten Ehekonflikte. Der Gebrauch eines passenden Kanals mit seinem Kind führt häufig eine beträchtliche Veränderung in der Beziehung herbei (je mehr man sich hingegen in den Kopf setzt, ihm die Dinge „in den Schädel zu bringen", desto mehr wird es auf Seinem beharren). Wenn ein Erzieher weiß, daß ein Rebellen-Schüler nicht auf dieselbe Weise lernt wie ein Logiker oder ein Empathiker, hilft ihm das in seiner Praxis einer individuellen Pädagogik.

Die Dynamik der Konflikte

„Wenn Papa und Mama
sich streiten, dann
verstehen sie sich nicht."

MATTIAS, ACHT JAHRE.

Neben einem materiell und sexuell befriedigenden Leben hängt der Erfolg des Paares zum großen Teil von der Befriedigung der psychischen Bedürfnisse durch den Ehepartner ab. Andersherum: Das Scheitern des Paares resultiert häufig aus der Tatsache, daß die Partner es peu à peu nicht mehr verstanden, mit ihrer Beziehung pfleglich umzugehen, daß die Mißverständnisse sich häuften und daß schließlich die Freude, ja das Glück endgültig das Feld geräumt hat.

Die unterschiedlichen Wahrnehmungs-„Türen"

Erich und Marie haben an einem Paar-Seminar teilgenommen, weil sie eine bedeutende Krise lösen wollten. Erich hatte vor, sich von Marie zu trennen. Er ist 28 Jahre und Träumer in der Rebellen-Phase. Er ist Beratungslehrer. Den ganzen Tag über ist er in Kontakt mit Jugendlichen, die in Schwierigkeiten stecken. Er erzählt:

„Wenn ich abends nach Hause komme, bin ich müde, ich möchte meine Ruhe haben, mich auf dem Sofa ausstrecken, Musik hören, ein gutes Buch lesen oder nichts tun. Marie kann diese Haltung schlecht hinnehmen, sie fühlt sich allein gelassen, beklagt sich und sagt mir, wenn ich sie lieben würde, würde ich sie in die Arme nehmen und wäre ihr nahe. Ich hingegen fühle mich überfordert durch ihre Ansprüche, ziehe mich in mein Schneckenhaus zurück und entziehe mich psychisch. Manchmal gehe ich sogar hinaus, um wieder durchatmen zu können."

Was geschieht? Erich ist den ganzen Tag in seiner Rebellen-Phase. Am Abend hat er das Bedürfnis nach Einsamkeit, Zeichen dafür, daß er in seine Träumer-Basis „hinabsteigt".

Marie ist eine Empathikerin, sie empfindet viel Liebe für Erich und erwartet von ihm die gleichen Gefühle. Am Abend verlangt es sie stark nach Zärtlichkeit und Wärme. Sie interpretiert Erichs kühles und distanziertes Verhalten als Gleichgültigkeit und fehlendes Interesse an ihrer Person.

Auf diese Weise und trotz der Liebe, die sie gegenseitig füreinander empfinden, schürt jeder beim anderen die Bereitschaft zu Stress. Je „abwesender" Erich ist, desto mehr verlangt Marie nach Liebe, und um so mehr zieht sich Erich zurück. Jeder ist natürlich überzeugt, daß der andere die Ursache des Problems ist. Wenn Erich aufmerksamer wäre, würde sich Marie besser fühlen, und umgekehrt, wenn Marie weniger bedrängend wäre, hätte Erich mehr Luft zum Atmen.

Als sie sich der tatsächlichen Bedeutung des Problems klar werden, können Marie und Erich passendere Antworten auf ihre wechselseitigen Bedürfnisse finden.

Erich: „Ich bin mir bewußt, daß Marie mich nicht 'aufzufressen' oder zu überwältigen sucht. Sie ist eine Empathikerin, die Zärtlichkeit und Wärme braucht."
Marie: „Ich glaubte, ich sei nicht mehr wichtig für Erich. Ich verstehe jetzt, daß er als Träumer nach einem Tag, wo er von der Arbeit völlig ausgepumpt ist, zuerst einmal Ruhe und Einsamkeit braucht."

Zahlreiche Paarkonflikte lassen sich vermeiden und durch eine befriedigendere Intimität ersetzen, wenn die Gatten das Innenleben des anderen verstehen und sie lernen, über ihre Beziehung zu sprechen. Wenn außerdem jeder bereit ist, seinen Teil Verantwortung für den Konflikt zu übernehmen, wird es viel leichter, das Problem zu behandeln.

Zahlreiche Quellen für Unverständnis in der Paarbeziehung rühren daher, daß jeder von beiden erwartet, der andere möge die Welt wahrnehmen wie er selbst.

„Es ist normal zu denken, bevor man handelt", erklärt der Logiker.

„Wer nicht in Kontakt mit seinen Gefühlen ist, ist ein emotionaler Krüppel", versichert der Empathiker.

„Was bei einem Menschen zählt, sind zuallererst seine Wertvorstellungen und Überzeugungen", behauptet der Beharrer.

„Bloß die action zählt!" wirft der Macher ein.

„Bei mir ist's einfach, ich hab' Lust oder ich hab' keine", reagiert der Rebell.

„Das Wichtigste ist ein reiches Innenleben", murmelt der Träumer.

Die Geschichte von Patrick und Gisela illustriert die Schwierigkeiten, auf die viele Paare beim Verstehen und Annehmen der Unterschiedlichkeit des anderen stoßen.

Patrick und Gisela, ein Paar ohne Affären, sind seit gut zehn Jahren verheiratet. Patrick ist Leitender Angestellter in der Ernährungsindustrie; Gisela arbeitet halbtags im Sozialbereich und widmet den Rest ihrer Zeit den Kindern. Patrick ist von der Basis her Logiker, Gisela Empathikerin.

Eines Abends kommt Patrick wie gewöhnlich gegen 20 Uhr nach Hause. Er sieht, daß es seiner Frau nicht gut geht, und fragt, was los ist.

„Ich weiß nicht, etwas stimmt nicht", antwortet sie mit müder und klagender Stimme.

„Ich sehe, daß etwas nicht stimmt, aber was ist passiert?" fragt er sie aufs neue, diesmal mit leicht ungeduldigem Unterton.

„Ich weiß es doch nicht, sage ich, etwas stimmt nicht, das ist alles!" Gisela ist den Tränen nahe.

„Nein", unterbricht er sie kurz angebunden, „fang nicht wieder an, ich möchte, daß du es mir erklärst, und damit basta!"

„Du verstehst mich nicht, du verstehst mich nicht", sagt Gisela immer wieder und bricht in Tränen aus.

Patrick ist frustriert. Es stimmt, daß er sie nicht versteht und daß es ihm Angst macht, wenn er sie nicht versteht. Er verläßt das Zimmer und schlägt die Türe zu und findet tief in sich vergraben jenen Glaubenssatz wieder, daß die Frauen wahrhaftig nicht imstande sind, sich auszudrücken, ohne ein Drama daraus zu machen.

Gisela, die sich vor der Rückkehr ihres Mannes nicht wohl fühlte, geht es jetzt wirklich schlecht, sie fühlt sich unverstanden und ungeliebt.

Betrachten wir, was geschehen ist: Gisela ist unter Stress und von Gefühlen überschwemmt. Sie hat keinen unmittelbaren Zugang zu ihrem denkenden Persönlichkeitsanteil und kann ihrem Mann die gewünschten Informationen nicht geben.

Patrick hingegen hat das Bedürfnis nach Informationen, um dann nachzudenken, was das Problem lösen könnte. Da er ebenfalls in seinem Bedürfnis frustriert wird, gerät auch er unter Stress und hat keinen Zugang zu seinem empathischen Anteil.

Gisela versucht mit ihrem Mann über ihre Gefühle zu kommunizieren, während Patrick das Bedürfnis hat, sich intellektuell auszutauschen. Das heißt, daß jeder von beiden unbewußt versucht, dem anderen seinen eigenen Bezugsrahmen aufzuerlegen. Und dies erzeugt und verstärkt bei beiden Akteuren den Stress und beeinträchtigt mehr und mehr das Verständnis des Problems und ihre Fähigkeit, es zu lösen.

Durch das Verständnis ihrer beider Dynamik wird es dem Paar möglich sein, die Kommunikation wieder herzustellen und aus dem Stress zu kommen. Patrick kann zum Beispiel akzeptieren, warmherzig zu trösten, auch wenn er nicht versteht, und Gisela kann lernen, mit ihren Emotionen umzugehen und das Nichtverständnis nicht als Zeichen von Nicht-Liebe zu interpretieren.

Paar und Phasenwechsel

Häufig zieht der Phasenwechsel eines Partners, oder gar der beider, eine Periode mehr oder weniger gravierender Turbulenzen nach sich. Das Paar tritt in eine Periode des Nicht-kommunizierens ein; was die Stärke der Verbindung ausgemacht hatte, erscheint überholt oder außer Reichweite. Manchmal sucht sich einer von beiden außerhalb die Befriedigung seiner eigenen Bedürfnisse.

Nehmen wir zwei Beispiele für Phasenwechsel:

Hans-Peter hat Magdalena vor siebzehn Jahren geheiratet. Sie haben drei Kinder, die ohne besondere Probleme heranwachsen. Hans-Peter ist von der Basis her Beharrer und Magdalena Empathikerin. Hans-Peter erinnert sich, daß Magdalena ihm anfangs wegen ihres Mitgefühls gefallen hat. Sie träumte davon, Kinder zu haben und sie aufzuziehen. Beide lebten jahrelang glücklich zusammen.

Die Rollen innerhalb der Paarbeziehung waren stillschweigend aufgeteilt. Magdalena kümmerte sich um das Haus und die Kinder, sorgte dafür, daß der äußere Rahmen stimmte, lud gerne ihre zahlreichen Freunde ein und unterhielt harmonische Beziehungen mit ihren beiden Familien. Hans-Peter seinerseits legte großen Wert darauf, seine Wertvorstellungen an die Kinder weiterzugeben. Sein Beruf nahm ihn sehr in Anspruch, aber er richtete es so ein, daß er alle Wochenenden für seine Frau und seine Kinder zur Verfügung stand. Im Rahmen der Paarbeziehung war er es, der die Entscheidungen hinsichtlich der Aufgabenverteilung, der Schullaufbahn der Kinder und der Organisation der Freizeit fällte.

Im Laufe der Zeit änderte sich das Verhalten seiner Gattin, sie liebäugelte damit, wieder beruflich tätig zu werden. Dann, angesichts der ablehnenden Haltung ihres Mannes (damit sie, sagte er, die Kinder weiterhin bei ihren Schularbeiten betreuen könne), begann sie, einen Rollenwechsel einzufordern, was Hans-Peter sehr übel aufnahm, und sie verlangte von ihm, sich mehr im Haushalt zu engagieren. Die Spannungen verstärkten sich, und natürlich, je mehr Magdalena forderte, um so mehr widersetzte sich Hans-Peter, und je mehr er sich widersetzte, desto fordernder wurde Magdalena.

Wie soll man die Krise, die dieses Paar durchlaufen hat, analysieren? Hans-Peter heiratete eine Empathikerin und erwartete folglich, daß sie wie eine Empathikerin „funktionierte". Ihre Beziehung war bisher erfolgreich, weil ihre wechselseitigen Bedürfnisse befriedigt wurden. Er hatte ein Leben, das mit seinen Wertvorstellungen übereinstimmte, und sie war mütterlich und fühlte sich glücklich.

Magdalena hat die Phase gewechselt, sie ist in die Logiker-Phase eingetreten. Ihre Motivationen und ihr Verhalten haben sich geändert. Ihre Rolle als gute Ehegattin und als Mutter sind keine befriedigende Antwort mehr auf ihre Ansprüche, sie hat Lust, sich auf andere Weise zu verwirklichen. Hans-Peter ist durch diese neuen Verhaltensweisen destabilisiert (häufig mögen Beharrer keine Veränderung und trachten nach Kontinuität). Die er liebt, erkennt er nicht mehr wieder, und er kann nicht lieben, wozu sie sich entwickelt.

Ein weiteres Beispiel:

Franz, 41 Jahre, ist Leitender Angestellter in der Flugzeugindustrie. Mit 26 Jahren hat er Janine geheiratet, von der er eine vierzehnjährige Tochter hat. Franz ist von der Basis her Logiker. Was ihn bei Janine, einer Träumerin, gereizt hat, ist ihre ernste und ruhige Seite. In ihrer Nähe fühlte er stets Frieden. Ganz besonders mochte er ihre Unabhängigkeit und die langen Diskussionen, die sie miteinander haben konnten (er sagte gerne zu seinen Kollegen, seine Frau sei sehr autonom). Manchmal, bei seltenen Gelegenheiten, ließ er sich zu vertraulichen Mitteilungen über seine Kindheit hinreißen und beschrieb dabei seine Mutter als sehr vereinnahmend und erdrückend. „Mit Janine kann ich wenigstens atmen", sagte er öfters mit einem leichten Lächeln. Seit einiger Zeit entdeckt Franz ein neues Gefühl, das er nicht mag (die Logiker mögen Gefühle häufig nicht, weil sie, wie sie sagen, „nicht rational sind").Was er verspürt, ist Langeweile. Die großen Diskussionen interessieren ihn nicht mehr, die Ruhe seines Lebens wird erstickend (und dieses Kindheitsgefühl wiederzufinden, erschreckt ihn zutiefst). Kurz, er möchte, wie er sagt, am liebsten „explodieren".

Angesichts der Versuche ihres Mannes, sie zu einer Veränderung ihres Verhaltens zu bewegen, reagiert Janine jedoch so, daß sie sich zurücknimmt und sich in ihr Schneckenhaus verkriecht. Was den Effekt hat, daß Franz wütend wird. Seit einiger Zeit will er sich ein Motorrad kaufen, möchte sich die Haare wachsen lassen und sich ein Lederblouson kaufen. Er mag jetzt Hemden mit lebhaften Farben und geht manchmal sogar in Jeans ins Büro. Natürlich bekommt er Schwierigkeiten mit seinen Vorgesetzten. Er beklagt sich immer öfter über die Monotonie seiner Funktion und sucht einen Posten, bei dem seine Kreativität mehr gefragt ist. Kurz, Franz ist in die Rebellen-Phase gewechselt, und er erstickt in dem, was er jetzt als Logiker-Gefängnis erlebt. Wo er sich beruflich, aber auch privat, bisher völlig wohl fühlte, fühlt er sich jetzt deplaziert.

Zahlreiche Scheidungen lassen sich in Bezug auf Phasenwechsel eines Partners oder beider Partner analysieren. Bei den vorangegangenen Beispielen besteht die notwendige psychische Arbeit für Hans-Peter darin, daß er die „natürliche" Veränderung Magdalenas akzeptiert, denn wenn diese auf die Befriedigung der Bedürfnisse ihrer Phase verzichtet, fühlt sie sich auf die eine oder andere Weise frustriert, was auf die Paarbeziehung und auf die Familie zurückschlagen wird. Diese Arbeit, die Veränderung des anderen zu akzeptieren und ein neues Gleichgewicht herzustellen, verlangt häufig eine angemessene Begleitung: Entweder hat das Paar Freunde, die es unterstützen, um diese Krise durchzustehen, oder es holt sich Hilfe bei Spezialisten...

Das Paar Franz-Janine hat wahrscheinlich eine schwere Krise durchzumachen. Häufig nimmt der Logiker, der in die Rebellen-Phase überwechselt, das Verhalten des Rebellen par excellence an, und seine Umgebung sagt: „Jetzt macht er seine Pubertätskrise durch." Nicht selten stellt er sein Berufs- und sein Privatleben völlig in Frage.

Bruno fing mit 41 Jahren an, sein Leben ernsthaft satt zu haben, wie er sagte. Er richtete es so ein, daß er freigestellt wurde. Mit seiner Entschädigung leistete er sich zweieinhalb Jahre Urlaub, wo er durch die Welt reiste, er reichte die Scheidung ein und verheiratete sich mit einer 26jährigen Tahitanerin. Heute arbeitet er wieder regelmäßig, mit einem einzigen Traum: genügend Geld zu haben, um mit 50 Jahren in den Ruhestand zu gehen.

In der Familie

Probleme in der Eltern-Kind-Beziehung tauchen häufig dann auf, wenn einer der beiden Elternteile, der sich in einer andersartigen Phase befindet, die Lebensweise und die Bedürfnisse seines Kindes nicht versteht. Zum Beispiel:

Stefan ist ein sechzehnjähriger Gymnasiast. Sein Vater, Beharrer in der Logiker-Phase, ist der Ansicht, daß sein eigenes Berufsleben ein Reinfall ist. Er erwartet viel von seinem einzigen Sohn. Stefan, ständiger Primus, ist von der Basis her Logiker. Er richtet sich perfekt nach dem Wunsch seines Vaters, der will, daß er Arzt wird, und eine sehr strenge Kontrolle hinsichtlich des Schulerfolgs ausübt. In der vorletzten Klasse wechselt Stefan unvermittelt in die Rebellen-Phase und hat immer mehr Lust zu tun, was ihm gefällt; was sein Vater jedoch nicht akzeptiert: „Kümmere dich vordringlich einmal um deine Schule, dann kannst du tun, was du willst." Allmählich wird die Beziehung gespannter. Der Vater wird immer rigider, der Sohn immer mehr zum negativen Rebellen. Er nimmt ein sehr provozierendes Verhalten an, widersetzt sich der elterlichen Autorität und bringt den Schulabschluß ernsthaft in Gefahr.

Durchlaufen alle Heranwachsenden eine Rebellen-Phase? Das ist nicht unbedingt der Fall, wenn auch die meisten von ihnen eine mehr oder weniger lange Rebellionsphase durchmachen. Die Rebellion des Heranwachsenden ist sehr häufig die Manifestation der Reaktion auf ein System, das er, zu Recht oder zu Unrecht, wie einen negativen Beharrer, rigide und intolerant, erlebt und das ihn zu Reaktionen vom Typ negativer Rebell, nämlich provokativ, auf Konfrontation ausgerichtet, provoziert. Es ist auch die Zeit, wo die Gefahr von Stress und Miß-Kommunikation am größten ist.

Eltern, die sich der Blockade in der Beziehung mit ihrem Kind bewußt sind, sind häufig erstaunt, wenn sie entdecken, in welchem Maße sich die Situation verbessert, wenn sie ihr Kommunikationsverhalten verändern. Aber ihre große Schwierigkeit ist diese extrem schnelle Veränderung ihrer Nachkommenschaft, dieses beständige Brodeln, diese Stimmungsumschwünge, wie auch die oft eruptive Aktivität, die damit verbunden ist. Diese Periode ist für die meisten Eltern eine tiefgreifende Erfahrung, angesichts der Unabhängigkeitsforderungen des Jugendlichen, der alle Brücken abbrechen möchte und dabei sucht, wie weit er gehen kann. Die Eltern ihrerseits haben Befürchtungen wegen des Studiums, wegen der Gesundheit, wegen der Drogen...

Dies ist die Zeit, wo die Kommunikation zwischen Eltern und Kindern wahrscheinlich am allerwichtigsten ist. Aber es ist auch die Phase, wo sie am schwierigsten ist. Ein Philosophieprofessor sagte uns, in der Abschlußklasse erklärten 80% der jungen Leute, sie könnten mit ihren Eltern nicht darüber reden, was ihnen am meisten am Herzen liege.

Die Erziehung individualisieren

Es kommt vor, daß Eltern, ganz wie der Manager, zögern, ihre Kommunikationsweise zu individualisieren. Nehmen wir als Beispiel den Fall einer Familie, in der ein Kind Logiker und ein anderes Rebell ist. Sehr schnell hat sich der kleine Logiker bei der Erledigung der Hausaufgaben selbständig gemacht. Er hat sich organisiert und arbeitet ohne Probleme. Es ist wichtig für ihn, gute Noten zu bekommen. Sein Bruder, Rebell, zeigt in keiner Weise die gleiche Motivation. Wenn seine Eltern versuchen, ihm die selben Verhaltensweisen aufzudrängen, laufen sie geradewegs in die Katastrophe...

Stellen wir uns ein Rebellen-Mädchen vor, von dem man verlangt, es solle sich an einer Arbeit beteiligen, zum Beispiel den Tisch decken. Man bekommt eine ganze Serie von „Pffff..." zu hören, Seufzer, usw., und einen ganz klaren Widerstand. Stellen wir uns einen Beharrer-Vater vor, der sagt: „Das ist normal, du mußt Verantwortungsgefühl entwickeln, du brauchst gar nicht zu stöhnen." Er verstärkt nur das Problem. Wenn er jedoch einen Witz macht, wenn er spielt und zum Beispiel sagt: „Du deckst jetzt den Tisch, und dabei stöhnst du, so stark du kannst.", hat er größere Chancen, ein positives Resultat zu erhalten.

Bei den Eltern-Kind-Paaren mit kleineren Problemen, kann man den Fall des jungen Rebellen zitieren, der einen Horror davor hat, daß man ihn in die Arme nimmt und mit ihm schmust, wenn er keine Lust dazu hat. Die Empathiker-Mama kann sich von diesem Kind zu wenig geliebt fühlen und verhält sich vielleicht ihm gegenüber emotional erpresserisch. Was den Beharrer-Papa betrifft, der sagt wohl: „Mein Sohn, so sind nun mal die Dinge... ich hatte nicht einmal das Recht, meinem Vater zu antworten."

Mit einem Beharrer-Kind könnte derselbe Papa ebenfalls seine Schwierigkeiten haben, wenn beide sich in ihrer Argumentation versteigen, ohne dem anderen zuzuhören. Anläßlich einer Supervisionsgruppe erzählt einer der Lehrgangsteilnehmer, Basis-Beharrer:

„Ich bediene mich häufig der Process Communication mit meinem dreijährigen Sohn, der sich schon wie ein ganz klarer Beharrer verhält! Wenn er eine Idee im Kopf hat, macht er weiter und hängt sich daran fest, und ich muß aufpassen, daß ich nicht die Kontrolle verliere. Wenn er seine Reden hält, hört man dann: 'Ich habe recht, Papa, nicht wahr?', 'Du hast kein Recht dazu', 'Ich habe das Recht...', 'Ich kann', 'Ich will', usw. Man muß natürlich nicht karikieren: Er 'geht auf seinen Etagen spazieren', wie jedermann. Aber wenn die Situation angespannt ist, ist ganz klar, welche Warnblinker hier aufleuchten."

Der Macher-Vater seinerseits fühlt sich schnell genervt durch einen Empathiker-Sohn, der die Welt nicht über die Aktion, sondern eher über das Gefühl und das Empfinden wahrnimmt.

Die Kinder haben ihren Stil, aber die Eltern schon auch... Aus der Befürchtung heraus, Konflikte innerhalb der Paarbeziehung entstehen zu lassen, halten es manche für wesentlich, ihrer Nachkommenschaft gegenüber eine Einheitsfront zu präsentieren und eventuelle Unstimmigkeiten bei den erzieherischen Optionen nicht zum Ausdruck zu bringen. Nun, sie verkennen gerade hierdurch, daß das Verständnis des Verhaltens ihres Kindes von ihrem eigenen Persönlichkeitstyp abhängig ist und somit Gegenstand völlig natürlicher Reaktionsvarianten.

Zur Veranschaulichung beachte man folgende Beispiele:

Situation: Das Kind kommt nach Hause. Es muß Samstag Vormittag nachsitzen, wegen Unfug im Unterricht. Elternreaktion:
Beharrer: „Es ist wichtig, daß du dich als verantwortlich ausweist. Du wirst zusätzlich am Samstag Abend keinen Ausgang haben."
Logiker: „Was fängst du mit deiner Zeit während des Nachsitzens an?"
Empathiker: „Mein armer Kleiner, man hat dich da bestimmt mit hineingezogen."
Rebell: „Nachsitzen, das ist ja immer die netteste Zeit in der Schule!"
Macher: „Wichtig ist, weißt du, daß man sich nicht erwischen läßt."
Träumer: „Gut, also dann... bist du am Samstag früh nicht hier..."

Lassen Sie uns in diesem Zusammenhang unterstreichen, daß der Schulalltag wie geschaffen dafür ist, die Process Communication auszuprobieren. Je besser ein Elternteil das Verhalten seines Kindes begreift, desto genauer kennt er die Schlüssel zu seiner Motivation. Ein Rebellen- oder Macher-Kind sich zwei Stunden lang an seinem Schreibtisch langweilen zu lassen, ist unnütz. Besser, man schickt es Fußball spielen oder zu irgend einem anderen Spiel, das es wieder auflädt. Es hat dann mehr Chancen, daß es auf seine Logiker-Etage hochsteigen kann. Ein Empathiker-Kind streng zur Erledigung seiner Hausaufgaben zu schicken, ohne Begleitung und Unterstützung, bewirkt wahrscheinlich nur, daß es etliche dumme Fehler macht. Wenn man ihm versichert, daß es um seiner selbst willen geliebt wird, und wenn man in seiner Nähe ist, trägt dies mehr zu seinem schulischen Erfolg bei.

Seinen Träumer-Sohn zu zwingen, in eine Fußballmannschaft einzutreten oder eine Pfadfindergruppe zu leiten, ist der sicherste Weg zum Stress... und einem jungen Logiker-Beharrer „den Schnabel verbieten", indem man ihm sagt, daß er „nichts begriffen" hat, ist das sicherste Mittel, die Entwicklung seines Selbstvertrauens zu hemmen.

In der Schule

Zahlreiche Eltern haben folgendes Abenteuer erlebt: Ihr Kind, das bis dahin gut in Mathematik war, scheint auf einen Schlag jegliche Intelligenz auf diesem Gebiet zu verlieren. Wenn man das Kind zu diesem Leistungsabfall befragt, macht es gewöhnlich den Lehrer dafür verantwortlich: „Bei ihm begreife ich nichts", „Wenn ich ihm eine Frage stelle, läßt er mich auflaufen", usw.

Im Erziehungswesen hängt die Leistung der Schüler zu einem großen Teil von der Qualität der Beziehung ab, die sie mit dem Lehrer haben: Stimmen sie mit ihm phasenmäßig überein oder nicht? Wer hat noch nie jemanden sagen hören: „Während meiner ganzen Schulzeit haben mich Geschichte und Erdkunde zutiefst angeödet. Außer ein Jahr, wo der Lehrer dermaßen genial war, dermaßen lebendig, daß wir jedes Wort von ihm aufgesogen haben."

Taibi Kahler und sein Team führten eine Untersuchung bei einer Population von 300 Universitätsstudenten durch, die alle als gefährdet eingestuft waren. Das bedeutete, daß ihre negativen Verhaltensweisen so schwerwiegend und so häufig waren, daß der Erfolg ihrer Studien gefährdet war. Diese Untersuchung hat gezeigt, daß 295 von ihnen die Logiker-Phase auf der letzten Etage hatten und daß sie zum Großteil von der Basis her Rebellen oder Macher waren. Man kann sich unschwer die Energie vorstellen, die sie in einem System, das meistens von (und also für) Beharrer und Logiker konzipiert ist, aufbringen mußten... Wäre der Archetyp des idealen Lehrers für diese Studenten nicht der Literaturprofessor aus dem „Club der toten Dichter", ein „wunderbarer" Beharrer in der Rebellen-Phase, dem vor allem daran gelegen ist, seine Botschaft rüberzubringen, und zwar auf spielerische Weise?

In Ausbildungsprozessen ist die wirksamste Pädagogik die, die an etwas appelliert:

- An die Gefühle bei den Empathikern: Seinen Lehrer zu mögen, ist grundlegend wichtig für den Empathiker, dem es dann ein Herzensbedürfnis ist, Lernerfolge zu haben, und der sich Mühe gibt zu lernen, um dem Lehrer wie auch seinen Eltern Freude zu bereiten.
- An den Sinn für Tatsachen und für die Strukturierung der Zeit bei den Logikern, die in ihrer Schulzeit meist auf wenig Schwierigkeiten stoßen.

- An den Sinn für Tatsachen desgleichen bei den jungen Beharrern und den jungen Träumern, die in einem auf Information ausgerichteten System gut funktionieren. Der Beharrer geht den Dingen gerne auf den Grund und ist manchmal ein regelrechtes Opfer seiner Sucht, alles wissen und alles kennen zu wollen. Der junge Träumer ist für seinen Teil mitunter mit Examensstress konfrontiert, und er erlebt sich dann leicht als jemanden, der aus Zeitmangel Schwierigkeiten hat, die Arbeit zu Ende zu bringen.
- An den Spiel- und Experimentiertrieb bei den Rebellen. Oft bekommt die Sache durch sie ihre „Würze".
- An Aufregung und ein hohes Energieniveau bei den Machern. Es ist häufig ein von vornherein verlorener Kampf. Sie geben meist im Sport ihr Bestes.

Eine unserer Seminarteilnehmerinnen, Direktorin einer Technikerschule, erklärte uns, wie sie die Process Communication in ihrem Beruf nutzt:

In unseren Einrichtungen sind wir ständig an dem Punkt: „Ihr müßt das und das machen." Nun, unsere Schüler befinden sich auf technischen Zweigen, weil sie zu einem bestimmten Zeitpunkt nicht bestanden haben, und das immer aus affektiven Gründen. Weil sie, zu einem bestimmten Zeitpunkt, nicht die Anerkennung bekamen, die sie brauchten. Von daher die Wichtigkeit, den richtigen Kommunikationskanal zu finden, um sich der Realität jedes Einzelnen zu nähern. Im übrigen erlaubt dies auch, sie bezüglich der Beziehungen zu ihren Lehrern zu beraten. Ihnen begreiflich zu machen, daß sie das Recht haben, wütend zu sein, zu kritisieren, aber daß es für sie von großem Interesse ist, sich so auszudrücken, daß die Botschaft auch rüberkommt.

– Und das geht?

– Ja... Für mich jedenfalls schon! Auf diese Weise führen wir in schwierigen Situationen Dialoge, bei denen ich mich nicht aufrege und wo ich den Eindruck habe, daß ich nützlicher bin, als wenn ich ihnen einfach eine Moralpredigt halten würde. Zu einigen sage ich auch: „Ich habe eine Fortbildung gemacht, die sich Process Communication nennt. Man wird sich so bewußt, daß..." Da sind sie dann zufrieden, weil wir auf gleicher Stufe stehen. Denn ich bin ja auch in einer Lernsituation.

Glossar

Anerkennung als Person: Fundamentales Bedürfnis; Wunsch, von den anderen so akzeptiert zu sein, wie man ist.

Anerkennung der Leistung: Fundamentales Bedürfnis von Menschen, die auf Ziele und deren Realisierung ausgerichtet sind.

Angreifer: Maske im zweiten Stadium der Miß-Kommunikation, typisch für den Logiker und den Beharrer. Der Logiker im zweiten Stadium überkontrolliert; der Beharrer geht auf Kreuzzug und versucht, anderen seine Glaubenswahrheiten aufzuoktroyieren.

Anpassungsfähig: wer sich leicht an neue Umstände anpaßt.

Antreiber: Subtile Verhaltensweisen, die den Beginn der Miß-Kommunikation und der durch einen selbst oder durch jemand anderen erlittenen Verzweiflung markieren.

Autokratisch: Führungsstil, der von Personen angewandt wird, die auf Aktion ausgerichtet sind und die Anordnungen treffen und Direktiven herausgeben.

Basis: Einer der sechs Persönlichkeitstypen, der sehr früh in der Kindheit entwickelt wird und sich während des gesamten Lebens nicht mehr ändert.

Beeil' dich: Sekundärer Antreiber, der keine Identifikation der aktuellen Phase zuläßt. Entweder sind Redefluß und Gesten der Person extrem schnell, gerät aus den Fugen und macht mehrere Dinge gleichzeitig (Kinder-Beeil' dich), oder sie verlangt vom anderen, sich zu beeilen (Eltern-Beeil' dich).

Beschützer: Persönlichkeitsanteil, der den Imperativ verwendet und die Sinne anspricht: „Schau mich an!" „Hör mir zu!" „Atme!" „Beruhige dich!" usw.

Bis: Lebensschema mit dem Motto: „Solange ich nicht fertig bin, kann ich mich nicht amüsieren."

Charmant: Anziehend, faszinierend, besonders fein.

Computer: Denkender Persönlichkeitsanteil des Individuums. Gibt und/oder fordert Informationen.

Demokratisch: Managementstil, der von Personen angewandt wird, die Interaktionen zwischen den Mitgliedern einer Gruppe ermuntern und favorisieren. Dieser Manager-Typ fordert zu Feedback und unabhängigem Denken auf.

Direktiv: Kommunikationskanal, dessen Angebot vom Direktor unserer Persönlichkeit ausgeht und der vom Computer akzeptiert wird.

Direktor: Persönlichkeitsanteil, der Anordnungen trifft und Direktiven erläßt, sich selbst und anderen gegenüber, und der auf den denkenden Persönlichkeitsanteil abzielt.

Drama-Dreieck: Konzept von Steven Karpman, das die Beziehungsdynamik veranschaulicht, die bei einem bestimmten psychologischen Spiel entsteht; man kann hier die Rolle, die von jedem der Protagonisten zu jedem Zeitpunkt der Handlung eingenommen wird, identifizieren. Es gibt drei Rollen: Verfolger, Retter und Opfer.

Einsamkeit: Fundamentales Bedürfnis derjenigen, die sich gerne auf sich selbst zurückziehen, indem sie sich oft imaginativen oder introspektiven Träumereien hingeben.

Emotionaler: Spielerischer und sensibler Teil der Persönlichkeit, weder nachtragend, noch boshaft oder rachsüchtig, sondern im Gegenteil spontan und fröhlich.

Erregung: Fundamentales Bedürfnis; entspricht dem Verlangen, eine hohe Dosis, an Aufregungen in möglichst kurzer Zeit zu erfahren.

Fast I: Lebensschema mit dem Motto: „Ich schaffe es beinahe, aber nicht ganz. Es bräuchte noch dies, und es bräuchte noch das."

Fast II: Lebensschema mit dem Motto: „Ich habe es geschafft. Und jetzt? Ist das alles?"

Fürsorglich: Kommunikationskanal, dessen Angebot vom unterstützenden Anteil unserer Persönlichkeit ausgeht und der vom emotionalen Anteil akzeptiert wird.

Gewissenhaft: Wessen Handlungen in Abhängigkeit von Überzeugungen hinsichtlich Gut und Böse stehen, wessen Motivationen diesen veranlassen, gerecht und gut (nach seinen eigenen Kriterien) zu handeln.

Immer: Lebensschema mit dem Motto: „Wenn du das machen willst, schön. Aber du mußt es dann für den Rest deines Lebens machen." Das Resultat ist, daß man sich eingeengt fühlt.

Individuell: Interaktionsstil, der von jemandem angewandt wird, der anpassungsfähig ist. Statt denselben Stil mit jedermann zu gebrauchen, verändert er den Modus der Kontaktaufnahme und des Kommunizierens so, daß er jeden Gesprächspartner auf die für letzteren am besten zugeschnittene Art und Weise erreicht.

Informativ: Kommunikationskanal, dessen Angebot vom Computer-Anteil unserer Persönlichkeit ausgeht und der seinerseits vom Computer akzeptiert wird.

Jammerer: Maske im zweiten Stadium der Miß-Kommunikation, aufgesetzt vom Träumer und vom Empathiker. Der Empathiker im zweiten Stadium macht Fehler, der Träumer wartet passiv ab.

Kommunikation: Kommunikation besteht, wenn Angebot und Aufnahme des Angebots auf dem selben Kommunikationskanal geschehen.

Kommunikationskanäle: Fünf unterschiedliche Schienen, die uns zur Verfügung stehen, um in Kontakt zu treten und um zu garantieren, daß die Botschaften auch an ihren Bestimmungsort gelangen. Implizieren ein Angebot und die Aufnahme des Angebots in klar umrissenen Teilen der Persönlichkeit. Keine Masken. Siehe auch Direktiv, Spielerisch, Informativ, Fürsorglich, Unterbrechend.

Kontakt: Grundlegendes Bedürfnis von Personen, die eine stimulierende Umgebung wünschen.

Kreativ: Fähigkeit, etwas Neues zu schaffen.

Laisser-faire: Praxis der Nicht-Einmischung. Management-Stil, bei dem man möglichst wenig bei den anderen interveniert.

Logisch: Wer vernünftige Überlegung gebraucht.

Machs-anderen-recht: Antreiber-Maske, die der Empathiker im ersten Stadium der Miß-Kommunikation trägt. Der Empathiker empfindet den Zwang, nett zu sein, und wird als Ich nicht deutlich, fordert nicht direkt, wagt nicht, nein zu sagen.

Manipulation: Wenn man die anderen lenkt oder gebraucht, um seine eigenen Interessen zu befriedigen.

Maske: Fassadenhaftes Verhalten anstelle von Kommunikation. Die Masken bewirken die Miß-Kommunikation. Siehe dort.

Miß-Kommunikation: Sie besteht dann, wenn zwei Individuen nicht auf demselben Kommunikationskanal kommunizieren. Man kennt drei Stadien der Miß-Kommunikation: im ersten Stadium die Maske Eltern- oder Kind-Antreiber, im zweiten Stadium die Masken Angreifer, Schuldzuweiser und Jammerer, im dritten Stadium die Maske des Verzweifelten.

Mitfühlend: Wer Pein angesichts des Leides eines anderen verspürt und das Bedürfnis hat zu helfen.

Nachdem: Lebens-Schema mit dem Motto: „Im Moment geht es gut, aber später wird es bestimmt schlechter."

Nie: Lebensschema mit dem Motto: „Ich bekomme bestimmt nie, was ich am meisten mag."

Organisiert: Systematisiert, mit Struktur versehen.

Persönlichkeitsanteile: Energiesysteme, die wir den anderen darbieten, um zu kommunizieren. Funktionieren wie die Muskeln, können also durch Übung gekräftigt werden. Siehe Direktor, Spontanes Kind, Computer, Beschützer, Unterstützer.

Persönlichkeitsinventar (PPI): Das Persönlichkeitsinventar, von Taibi Kahler entwickelt, wird per Computer erstellt; dieser wertet die zu unterschiedlichen Themen auf einem Fragebogen gegebenen Antworten aus. Er findet Verwendung zur Fortbildung in Process Communication, bei Neueinstellungen, bei der Beratung und bei der individuellen Weiterentwicklung.

Persönlichkeitstypen: Gesamtheit von zusammengehörigen Charakteristika und Verhaltensweisen, die moralisch weder gut noch schlecht sind, jedoch mehr oder weniger intelligent, angemessener oder weniger angemessen.

Phantasievoll: Wer Vorstellungskraft hat, sich ihrer bedient oder sie nach außen zeigt.

Phase: Aktuelle psychologische Motivationsquelle. Die Dauer einer Phase variiert zwischen zwei Jahren und dem ganzen Leben. Im Falle eines Phasenwechsels zeigt das Individuum die Charakteristika des „neuen" Persönlichkeitstyps.

Process Communication: Interaktives Modell mit dem Fokus darauf, WIE wir WAS sagen.

Prozeß: Unsere persönliche Art, etwas zu sagen, die deutlich wird durch unsere Worte, die Stimmführung, Gesten, Mimik und Körperhaltungen.

Psychische Bedürfnisse: Die Wünsche nach Aufmerksamkeit und Motivation, deren Befriedigung beim Individuum notwendig ist, damit es effektiv und produktiv funktioniert.

Ruhig: Ruhig, unerschütterlich.

Schuldzuweiser: Maske des zweiten Stadiums der Miß-Kommunikation, typisch für den Rebellen und den Macher. Der Rebell im zweiten Stadium kritisiert und lädt die Verantwortung jemand anderem auf; der Macher manipuliert.

Sei-perfekt: Aus dem Kind-Ich ist es die Antreiber-Maske, die im ersten Stadium der Miß-Kommunikation der Logiker trägt. Der Logiker verlangt von sich Perfektion, es fällt ihm schwer zu delegieren, er tendiert zum „Korinthenkacken", zur „Detailhuberei". Aus dem Eltern-Ich ist es die Antreiber-Maske, die im ersten Stadium der Miß-Kommunikation der Beharrer trägt. Der Beharrer konzentriert sich auf das, was nicht läuft, und tendiert zu „bedeutungsvollen" Sätzen wie: „Das ist keine schlechte Idee, Das ist nicht übel" usw.

Sei-stark: Aus dem Kind-Ich ist es die Antreiber-Maske, die im ersten Stadium der Miß-Kommunikation der Träumer trägt. Der Träumer zieht sich in sein Schneckenhaus zurück, wird allzu passiv und interagiert nicht mehr. Aus dem Eltern-Ich ist es die Antreiber-Maske, die im ersten Stadium der Miß-Kommunikation der Macher trägt. Der Macher erwartet von den anderen, daß sie sich selber helfen, er drängt zu Wettbewerb und negativer Rivalität und zeigt eine Tendenz zur Ironie.

Sensibel: Wer genau die geringsten Stimuli wahrnimmt.

Sinnlichkeit: Fundamentales Bedürfnis derjenigen, die ganz besonders schätzen, was sie sehen, riechen, berühren, schmecken und hören können.

Skript: Plan oder Lebensschema, beide unbewußt, nach denen das Individuum einen Tag, eine Woche, einen Monat oder sein ganzes Leben lang lebt.

Spielerisch: Kommunikationskanal, dessen Angebot vom Spontanen Kind unserer Persönlichkeit ausgeht und der desgleichen vom Spontanen Kind akzeptiert wird.

Spielerisch: Wer gerne spielt oder sich amüsiert, und zwar mit voller Begeisterung.

Spontan: Fähigkeit, ohne viel Planung zu reagieren.

Stärken des Charakters: Natürliche Fähigkeiten, Qualitäten und persönliche Attribute, die ausreichend entwickelt sind, um regelmäßig und willentlich Anwendung finden zu können.

Streng-dich-an: Antreiber-Maske, die der Rebell im ersten Stadium der Miß-Kommunikation trägt. Der Rebell „versteht die Information nicht", er fordert den anderen dazu auf, sich seinerseits zu bemühen, und läßt den anderen an seiner Stelle machen.

Strukturierung der Zeit: Dieser Terminus bezeichnet das Bedürfnis zu wissen, WANN WAS zu tun ist.

Transaktionsanalyse (TA): Die TA wurde durch Eric Berne ausgearbeitet. Sie ist eine Persönlichkeitstheorie und eine systematische Psychotherapie-Technik. Ihr Ziel ist Veränderung und persönliches Wachstum.

Überlegt: Nachdenklich, grüblerisch.

Überzeugend: Mit Überzeugungskraft ausgestattet oder überzeugen wollend.

Überzeugung: Grundlegendes Bedürfnis, sich für einen Glauben, eine Meinung oder ein Urteil zu engagieren.

Unterbrechend: Kommunikationskanal, der in Notsituationen gebraucht wird. Er entstammt dem Beschützer. Im beruflichen Kontext selten angewandt.

Unterstützer: Persönlichkeitsanteil, der Bestärkung anbietet und seine Sorge um jemanden oder seine Wertschätzung zeigt.

Verzweifelt: Maske des dritten Stadiums der Miß-Kommunikation.

Wahrnehmung: Die Art und Weise, wie man äußere Informationen empfängt und wie man die anderen versteht.

Warm: Mitfühlend oder liebend.

Wohlwollend: Führungsstil, der von Personen angewandt wird, die sich mehr um die Personen als um die Aufgaben kümmern. Die Hypothese eines solchen Managers ist, daß die Angestellten produktiver sind, wenn sie sich wohl fühlen.

Bibliographie

Berne, Eric; **Analyse Transactionelle et psychothérapie,** Payot, 1990
Englisch: **Transactional Analysis in Psychotherapy**
Ballantine Books, New York, 1981, ISBN 0-345-30204-4

Berne, Eric; **Des jeux et des hommes,** Stock, 1984
deutsch: **Spiele der Erwachsenen**, Psychologie der menschlichen Beziehungen;
Rowohlt Verlag, Reinbek, 1980, ISBN 3-499-16735-2

Berne, Eric; **Que dites-vous aprés avoir dit bonjour?,** Sand, 1991
deutsch: **Was sagen Sie, nachdem Sie „Guten Tag" gesagt haben?**
Psychologie des menschlichen Verhaltens;
Kindler Verlag, München, 1975, ISBN 3-463-02192-7

Crozier, M.; **L'Entreprise à l'écoute,** InterEditions, 1989

Karpmann, Steven: **„Conte de fée et analyse dramatique du scénario"**,
Actualités en Analyse Transactionelle, n° 9.
englisch: Fairy Tales and Script Drama Analysis, TAB 7, 1968

Laborit, H.; **La Nouvelle Grille,** Laffont, 1985

Le Saget, M.; **Le Manager intuitif,** Dunod, 1993

Mintzberg, Henry; **Le Manager au quotidien,** Éditions d'Organisation, 1984

Shapiro, D.; **Les Styles névrotiques,** PUF, 1986
deutsch: **Neurotische Stile**
Vadenhoeck & Ruprecht, 1991, ISBN 3-525-45728-6

Watzlawick, Paul; **Changements,** Les Seuil, 1981
deutsch: **Die Möglichkeit des Andersseins**,
Zur Technik der therapeutischen Kommunikation
Verlag Hans Huber, Stuttgart, 1982, ISBN 3-456-81202-7

Watzlawick, Paul; Beavin, Janet H.; Jackson, Don D.; **Une logique de la communication,** Le Seuil, 1979
deutsch: **Menschliche Kommunikation**, Formen, Störungen, Paradoxien
Verlag Hans Huber, Stuttgart, 1982, ISBN 3-456-80980-8

Die Adresse von Kahler Communication in Europa:

Kahler Communication Europe
7, rue des Vignes
F-27920 Dormont
France
Telefon: 0033 – 232 – 53 82 45

Nur Ausbilder mit Zertifikat sind berechtigt, die PC zu lehren, und
können zu diesem Zweck über das zugelassene pädagogische Material
verfügen (Persönlichkeitsinventar und Ausbildungshandbuch).